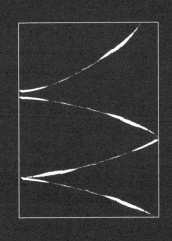

味道哲学

贡华南 著

Copyright © 2022 by SDX Joint Publishing Company.
All Rights Reserved.
本作品简体中文版权由生活·读书·新知三联书店所有。
未经许可,不得翻印。

图书在版编目(CIP)数据

味道哲学/贡华南著. —北京:生活·读书·新知三联书店,2022.10
(通识文库)
ISBN 978 - 7 - 108 - 07489 - 8

Ⅰ.①味… Ⅱ.①贡… Ⅲ.①哲学—研究—中国 Ⅳ.①B2

中国版本图书馆 CIP 数据核字(2022)第 169633 号

责任编辑	杨柳青
封面设计	黄 越
责任印制	洪江龙
出版发行	生活·讀書·新知 三联书店
	(北京市东城区美术馆东街 22 号)
邮 编	100010
印 刷	江苏苏中印刷有限公司
版 次	2022 年 10 月第 1 版
	2022 年 10 月第 1 次印刷
开 本	650 毫米×900 毫米 1/16 印张 20.5
字 数	267 千字
定 价	59.00 元

目　次

绪论　味道：追寻中国哲学方法论　　　　　　　　　　1

一　从"味"开始　　　　　　　　　　001

1. 气、味、物　　　　　　　　　　002
2. 味之质：时、阴阳、形式、本质　　　　　　　　　　010
3. 心开窍于舌——中国哲学中感觉的秩序　　　　　　　　　　016
4. 中国哲学中的"看"：看何以没有产生"哲学"　　　　　　　　　　026

二　味物与味道　　　　　　　　　　049

1. 物与体：物之为物与成物　　　　　　　　　　050
2. 以事解物与万物一体　　　　　　　　　　056
3. 味物与感物——进入物的方式　　　　　　　　　　065

4. 道味（道何以有味） 072

　　5. 味—道：有味之道的理解与把握 080

　　6. 谁解其中味——重味的普遍意义 086

三　感：以心灵味世界　　089

　　1. 咸：从"味"到"感" 090

　　2. 一身皆感焉：诸觉之"感化"及其影响 105

　　3. "看"与沉思 120

　　4. "感"与"感思" 126

　　5. 感思、沉思与哲学之思 134

四　以味在世：羞与感情　　141

　　1. 羞与味 142

　　2. 移情与感情 161

　　3. 感—情 171

五　味与象——味、感的范畴表达　　188

　　1. "象"义辨析：从大象到物象、心象 189

　　2. 象与形 192

　　3. 感与象：从物象到意象、心象 196

　　4. 形之上下与象之内外 208

　　5. 象与启发 212

六　味：普遍性与实证　216

1. 相与抽象　216
2. 象与立象　222
3. 象与幽明之故　229
4. 实证与他证　232
5. 自得与自证　238
6. "中国科学"与内证　243

七　"味"的失落与重建　247

1. 自然之味的失落与重建　248
2. 意味的重建及其问题——以金岳霖为例　260
3. 象、像、相之辩——中西之间　279
4. "相"到"象"之辩——儒、释之间　290

结语　305

参考文献　308

修订版后记　312

绪论　味道：追寻中国哲学方法论

一

科学主义思潮的兴起与挑战是20世纪中国哲学遭遇到的最深刻、最强大的一次危机。表面上看，中国哲学的危机源于另一学科——科学——的挑战；从实质层面看，科学-哲学一体的西方哲学文化构成了中国哲学最强大的威胁。"科学派"所倚重的利器——科学方法（具体地说就是经验、理性、实证、形式化、普遍有效性等），乃是西方哲学惯常推崇与使用的方法。众所周知，西方近代以来的实证主义（20世纪上半叶以逻辑实证主义为代表）、现象学等流派以"科学"作为哲学的目标，将"科学方法"树立为追寻的目标而一再表现出西方哲学方法论的自觉。当科学方法的普遍价值被中国的科学派认同、接受，并以之作为根据来清理中国传统思想文化，结论自然且必然是中国哲学没有"科学方法"支持，它不是"科学的"，故它"不科学"。基于科学的普遍价值,"不科学的"就等于"无真理性",便是"错误""荒谬"的,便是"玄学"。

显然,中国哲学首先遭受的是现代方法论的挑战、方法论的危机。

如何应对方法论的挑战与危机?中国哲学如何自我理解、自我规定?这个问题关涉的是中国哲学或者存在,或者毁灭。

"科玄"论战中的"玄学派"意识到了这个问题。首先值得一提的是在"科玄"论战之前结合中西文化大谈"直觉"的梁漱溟。在1922年出版的名著《东西文化及其哲学》一书中,梁漱溟说:"宇宙的本体不是固定的静体,是'生命',是'绵延'……要认识本体非感觉理智所能办,必方生活的直觉才行,直觉时即生活时,浑融为一,没有主客观的,可以称为绝对。"[1] 与生命、绵延、本体相应的方法即是与感觉、理智相对的"直觉"。梁漱溟又将"直觉"与儒家思想传统最核心的概念"仁"建立联系,他说:"'仁'就是本能、情感、直觉。"[2] 直觉不是认识外物意义上的纯粹的方法,而是与儒学最核心的"仁"有着直接内在关联的、"中国人的"存在方式。

张君劢1923年清华大学的演讲以类似的方式突出了直觉的方法论意义。他认为,直觉可以解决人生观问题,解读人的独特的价值,发展人的完善的人格,解答人类精神之自由等活的实在问题,直觉是玄学的标志。在张君劢看来,直觉在内涵上是与理智的分析,与归纳、演绎等科学的方法相对立的一种方法。"皆其自身良心之所命起而主张之……故可曰直觉的也。"[3] 直觉的发生都是主观意识偶然流露、起起灭灭而无理可循。在这个意义上,直觉属于非理性的功能与方法。由于强调与"科学方法"对立,直觉遂成为一影响深远的、方向性的,同时又是配得上其玄

---

[1] 《梁漱溟全集》第1卷,山东人民出版社,1989年,第406页。
[2] 《梁漱溟全集》第1卷,第455页。
[3] 张君劢、丁文江等:《科学与人生观》,山东人民出版社,1997年,第36页。

学称号的玄而又玄的中国哲学的方法论纲领。

中国哲学之后的进程正是沿着这纲领所开辟的方向展开的。我们看到,朱谦之在《一个唯情论者的宇宙观及人生观》中将直觉当作通达有情世界的唯一道路[1];熊十力有"性智"与"量智"之分,将性智规定为识体之知、对本体界的实证之知,即"证会""体认""身作证"。在熊十力看来,西方哲学中的思辨传统往往将自己以思维构造的本体或其他存在当作对象性的东西看待。对象性意味着与自身存在不相关,这样就把本体当作了外在于己的物事。人们据此可以获得知识却无法获得本体。熊十力坚定地认为,性智乃实证本体的唯一路径,这也是中国哲学的血脉:"吾平生主张哲学须归于证,求证必由修养,此东圣血脉也。"[2] 血脉在此,故熊十力在《新唯识论》结篇郑重申明"欲了本心,当重修学"[3]。"修学"即修养的工夫,即证会、性智。

将直觉推至中国哲学方法论根基的是牟宗三。牟氏认为,直觉是"呈现",是"具体化原则",是知识、理论、概念、思想获得具体实在意义的根基。大体上说,直觉有两种:感触直觉与智的直觉。[4] 感触直觉可以呈现出"现象";智的直觉则呈现"本体"。牟宗三认为,感触直觉只呈现而不创造,即西方认识论中的接受性经验。智的直觉既呈现也创造,但智的直觉之存在为康德所代表的西方思想传统所否认。中国哲学将人理解、规定为"有限而无限"的存在者,因此,才能将"创造性"的"智"与"呈现性""实现性"的"直觉"结合起来。智的直觉之可能只能依据中国哲学传统来建立,反过来说,智的直觉是中国哲学的基

---

1 参见朱谦之:《一个唯情论者的宇宙观及人生观》,泰东图书局,1924年。
2 熊十力:《新唯识论》,中华书局,1985年,第691页。
3 《新唯识论》,第154页。
4 实际上,为了贯彻"具体化原则",牟宗三为了给科学知识提供根基,又提出"形式直观"(具体参见《现象与物自身》,台湾学生书局,1990年,第162页)。

石,是中国哲学的特质。中国哲学之命运就系在智的直觉之上,否定智的直觉则"全部中国哲学不可能"。[1]

将中国哲学命系直觉、性智、智的直觉,其旨皆在强调中国哲学独特的方法论。但考虑到它们与"形上学"的亲密关系,我们有理由提问:中国哲学是否只有形上学,没有形下学?对西方哲学来说,这个问题则是西方哲学是否只有形下学,没有形上学;如果有形下学,那么,其方法论的根基何在;中国哲学有无贯穿于形上形下的方法论。

牟宗三以感触直觉说现象界已经向我们点示,直觉非中国哲学的代名词,在西方哲学中也有其位置。事实上,从梁漱溟始,我们的哲学家一直依傍着、跟着柏格森、倭铿、康德等西方哲学家在说"直觉"。我们的直觉到底与他们的直觉有何不同?"不同"在作用机制方面如何表现?单以"主客"不分,不用概念、推理等中介直接觉到,与科学对立等依傍性的方式描述的话,直觉何以能洗脱"神秘兮兮""糊涂浆"之嫌疑?

牟宗三对"智的直觉"的规定最有依傍嫌疑,比如,对"智的直觉"的界定,牟宗三依着康德说:

> 就其为理解言,它的理解作用是直觉的,而不是辩解的,即不使用概念。就其为直觉言,它的直觉作用是纯智的,而不是感触的。智的直觉就是灵魂心体之自我活动而单表象或判断灵魂心体自己者。智的直觉自身就能把它的对象之存在给我们,直觉活动自身就能实现存在,直觉之即实现之(存在之)此是智的直觉之创造性。[2]

"智的直觉"的内涵界定,其存在的条件、根据皆依据康德

---

[1] 牟宗三:《智的直觉与中国哲学》,台湾商务印书馆,1971年,第2页,序。
[2] 《智的直觉与中国哲学》,第145页。

之判定,把中国哲学拿来与康德所设置的条件一一对照而产生了诸多说法。这些说法对于与西方哲学"接轨",对于"使中国哲学哲学地建立"[1] 无疑有着重要作用。但他却必然将中国哲学引导至于"道德的形上学""无执的存有论",而远离了(形)上(形)下贯通的真实的文化世界。

依傍着西方说中国哲学的特质,这实在是像"吊诡"的做法。依傍不依傍先存而不论,就问题说,我们要追问的是中国思想中有无贯通于形上形下的方法,到哪里去追求这样贯通于形上形下的方法。从逻辑上说,从西学东来之前,乃至从佛学东来之前的思想世界寻求中国思想自身的经验、范畴似乎是一条可行的道路。

二

事实上,许多哲学家更愿意讲普遍的哲学方法,或者说,将自己推崇的方法表述为普遍的哲学方法,以期能使自己的哲学获得更多的认同,获得更强的合法性。比如,冯友兰在《新理学》中认为其体系是"接著"宋明以来的理学讲,在《新原道》中将"极高明而道中庸"的境界理解为中国哲学的主流传统,相应于此的形上学(不是哲学)方法有二:正底方法与负底方法。[2] "正底方法"就是逻辑分析法;"负底方法"是"讲形上学不能讲"。逻辑分析法是纯粹形式演绎,其命题是分析命题,是永真的重复叙述。真正的形上学命题对于实际无所肯定,但对于一切事实却无不适用,因此,形上学命题都是空灵的命题,"真正底形上学,必须是一片空灵"[3]。在冯氏看来,西方哲学大部分用"正底方法",中国禅宗、道家主要用"负底方法",冯友兰称其新理学是集两种方法而成就。就新理学的四组命题看,它们都是永真的分

---

1 《智的直觉与中国哲学》,第3页,序。
2 冯友兰:《三松堂全集》,第五卷,河南人民出版社,2001年,第149页。
3 《三松堂全集》,第五卷,第155页。

析命题，但就其中最重要的"理、气、道体、大全"观念看，它们又是不能讲的，或只能用负底方法讲。掌握这几种观念可以使人游心于物之初、有之全，可以提高人的境界。[1] 哪些方法可以称得上是"中国哲学的方法"？冯友兰没有说。他推崇逻辑分析方法，但认为这不是西方独有的方法。他对名家、魏晋玄学辨名析理、超脱形象、经虚涉旷的赞誉，以及对孔孟未能"经虚涉旷、超乎形象"的批评，对宋明道学没有直接受名家洗礼的遗憾都表明冯友兰更热衷于在中国传统中寻求逻辑分析思想的资源。他推崇负底方法，认为道家、禅宗都是真正的形上学，但他也认为维特根斯坦的静默与禅宗方法相通。

金岳霖不大谈"哲学的方法"，而是谈"哲学的态度"，谈"中国哲学的态度"。他说"元学（即哲学）的态度"与"知识论的态度"不同，"知识论的态度"是"我可以站在知识论底对象范围之外，我可以暂时忘记我是人，凡问题之直接牵扯到人者我可以用冷静的态度去研究它，片面地忘记我是人适所以冷静我底态度"[2]。"元学的态度"则不同："我虽可以忘记我是人，而我不能忘记'天地与我并生，万物与我为一'。我不仅在研究底对象上求理智的了解，而且在研究底结果上求情感的满足。"[3] 联系金氏《中国哲学》一文，我们不难发现，"元学的态度"在中国哲学中始终得到贯彻与体现。比如，金岳霖说，"天人合一"是中国哲学最突出的特点，具体说就是，坚持"主体融入客体，客体融入主体，坚持根本同一，泯除一切显著差别，从而达到个人与宇宙不二的状态"[4]。天人合一即是人与自然合一，就是哲学与伦理、政治合一，个人与社会合一。所以，金岳霖说："中

---

[1] 《三松堂全集》，第五卷，第136页。
[2] 金岳霖：《论道》，商务印书馆，1987年，第17页。
[3] 《论道》，第17页。
[4] 金岳霖：《中国哲学》，收入《道、自然与人》，生活·读书·新知三联书店，2005年，第54—55页。

国哲学家都是不同程度的苏格拉底式人物。其所以如此，是因为伦理、政治、反思和认识集于哲学家一身，在他那里知识和美德是不可分的一体。他的哲学要求他身体力行，他本人是实行他的哲学的工具。按照自己的哲学信念生活，是他的哲学的一部分。他的事业就是继续不断地把自己修养到进于无我的纯净境界，从而与宇宙合而为一……哲学……在极端情况下，甚至可以说就是他的自传。"[1] 在金看来，苏格拉底的传统在西方中断了，而在中国几乎一直保存到今天。西方发展的是思维的数学模式、几何模式，是逻辑与认识论，简言之，坚持与发展的就是"知识论态度"；"元学的态度"则算得上中国哲学的态度，也可以说就是中国哲学的方法。

有态度，有理智，那么，中国哲学有逻辑吗？众所周知，金岳霖所谓"逻辑"主要是指"形式逻辑"，金氏说中国哲学逻辑不发达主要指中国哲学中"形式逻辑"不发达。那么，形式逻辑之外还有逻辑吗？与金岳霖把逻辑理解为不依赖于时间与经验而永真的先天之物不同，中国现代另一位重要的哲学家张东荪则认为，逻辑首先不是知识，而是思想的程序；它受文化中范畴的左右，跟着哲学思想走，其最终的决定者则是"文化的需要"。因此，逻辑的"真"由其背后的文化所决定，不存在脱离具体思想范围而永真的逻辑。逻辑由文化的需要决定具体地表现在不同的文化需要都有相应的逻辑与之对应。所以，逻辑不是唯一的，而是具有多种形式的。基于此，张东荪认为逻辑大致有四种：形式逻辑、数理逻辑、形而上学的逻辑及社会政治思想的逻辑。

形式逻辑的特性在于整理言语，它的内容或规则都受到社会性的通俗哲学的左右。[2] 数理逻辑表示的是人类思想中的数理思想，它不是为了整理言语而产生的，因此它并不是形式逻辑的继

---

1 《道、自然与人》，第59—60页。
2 张东荪：《知识与文化》，商务印书馆，1946年，第201页。

续。就其背后的哲学看则是"关系哲学"或"函数哲学",而不是形式逻辑依靠的"本体哲学"与"因果哲学"。形而上学的逻辑之特性在于满足人类的神秘经验。它的基本原理是"相反者之合一",其对象是"绝对"。[1] 社会政治思想的逻辑则是从事社会政治活动的人自然具有的逻辑,其特性是"相反律",即只承认相反而不需要两者之"合一",其目标是动、变化。从四种逻辑的特性看,它们都是为了对付不同的对象这种需要产生的。张东荪通过对四种逻辑的分析后指出,逻辑都是跟着文化走的,任何逻辑都没有通贯一切文化的普遍性。就中国思想的状况讲,汉语的特殊构造与形式逻辑并不协和;中国古典数学只发展到代数的阶段,所以,数理逻辑亦不会产生出来。因此,这两种逻辑并不为文化所需,自然也就不能发达起来。然而,中国历史上漫长的朝代更替又直接、间接地促使人们对社会政治活动进行反思。哲学思想是社会政治思想的间接表达,后者的发展使形而上学的逻辑与社会政治思想的逻辑都得到了发展。所以,在中国思想中,后两种逻辑非常流行、发达。

冯契基于中国哲学史的研究既探讨了中国哲学中的另类"逻辑",也探讨了中国哲学中的另类"认识论"。另类逻辑是"辩证逻辑";另类认识论是"广义认识论"。

就形式看,辩证逻辑不像形式逻辑那样撇开内容只谈形式,其内容与形式是不可分割的有机体;形式逻辑研究思维处于相对稳定中的形式,而辩证逻辑研究思维的辩证运动的形式;形式逻辑把握思维形式的静态的关系,而辩证逻辑由抽象到具体,反映了事物的整体、过程、综合、趋势、泉源,达到了具体与抽象、主观与客观的统一;形式逻辑不考察概念的理想形态,而辩证逻辑揭示具体真理,具有理想形态。[2] 冯契认为,中国在先秦也曾

---

[1] 《知识与文化》,第61页。
[2] 冯契:《逻辑思维的辩证法》,华东师范大学出版社,1996年,第247—263页。

发展出比较完备的形式逻辑体系，如《墨辩》，但从整个哲学演进的过程看，这个传统没能得到持续的发展，相反，辩证逻辑却得到了持续的发展，取得了较大的成就。在先秦总结阶段，即在《荀子》《易传》《月令》《内经》已具有辩证逻辑雏形，到宋明，辩证逻辑有了进一步的发展。[1] 当然，冯契也补充道，古代的辩证逻辑只是朴素的、自发的，还不具备严密的科学形态。

在认识论方面，冯契在狭义认识论所关注的"感觉能否给予客观实在"和"科学知识何以可能"问题之外，又拓展出"逻辑思维能否把握宇宙发展法则"和"理想人格如何培养"问题，这四个问题合成冯契著名的"广义认识论"。他认为，中国古代哲学"较多和较长期地考察了上述后两个问题……对这两个问题的考察上，显示出中国传统哲学的特点"[2]。冯契还提及，在自然观上，西方的原子论得到比较早的发展，中国古代则比较早地发展出了气一元论。所以，中西哲学的差异既是思想方向、理想关怀的差异，也是思维方式、思想方法层面的差异。

三

本书所关心的问题是，哲学既然与哲学家互体，哲学方法如何体现于个人的存在；或者说，中西哲学展开方式的差异在个人存在方面是如何生成及如何体现的；或者，个人存在方式的差异如何到达思想层面。

牟宗三取自传统哲学的另外一组概念，即感通与润物，对我们的方法论思考有十分醒目的启示。它既能真切地表述"智的直觉"的内涵，又紧密接近这个真实的文化世界。"仁以感通为性，以润物为用。"[3] "感通"是指我以"感"的方式进入他人、进入

---

1 冯契：《中国古代哲学的逻辑发展》，上海人民出版社，1983年，第45页。
2 《中国古代哲学的逻辑发展》，第42页。
3 牟宗三：《中国哲学的特质》，上海古籍出版社，1997年，第31页。

世界万物。"润物"则是我在"感"的过程中，由物我相互进入、相互摄取而给予万物价值、意义、精神生命等人性内容。"感"展示了一种不同于康德意义上的接受性经验方式，同时也兼表达出经验、理性，以及一般存在论的内容。不过，正如上文所论，牟宗三仅关注形上感通的主体，即仁心本体，这又使感通概念的适用性变得可疑起来。

唐君毅在《生命存在与心灵境界》中亦尝试以"感"来解释中国哲学传统，颇有可观。"所谓感通活动，与其方向、方式，如更说吾人之生命存在之心灵为其体，则感通即是此体之活动或用……言境为心所感通，不只言其为心所知者，乃以心之知境，自是心之感通于境，此感通中亦必有知；但知之义不能尽感通之义，知境而即依境生情、起志，亦是感通于境之事故。"[1] "感通"不限于形而上之心体的感通，也可指形而下之心与境的感通，乃至指妄境与妄心之感通。种种心灵之感通活动，包括我们通常所说的感官之活动。唐氏说："实则感觉即感通，通即合内外，而兼知内外。"[2] 一切感官活动都被纳入"心灵"活动，因而它们亦是"感通"活动，比如唐氏说"视心"进行视觉的感通，"闻心"进行听觉的感通[3]。唐君毅还以感通（知）、感应（意）、感受（情）来解释意识的活动，他说："人谓知与情意有别，乃自知只对境有所感通，而不必对境之有所感受、感应说。感受是情，感应是意志或志行。心灵似必先以其知通于一境，乃受此境。而应之以意或志行。……心对境若先无情上之感受，亦无知之感通；人心若初不求应境，亦对境无情上之感受。又感受、感应，亦是一感通于境之事。人若只有知之感通，不更继之

---

[1] 唐君毅：《生命存在与心灵境界》，中国社会科学出版社，2006年，第2—3页。
[2] 《生命存在与心灵境界》，第57页。
[3] "视心""闻心"见《生命存在与心灵境界》，第3页。

以感受与感应,则其对境之知之感通,亦未能完成。"[1] 知、情、意皆是"感",只不过,其"感"的方式、方向不同而已。由种种心灵感通起种种境,而显出境的层次之高低、远近、浅深,遂成"心灵九境"。

说感觉即感通,特别是以视觉、听觉来说感通,我们听来颇觉新鲜。但恰恰于此,我们的问题也涌现出来。视觉、听觉如何"通"内外?如我们后文所述,在古希腊以来的原子论思想传统中,视觉只能把握外物的外在形状而无法"进入"物自身,是无法"通"内外的。以"视心""闻心"说视觉、听觉,事实上将感觉的问题转换成了"心"的问题,转换成了文化的问题。以视心说视觉,以视觉说感通,只有在特定文化传统中才可能,至少,中国文化中生成了这种可能性。

"感"如何能够"通"物?诚然,这个问题只是中国文化系统中的一个子问题。进一步追问会有许多层次、许多方向,我个人的兴趣是关注这个问题在生命存在层次的根基,并试图在生命"经验"层面厘清这个问题。至于如此做的理由,我愿意再引唐君毅在《中国哲学原论·原道篇》"自序"中的一段话来申明之:"吾所谓眼前当下之生命心灵活动之诸方向,其最切近之义,可直自吾人之此藐尔七尺之躯之生命心灵活动以观,即可见其所象征导向之意义,至广大,而至高远。吾人之此身直立于天地间,手能举、能推、能抱、能取;五指能指;足能行、能游、能有所至而止;有口能言;有耳能听;有目能见;有心与首,能思能感,即其一切生命心灵之活动之所自发。中国哲学中之基本名言之原始意义,亦正初为表此身体之生命心灵活动者。试思儒家何以喜言'推己及人'之'推'?庄子何以喜言'游于天地'之'游'?墨子何以喜言'取'?老子何以言'抱'?公孙龙何以言'指'?……诚然,字之原义,不足以尽其引申义,哲学之义理尤

---

[1]《生命存在与心灵境界》,第9页。

非手可握持，足所行履，亦非耳目之所可见可闻。然本义理以观吾人之手足耳目，则此手足耳目之握持行履等活动之所向，亦皆恒自超乎此手足耳目之外，以及于天地万物。此即手足耳目之义理。此义理之为人之心知所知，即见此手足耳目，亦全是此'义理'之流衍之地。故真知手之'推'，亦可知儒者之推己及人之'推'。真知足之'游'，亦可知庄子之游于天地之'游'。充手之'抱'，至于抱天地万物，而抱一、抱朴，即是老子。尽手之取，至于恒取义，不取不义，利之中恒取大，害之中恒取小，即是墨子。穷手之指，至于口说之名，一一当于所指，即公孙龙也。"[1]"经验"方向恰恰是生命展开的方式，思想亦在此生命展开中运行。

依照这个识见，本文从味、味觉开始讨论中国哲学的生成基础，并探讨了"味"活动的存在论意义、结构，在感觉谱系中的地位，以及形下、形上层面所生长出来的丰富意义。考察了"味"活动与"感"活动的历史及逻辑关联，由此把近代以来一直被降低为与理性相对的"感性"意义重新上升为一种具有本源意义、贯穿于今日所谓感性与理性层面的活动。在此基础上，作者参照西方"沉思""移情"观念考察了感思、感情等观念及它们所展示的思考方式及存在方式。传统哲学由"味""感"这种特殊的文化经验生成了虚实、幽明、有无统一的范畴——"象"，借助于"象"，中国哲学在普遍性的追求方面走上了"立象"的道路。最后，在对作为思想方式与存在方式的"味""感"与"象"的特征深入思考基础上，作者考察了20世纪中国哲学"中国化""哲学化"的双重努力，并以"味""感""象"为核心对此问题做了提纲式展望。

---

[1] 唐君毅：《中国哲学原论·原道篇》，中国社会科学出版社，2006年，第4—5页。

一 从"味"开始

> "人莫不饮食也,鲜能知味也。"
> ——《中庸》

一饮一食皆有味,然而饮食者却鲜能"知味",此为何?按照《中庸》的思路,"鲜能知味"是因为饮食者大多"过"或"不及":知者、贤者过之,愚者、不肖者不及。所谓"过"大抵是以"超越的"态度将"味""消解""转换"为生命的材料、工具等他者;所谓"不及"大抵是沉溺于饮食,而不回味、不思想。"过"与"不及"尽管有差异,但都是食而不知其味。《中庸》寻求的是饮食而知味。"知味"的办法相应就是消除对饮食的思想超越("过")以及沉溺于饮食而不思想("不及"),就是回到饮食本身,在饮食中让味到来("回味")。就对道的理解、把握(即"知道")而言,则须消除以言、知"过"道,以及沉溺于"身"而"不及道",从而如饮食知味般"身"入"道","道"入"身",而得以知"道"之"味"。道身相入才能知"道味",道入身才使道得以"行"、得以"明",此即破除"过"与"不及"的中庸之法,也即"味—道"。此是"味"之方法论秘密。

今日唤起我们关注"味"的秘密的是"纯粹的看",一种由视觉开始,达及、贯通心灵的经验方式、思想方式、存在方式。体现、承载这一思想方式的是古希腊以来的欧洲文化传统。"看"对"道"采取的立场、态度是把"道"转换为一种可以看到的(包括肉眼的看与心眼的看)客观存在物,"看者"保持着对"道"的距离性,而不是进入,不是以人承载、呈现。在这一点上,"看"或"过"或"不及"。不过,"纯粹的看"生成了一种与"道"具有相当高度的超越本质,并且理所当然地成为通达此本质的方式,这恰恰是令汉语思想传统惊奇的东西。在此视域下,"味—道"所体现的方法论秘密也得到充分显现,一种同样令建立在"看"传统之上的思想诧异的显现。

1. 气、味、物

中国传统经典对于"物"的规定常见的有以下几种句法:"谓"("之谓""谓之"[1])、"曰"、"为"等。如:

---

[1] 自戴震区分了"之谓"与"谓之"之后,许多学者对两者进行了语义、句法考察。如何乐士《论"谓之"句和"之谓"句》(见《古汉语研究论文集》,北京出版社,1982年)、楚永安《文言复式虚词》(《文言复式虚词》,中国人民大学出版社,1986年)、岑溢成《"生之谓性"释论》(《鹅湖学志》第一期,1988年)等。他们在戴震的分析的基础上,对"之谓"与"谓之"的语义有更详细的说明和补充。如岑溢成云:"'B之谓A'句的意思是'具备B的性质或符合B的条件或要求才算是或就算是A'的意思。据此,则'B之谓A'句是有歧义的:它可能表示只有符合B或具备B才算是或方可说是A,意谓B是A的必要条件;也可能表示凡具备B或符合B就算是或就可说是A,意谓B是A的充分条件;还可能两者兼备,意谓B是A的必要而充分的条件。但无论如何,B并不是说明A的意思,而是衡量算不算、可说是不可说是的标准。那就是说,'B之谓A'句的意思是B是A的判准。而一个事物或观念的判准所提供的,不是这事物或观念的本质内容或特性,而是辨别这事物或观念的标准。"(岑溢成:《"生之谓性"释论》,《鹅湖学志》第一期,1988年)

> 凡见者之谓物。(《性自命出》)
>
> 精气为物，游魂为变，是故知鬼神之情状。(《周易·系辞上》)
>
> 道有变动，故曰爻；爻有等，故曰物；物相杂，故曰文；文不当，故吉凶生焉。(《周易·系辞下》)
>
> 形形之谓物；不形形之谓道。[1]

"谓""曰""为"句式以现代汉语句式可译为"看成""认为是""叫作""称为"等等。"谓""曰""为"的主语都是"人"，因此，这些句法往往被理解为"个人的认识"或"社会上共同的认识"[2]。这些句法表现的是认识者的理解[3]，而不是对客体客观

---

[1] 胡宏：《胡宏集》，中华书局，1987年，第26页。
[2] 如何乐士云："'谓之'句常用以表示社会上共同的认识和称谓，'之谓'句常用以表示说话人的主观见解。"(见《古汉语研究论文集》，北京出版社，1982年，第124页) 先秦《墨辩》对"谓"的规定非常详细："谓：命、举、加。"(《经上》)"谓狗'犬'，命也。'狗，犬'，举也。叱'狗'，加也。"(《经说上》) 沈有鼎以现代语言将之解释为："命名、用名举实、用名呼实，这是中国语言中'谓'字所具有的三个不同的意义。"(沈有鼎：《墨经的逻辑学》，中国社会科学出版社，1980年，第20页) 名是人所命，名可举实、呼实，但皆属人之用名之方式，更多倾向"出意"，而非"定彼"。
[3] 《说文解字》曰："谓，报也。从言，胃声。""谓"是一种"言"，一种与"胃"相关的"言"。《素问·灵兰秘典论》曰："脾胃者，仓廪之官，五味出焉。"脾胃收纳所食之物，消化之，使之为己之所有。脾胃之所出即是五脏可以接受之"五味"。"谓"之为"言"亦如是，即是经过自身接收、消化之"有味之言"。同样对于"胃"，西方哲学对它的理解与规定大异于上述中国传统。如柏拉图云："灵魂还有一部分主管吃喝和身体的其他需要。诸神把它置于隔膜和肚脐一带之间，好像食槽那样供给身体的营养。他们视它如未驯野兽并置之于此地，乃是可朽体的生存所必需的。其目的如下：在食槽里喂养它，使之远离决策者的居所，尽量减轻它所引起的骚动和喧闹，从而使最高决策者能够平静地思想整个身体的福祉。"(柏拉图：《蒂迈欧篇》，上海人民出版社，2003年，第71页) "胃"充满欲望（骚动和喧闹），是"未驯野兽"，需要对之采取措施以使之"远离决策者的居所"。真正有意义的语言出自纯粹的理性，出自logos，而不是"胃"。

的描述。后一种方式就是今天为大家所熟悉的方式："物是什么"或"物之为物"这种抽象的、本质式的表达方式。这种偏重主观理解的句法无疑透露出传统经典对"物"的本质的理解方式的特征：人自觉参与着物本质的生成。不过，换个角度说，这同样是一种表达物的"本质"的方式。

从"名实"之辨看，"物"是大共名，是最普遍的类；此名之实，即是构成最普遍存在之基质的东西，一直被理解为"气"，比如：

> 水火有气而无生，草木有生而无知，禽兽有知而无义，人有气有生有知，亦且有义，故最为天下贵。（《荀子·王制》）

> 人之生，气之聚也。聚则为生，散则为死……故万物一也……通天下一气耳。（《庄子·知北游》）

讲到"气"的层面，人们可能觉得太玄妙隐微，难以把握。作为基质的"气"本身隐微难见，虽然气聚而有"象"，但"象"是"幽明一体"，即它不尽为可见之"形"（明），它还有不可见的特征（幽）。如何把握幽明一体的万物呢？

西方哲学讲实体表现为属性，中国哲学则讲"体"展开为"用"。认识实体意义上的"物"有困难，需要落实到属性层面，把握属性、功用来达到对"物"的认识。在中国哲学中，"味""色""声"常常被理解为万物的基本属性、功用。如：

> 天有六气，降生五味，发为五色，征为五声。（《左传·昭公元年》）

> 生其六气，用其五行，气为五味，发为五色，章为五声。（《左传·昭公二十五年》）

> 五味实气，五色精心，五声昭德。（《国语·周语中》）

"味""色""声"皆由"气"而生，是"气"的功用。其中"味"具有特别重要的地位：许多物无声、无色，但仍有味。在诸多属性、功用的排列顺序上，"味"往往被放在首位，这方面的例子数不胜数，除了上面几例外，这方面例子还有：

> 先王之济五味，和五声也，以平其心，成其政也。声亦如味……若以水济水，谁能食之？（《左传·昭公二十年》）
>
> 夫和实生物，同则不继……故先王以土与金木水火杂，以成百物。是以和五味以调口，刚四支以卫体，和六律以聪耳，正七体以役心，平八索以成人，建九纪以立纯德，合十数以训百体……声一无听，物一无文，味一无果，物一不讲。（《国语·郑语》）

"味"是人们最熟悉的东西，也成为人们认识的基础与根据，对"色""声"等性质的认识往往基于对"味"的认识，所谓"声亦如味"这种比喻式的表达正表现了"味"的重要作用。汉魏之后的文献多以"味"论物、论文、论道，也正体现"味"在人们认识中的基础地位。借用、比喻总是以最熟悉的东西用在所借、所喻之物上，以使后者能更容易为人所理解、接受，"味"充当了解释之"前见"。

相反，从对生命的副作用来看，"味"又排在"色""声"之后，盖因与生命的密切关系而不可废也。如：

> 五色令人目盲，五音令人耳聋，五味令人口爽。（《老子》第十二章）
>
> 且夫失性有五：一曰五色乱目，使目不明；二曰五声乱耳，使耳不聪；三曰五臭熏鼻，困惾中颡；四曰五味浊口，使口厉爽；五曰趣舍滑心，使性飞扬。此五者，皆生之害也。（《庄子·天地》）

> 五色乱目，使目不明；五声哗耳，使耳不聪；五味乱口，使口爽伤；趣舍滑心，使行飞扬。此四者，天下之所养性也，然皆人累也。(《淮南子·精神训》)

对"色""声""味"的过度追求皆会造成对人的伤害，但"两害相权取其轻"的利害秩序表明，较之"色""声"对人的伤害，"味"的过度追求对人的伤害显然属于"轻者"。

我们具体看看"气"与"味"的关系。上文列举《左传》两条："天有六气，降生五味。""生其六气，用其五行，气为五味。"《大戴礼记》卷第九《四代》亦有："食为味，味为气，气为志，发志为言，发言定名，名以出信，信载义而行之，禄不可后也。"按照以上观念，"味"是"气"所"降"、所"为"，以今天的术语说就是味源自"气"，是"气"的具体形态。韦昭注《国语》"五味实气"时曰："味以实气，气以行志。"[1] 味被理解为气之"实"，也就是"气"的具体表现、具体形态，味的实质是"气"。

作为生味之本的"气"乃"无对"之基质，或可称之为"本体"。但中国传统经典世界中许多层次都使用"气"字，如精神性的"浩然之气""喜怒之气"、物质性的"阴、阳、风、雨、晦、明"之"六气"(《左传·昭公元年》)等等。我们注意到，还有一种与"味"对举使用的、非本原性层次上的"气"，如"清阳为天，浊阴为地……阳为气，阴为味……阴味出下窍，阳气出上窍"(《素问·阴阳应象大论》)。"气"与"味"相对，并配以阴阳，"气"成为"阳气"，"味"成为"阴味"，遂使气与味成为相反相成、相互作用之物。当然，对于人这个阴阳体来说，气味阴阳之区分也成为理解、调理人自身的重要根据。明朝吴昆曰："气主外，味主内。气以通天，养阳也；味本于地，养阴也。

---

[1] 徐元诰：《国语集解》，中华书局，2002年，第60页。

人之生，气通于天地，本于阴阳，于此见之矣。"[1] 阳气养人之阳，阴味养人之阴，人正赖气味而成就阴阳之体，凭借气味而使生命体得以正常展开。可见，气味阴阳之区分意义何其重大：不仅使中医"寒热对治"有了理论依据，而且将"味"的作用突显出来，成为众多属性、功用中最重要的一种[2]。

与"气"相对，"味"属"阴"，这种分类对于习于现代科学分类的人来说有些莫名其"妙"。换成现代的提问方式，我们会问：味是外物自身的性质吗？它们是外物自身固有的，还是由人心产生的？

柏拉图曾对"气味"的性质做过简短的界定，他说："气味有两组。它们没有名字，原因是它们的构成没有确定的原始图形之数。唯一能作区分的只有这两方面：惬意的和不惬意的。"[3] 气味不能由"确定的原始图形之数"来规定，因而它们不具有客观的性质，仅有的是"惬意"或"不惬意"等主观的性质。这些主观的性质靠的是对人体的"刺激""入侵"才产生。亚里士多德则说："滋味是属性或缺乏……属于营养物……作为有滋味的东西，被吸收的食物提供营养。"[4] 滋味属于物体之"养人的"属性，而不是物体自身独立的规定性。

近代哲人洛克继承古希腊说法，他把"气味"归入"第二性质"（secondary qualities），并认为它们不是物体固有的性质：

---

[1] 吴昆：《黄帝内经素问吴注》，学苑出版社，2001年，第16页。
[2] 钱穆在《味道》一文中说："俗称'味道'，惟'味'有'道'，其他声、色、气三项，皆不言'道'……故惟味，乃可继之曰道。"（钱穆：《中国思想通俗讲话》，生活·读书·新知三联书店，2002年，第104页）事实上，在俗语中色、声虽不与道连接，但仍保持着与道的勾连，如王夫之说："色声味之授我也以道，吾之受之也以性。吾授色声味也以性，色声味之受我也各以其道。"（王夫之：《尚书引义》，中华书局，1962年，第148页）不过，色声虽与道相连，但味与道的连接尤密切，味在诸多功用中尤其重要。
[3] 《蒂迈欧篇》，第67页。
[4] 亚里士多德：《亚里士多德全集》，中国人民大学出版社，1992年，第三卷，第110页。

这些性质我们虽认为它们有真实性，其实，它们并不是物体本身的东西，而是能在我们心中产生各种感觉的能力，而且是依靠于我所说的各部分底体积、形相、组织和运动等第一性质的。[1]

洛克认为"味"不是独立自存的，而是外物与人的感觉相作用产生的东西。如上述，在中国经典中，"味"被理解为"气"所产生的东西，在"气"中有所本。在《尚书·洪范》中更进一层，以更具体一些的"五行"来解释"味"的发生，影响深远：

> 五行：一曰水，二曰火，三曰木，四曰金，五曰土。水曰润下，火曰炎上，木曰曲直，金曰从革，土爰稼穑。润下作咸，炎上作苦，曲直作酸，从革作辛，稼穑作甘。

"五味"是"五行""作"（作，发也，生也）出来的，它们就是"五行"的"性"。以下两段对此说得更明白：

> 水味所以咸何？是其性也。（《白虎通·五行》）
>
> 东方生风，风生木，木生酸，酸生肝……南方生热，热生火，火生苦，苦生心……中央生湿，湿生土，土生甘，甘生脾……西方生燥，燥生金，金生辛，辛生肺……北方生寒，寒生水，水生咸，咸生肾……（《素问·阴阳应象大论》）
>
> 草生五味，五味之美，不可胜极。（《素问·六节藏象论》）

---

[1] 洛克：《人类理解论》，商务印书馆，1997年，第102页。

咸由水发（作），当然是水之性。我们要注意的是，某一类味是由特定种类的事物所生发（生、作）出来的，它是这些事物本身固有的性质。具体事物同样有五味之别，比如，金木水火土五行之中，木味酸，但具体草木之中又有五味之别。

> 东方青色……其味酸，其类草木……其谷麦……南方赤色……其味苦……其谷黍……中央黄色……其味甘……其谷稷……西方白色……其味辛……其谷稻……北方黑色……其味咸……其谷豆……（《素问·金匮真言论》）

同样道理，即使同一种物，在不同时候表现出来的味也是不同的。所以，采中药非常讲究时令、时辰。"凡诸草、木、昆虫，产之有地；根、叶、花、实，采之有时。失其地，则性味少异；失其时，则气味不全。"[1] 任何事物在特定时间其味都是有差别的，或者说，其味都是独一无二的。在此意义上，"味"即"性"，"性"即"味"。李时珍等医家多用"性味"[2] 一词，其因盖在此。医和说"天有六气，降生五味"（《左传》昭公元年），也是强调"五味"的客观性质。"味"是客观的"气"的一种存在形式，每种事物都有其不同的存在形式，因此也就有不同的"味"。"味"即物，物即"味"。这里"味"是事物最重要的特

---

[1] 李杲语，引自李时珍：《本草纲目》，中国档案出版社，1999年，第28页。
[2] 中医理论"四性五味"说之"四性"又称"四气"，即寒性、凉性、温性和热性；"五味"指"咸、苦、酸、辛、甘"。"性味"在《神农本草经》《本草纲目》等经典著作中一直被当作药物的基本（甚至唯一）性质。气、味、性三个概念都可以表达本质。传统医学中"气味"一词与"性味"意义大致相同。李时珍曰："寇氏言寒、热、温、凉是性，香、臭、腥、臊是气，其说与《礼记》文合。但自《素问》以来，只以气味言，卒难改易，姑从旧尔。"（《本草纲目》，第29页）"盖上古圣贤，具生知之智，故能辨天下品物之性味。"（《本草纲目》，第2页）"气味"既涉及口之所尝，也涉及鼻之所嗅与身体之所感，这三者活动方式都是感官要通过与物体零距离接触，相互融合、相互作用才能辨别出来。

征,或可称"味"为事物的"本质"(古希腊为代表的西方把"形式"称为事物的本质特征)。

味与物本身的密切关系在日常生活中随处可见。袁枚在《随园食单》[1]中说:

> 一物有一物之味,不可混而同之。……善治菜者……使一物各献一性,一碗各成一味。……余尝谓鸡、猪、鱼、鸭,豪杰之士也,各有本味,自成一家。

一物独有一味,从此意义来讲,"味"即物之性,"本味"即是物的本性,即是物的本质特征,钱穆言"惟味有道",诚不虚也。

"味"是物的本质属性,以"味"辨物的观念在传统药学、农学中影响深远。"神农尝百草"传说的流行、被接受、广泛传播与以"味"辨物观念互为表里、相互促进,从而将之塑造成经典的辨物模式。在中药理论中依靠"味"(气味)来识别、确定物是很普遍的做法,中药配方里,药物的一种就叫"一味"。以味辨物观念进而影响到文化的其他层面[2]。由此塑造了味与味道相互勾连的存在形态与方法论特色。

2. 味之质:时、阴阳、形式、本质

根据"气"与"味"的区分,本原意义上的"气"是世界万

---

[1] 在中国传统中,食物也是药物,食物也有寒热温凉、辛甘酸苦咸,食物同药一样性味归经。正因为食药同源,食物与药物之间难以严格区分,所以,对食物、烹煮的论述与药学的论述大致一致。这是本书多次援引食单的缘故。

[2] 传统医家一直认为,伏羲画八卦与神农尝百草其根据、目的都是一致的,即伏羲画八卦阐明百病之理,神农尝百草创立医学,黄帝作《内经》阐发医理。通过这个说法,我们不难发现传统医学、农学与其他学问之间的相互影响与渗透。

物的本质,其次层面的"气"与"味"则是具体物的本质。就"气"与"味"之辨看,"气"被理解为"无形者","味"被理解为"有形者",如:

> 味有质,阴也……气无形,阳也。[1]
>
> 寒热温凉四气者,生乎天;酸苦辛咸甘淡六味者,成乎地。气味生成,而阴阳造化之机存焉。是以一物之中,气味兼有;一药之内,理性不无。故有形者为之味,无形者谓之气。[2]

我们也谈到,自《素问》以来,寒、热、温、凉、香、臭、腥、臊都可归为"气",此一意义上的"气"与"味"合为"气味",也可单言"味",如"一味药"之"味"即兼指"性味",指"性"(即"气"),也指"味"[3]。"气"与"味"之"合"意味且指示着对"味"的规定、理解总是与"气"密切相关。如何理解"味"这种特殊的功用呢?

在柏拉图,由于气味不能由"确定的原始图形之数"来规定,不能置换、还原为"形数",故气味难以达到"客观"。因为在古希腊,"形"和"数"与本质处于同一序列,两者之统一虽由笛卡尔创立的解析几何完成,但此时,两者已处于思辨的统一之中。此与中国先秦以来追求"象"与"数""理"统一的"象数之学"不同。但在中国,如上述,气味被组织进入阴阳、四时、五行、八卦构成的"象数"系统,特别是在《易》《黄帝内

---

1 《黄帝内经素问吴注》,第22页。
2 刘完素:《素问病机气宜保命集》,人民卫生出版社,2005年,第27页。
3 明医家缪希雍注意到:"炎黄言味而不加气性者何也?盖古文尚简,故只言味。物有味,必有气,有气斯有性,自然之道也。气味生成,原本乎是。"(缪希雍:《神农本草经疏》,中医古籍出版社,2002年,第2页)事实上,言味不加气性的更合理的解释恐怕是味更能体现物的具体特性。

经》的系统之中，气味既与"象"，也与"数"相勾连，从而进入本质（"道"）的境域。关于气味与"象数"的关系（比如，象数如何表达"气味"等）留待下文，现在要考察的是在中国思想系统中气味与"形"的关系。

"有形者谓之味"，但"味"不即是"形"。《素问·阴阳应象大论》曰："味归形，形归气……形食味……气生形。"此"味"指与"阳气"相对的"阴味"，非指合气味、含气味而一之的"味"。"归"有趋向、指向、归向之义，也有依附、依靠之义。因此，"味归形"可解为味依于有形之万物或味以有形之物为依托、载体。有形的具体物由"阳气"所生，故曰"形归气""气生形"。但物一旦被创生则阴阳兼具，"阴味"即在其中。根据"阳生阴成"理论，对于"物"来说，"阴味"担当"成物"的作用，即担当一物成为、成就一"物"的根据、标准。物虽有"形"，但其本质仍是由"味"规定，而不是以"形"规定的，而且"形"由"阴味"所成。"阳化气，阴成形……阳为气，阴为味。"（《素问·阴阳应象大论》）阴静阳动，"阳生阴长，阳杀阴藏"（同上）。"阳化气，阴成形"，实际上，清阳之气没有成形，至多只是模糊的"象"而已，因此，它难以捉摸。浊阴之气（即味）落实在"地"，它聚而为有形体的物（味归形），故味落实于有形体的物，有形体的物承载、含蕴着味[1]。值得注意的是，阴味与"形"之间的关系是前者决定后者。阴味决定、成就"形"，它可以算作"形"的本质，"气"则是"味"的决定者与本质。就气味之质来说，它"内在于"物体之内，这有点类似于西方哲学中的"质料"。不过，质料纯粹被动，阴虽"静"但并不是被动者，它可成形，它可长，可藏。当然，阴味也不是唯一决定事

---

[1] "味"相对"气"为阴，但阴阳原则贯彻下去，"味"本身又可分为阴阳："气味，辛甘发散为阳，酸苦涌泄为阴。"（《素问·阴阳应象大论》）吴崑进一步贯彻阴阳原则曰："言气味固有阴阳，而辛甘酸苦之中复有阴阳之别。"（《黄帝内经素问吴注》，第23页）。

物本质的因素，阳气较之阴味更主动（阳动），更有决定性（生、杀）。

"气生形"，味成形，换言之，有形万物皆由气味生成，皆由"味"，皆有"味"。在此意义上，气味属于本质性的"形而上者"。"一阴一阳之谓道"，"形而上者谓之道，形而下者谓之器"。（《系辞上》）张载则说："由气化，有道之名。"[1] "太虚无形，气之本体，其聚其散，变化之客形尔。"[2] 现在还无法断定"气生味成"与《易传》及张载[3]思想之间的谱系，但它们之间的相似处还是十分明显的。尤其是它们对"形"采取一致的态度、立场，即认为"形"是气（味）之攻取、聚散的产物，是"客形"。气味是本体，"形"的意义相应弱化。"形"字未稳，立即"而"，遂有"形而上""形而下"，关注点落在了"形上"或"形下"，恰恰"形"本身被"而"（气化）掠过，无法得到挺立，更无法获得"本质""本体"的地位。

"味成形"确立了"味"对"形"的支配关系，"味"成为万物之为万物的主要规定者。那么，就具体物来说，其"味"又是如何获得的呢？"味"是如何完成、成就的？"味"之"成"需要什么条件？味即物，"味"之"成"即是"物"之"成"。对于"成物"，传统典籍多有论述：

诚者物之始终，不诚无物。是故君子诚之为贵。诚者非

---

[1] 张载：《张载集》，中华书局，2006年，第9页。
[2] 《张载集》，第7页。
[3] 《易传》对张载的影响显而易见，《横渠易说》《正蒙》即是对它的继承与发扬。在张载著作中，我们也可隐约发现其对"五行"说的一定意义的认同，如"形也，声也，臭也，味也，温凉也，动静也，六者莫不有五行之别，同异之变，皆帝则之必察者与"（《张载集》，第20页）；湛一，气之本；攻取，气之欲。口腹于饮食，鼻舌于臭味，皆攻取之性也"（《张载集》，第22页）。"气之欲"即"气"的内在要求，即"气"的功用。"臭味"与鼻舌之间的相互吸引、相互作用（攻取），乃是双方本性使然，双方共同作用成就"味道"。

自成己而已也，所以成物也。成己，仁也；成物，知也。……博厚，所以载物也；高明，所以覆物也；悠久，所以成物也。……天地之道，可一言而尽也：其为物不贰，则其生物不测。（《中庸》）

乾知大始，坤作成物。（《周易·系辞上》）

乐著大始，而礼居成物。（《礼记·乐记》）

理者，成物之文也；道者，万物之所以成也。（《韩非子·解老》）

天空（乾）提供阳光、雨露、风气，大地提供土壤、养分。"坤作成物"，大地（坤）提供物得以生长的土壤、养分，而且还包容、呵护、爱护、守护着物，使物成熟，使物得味。大地之包容、呵护、爱护、守护即"厚德载物"之"载"的含义。比如水稻，按时播种、间苗（不是任其生长）、整齐排列、去除杂草等，这些活动当然需要"知"，需要"律"[1]，也需要组织人力（礼）。人力组织得当，不误时，因地（坤）制宜，从而可以使物完美、完成。

"成物"之"成"有成就、完成之意，就是使物成为物。春夏生物，秋冬成物。"成"亦有承载、守护的意义（秋收冬藏），秋冬成物即成味，即承载、守护着味。物在不同时间具有不同的味，失时则味不成。"味得其时，乐得其节，车得其式……味失其时，乐失其节，车失其式。"（《礼记·仲尼燕居》）味得其时像乐得其节、车得其式一样重要；反之，过时则味变，味变则质变。可见味与时关联甚大！《吕氏春秋·审时》对于稼之"得时"

---

[1]《大戴礼记·曾子天圆》："圣人慎守日月之数，以察星辰之行，以序四时之顺逆，谓之历；截十二管，以索八音之上下清浊，谓之律。律居阴而治阳，历居阳而治阴，律历迭相治也。"律是乐律，历是历法。后律由测量音节扩展为测量季节变化的仪器，转义为衡量、法令、规则、等级等。辨别时令、制订律历，又要"合时"，跟上时令，才能"得时"，"得时"才能"得味"。

"先时"与"后时"进行过细致的描述:"是故得时之稼兴,失时之稼约。茎相若,称之,得时者重,粟之多。量粟相若而舂之,得时者多米。量米相若而食之,得时者忍饥。是故得时之稼,其臭香,其味甘,其气章,百日食之,耳目聪明,心意睿智,四卫变强,訞气不入,身无苛殃。""先时"与"失时"之稼生长不好,其味不正,只有"得时"之稼才得"成物"、才得"正味"。

物之"成"需要乾坤、阴阳、礼乐、律历,还需要人之"诚","味"之"成"同样需要这些条件。另一方面,具体物之味由乾坤、阴阳、礼乐、律历相互作用而成,味中也就充满了乾坤、阴阳、礼乐、律历相互作用的样态。作为本质的味中充满了这些变化,这无疑使本质呈现出丰富的变化性。《吕氏春秋》描述"味"的特征曰:"鼎中之变,精妙微纤,口弗能言,志弗能喻,若射御之微、阴阳之化、四时之数。"(《吕氏春秋·孝行览·本味》)射御之微、阴阳之化、四时之数虽是"鼎中之变",但同样是味本身的形态变化,也即味自身的"本质"特征。当然,"成己以成物"不仅使物之"气味"得以完成,而且使物的"意味"得以充盈,从而使物不仅饱含气味,而且富有意味。关于"意味"之完成,我们留待后文详说。

我们要注意的是,以上所论及的物是有生命之物,不是死物,不是硬性的物。生命之理,成就物是使物完整地生长、生成。物是待成者,不是一成不变的东西。"物之为物"是对物的静态的结构分析,亚里士多德所举的例子(如房屋、床)都是成品,都是"这一个",即能与其他物相分离的"实体";中国哲学所关注的则是"鸟兽草木""草木禽兽",这些都是生长物,都有生、长、成的过程。"成物"之"成"是"成就":完成生、长、成熟,以及生命延伸过程。所以,中国哲学关注的不仅是个体之"这一个",更重要的是这个与那个的延续。从纵的方面说,所成就的是"草木禽兽"各个类(礼、知都是要明确每个物属于哪个类，这叫"成"）。无法与其他物相分离，也就谈不上个体、实体，无"个"当然不成"体"！

物有始有终，但在终始之间却有不同的性味，不同阶段物的味不同。物之"成"包含着使物善始善终的要求。物不断地生，性味不断地成，所谓"生成"观念可能即与此相关。有始有终则物性得以成[1]。人可以在物的终始之间通过味辨别、确定物性。

3. 心开窍于舌——中国哲学中感觉的秩序

> 心……在窍为舌。（《素问·阴阳应象大论》）
>
> 心气通于舌，心和则舌能知五味矣。（《灵枢·脉度篇》）

我们还可以从传统思想世界对感官的观念来进一步理解以味为性思想的缘起。

当"味"而不是"形"被理解为物的本质属性，味觉的意义也就突显出来。"味"虽依托"形"而存在，但"形"不是一物之为一物者；相反，"味"使"形"得以实现、完成。有形之物可以通过视觉看到、把握到，作为本质的无形的"味"必须借助于味觉来把握。

按照一般理解，知识来源于感觉经验，而对世界不同的感觉

---

[1] 人与天地参，人可以使物成为物。这种对物的理解初听起来好像西方哲学中"人是万物的尺度"（普罗泰戈拉）、"人为自然立法"（康德）等命题。细致地看，中国哲学中与天地参、使物成为物的思想大不同于西方这些思想。在道家，人以地、天、道为法，所谓"人法地，地法天，天法道，道法自然"（《老子》第二十五章）。在儒家，"物"虽然浸透着人的意味，但人言行之则仍以外物为根据。人可以成物，但人成物之则并不是自己心灵的创造，而是来自于外物。成物与则物是两个层次，以物为则，成物才有根据，否则，成物就成了神的创造。

往往会形成不同的范畴、观念与思考方式。比较古代中国与古希腊、古印度对感觉秩序的规定无疑对理解这些哲学大有裨益。众所周知，古希腊哲学重视"视觉"。柏拉图与亚里士多德对此都有明确的表述。

诸神最先造的器官是眼睛。它给我们带来光。眼睛在脸的上方……视觉是给我们带来最大福气的通道。如果我们没有见过星星、太阳、天空，那么，我们前面关于宇宙的说法一个字也说不出来……**于是我们就开始有哲学**……同样的话也适用于讲话和听觉：诸神以同样的目的和相似的理由把它们给予我们。[1]

求知是所有人的本性。对感觉的喜爱就是证明。人们甚至离开实用而喜爱感觉本身，喜爱视觉尤胜于其他。不仅在实际活动中，就算在并不打算做什么的时候，正如人们所说，和其他相比，我们也更愿意观看。[2]

在所有感觉中，视觉被放在第一位，听觉次之，其他感觉则被轻视、贬低。视觉是一种距离性感官，它具有直接性、不介入对象等特征，因此视觉所获得的经验最"客观"，最接近对象本身的性质。尤其值得注意的是，古希腊哲人推崇视觉往往与事物的"形式"联系在一起。"形式"又被理解为事物的本质，亚里士多德的"四因说"清楚地表明了这一点。"我们把个别事物的是其所是和第一实体都称为形式。"[3] 视觉与形式、本质的这种关联又促使古希腊以来的西方思想在哲学、科学、绘画等领域不断强化、训练视觉，并以视觉经验为根据发展出"沉思"式的思

---

[1] 《蒂迈欧篇》，第41—43页。
[2] 亚里士多德：《亚里士多德全集》，第七卷，中国人民大学出版社，1997年，第27页。
[3] 同上，第164页。

维模式。柏拉图说视觉产生了哲学,这种声音在后世不绝于耳。法国现象学家汉斯·乔纳斯对于视觉与西方传统哲学的许多基本观念之间的关系做了深刻的揭示:

> 我们甚至发现,在我们所描述的视觉的这三个特征中,每一个都可以作为哲学的某些基本概念的基础。呈现的同时性赋予了我们持续的存在观念,变与不变之间、时间与永恒之间的对比观念。动态的中立赋予了我们形式不同于质料、本质不同于存在以及理论不同于实践的观念。另外,距离还赋予了我们无限的观念。
> 因而视觉所及之处,心灵必能到达。[1]

在古印度经典史诗《摩诃婆罗多》中,维系世界的五大成分地、水、火、风和空具有不同的属性,贯穿于五大成分的是"声":

> 在地、水、火、风和空中,
> 地最重要,含有全部属性。
> 声、触、色、味和香,
> 这些是地的五种属性。
> 水有四种属性,缺少香,
> 火有声、触和色三种属性,
> 风有声和触,空有声。
> 五种属性存在于一切世界的五大中。[2]

---

[1] 汉斯·乔纳斯:《高贵的视觉》,见《哲学与现象学研究》,1954年,第519页。转引自卡罗琳·考斯梅尔:《味觉》,中国友谊出版公司,2001年,第31页。

[2] 毗耶娑:《摩诃婆罗多》(毗湿摩篇),译林出版社,1999年,第24—25页。

"声"贯穿于五大,"触"贯穿于"空"之外的"四大","水"与"地"则有"声、触、色、味"。

印度佛教哲学对感觉秩序的排列类似于古希腊,他们也是将"视觉"放在第一位。佛教经论中"感官"的秩序通常为"眼耳鼻舌身"("五根"),与此相应的感觉秩序通常是"色声香味触"("五尘")。如《无量寿经》卷上:"目睹其色,耳闻其音,鼻知其香,舌尝其味,身触其光,心似法缘,一切皆得甚深法忍,住不退转,至成佛道。"值得注意的是,佛教观念中眼与"色"对,而不是与形相对。世亲《大乘五蕴论》[1]说:"色者,谓眼境界,显色、形色、及表色等。"安慧《大乘广五蕴论》解释道:显色,"谓青黄赤白",此四皆实色(有实质);"形色者,谓长短方圆等",此皆假色(无实质);表色者,有所表示,名之为表,如屈伸等相是也,此亦假色。在广义的"色"中包含着"相"(即"形色")。"相"的范畴在佛教思想中极其重要,但将"色"与"眼"对却又使"相"的观念不同于古希腊的"形式"范畴。"色"被理解为事物的本质(所谓"有实质"),而"相"不是事物的本质。《大乘五蕴论》把"色"解释为:"谓四大种,及四大种所造。""四大种"略称"四大",即我们通常说的地水火风四种基本元素。"四大"及其所造物皆可称为"色",换言之,以"色"为事物的本质,故又可以"色"称物。

如第一节所论,古代中国对感觉的秩序、等级的规定大异于古希腊与古印度。尽管不同典籍中诸种感官与感觉排列的秩序有所不同,但在对待视觉态度上却差不多是一致的,即视觉及所看不是第一位的东西。

不管是"味色声"(《左传》),还是"耳目口腹"(《礼记·乐记》),视觉之所对都不拥有优先性。为什么古代中国没有像

---

[1] 以下引自熊十力《佛家名相通释》,东方出版中心,1996年,第6—9页。

古希腊与古印度哲学[1]一样把视觉放在首位呢[2]？如前所述，视觉在把握事物本身性质方面优越于其他感官，但古代中国以"五色"（白、青、黑、赤、黄）与"五味""五声"相对，说"五色"而不说"五形"，显然关注更多的是事物的"色"而不是它

---

[1] 佛教原始经典对一种特殊的味道——"苦"给予了极其重要的地位，尽管此"苦"是指精神性的感受，而不是指事物的滋味。《增一阿含经》卷十四曰："四谛。云何为四？苦谛、苦习谛、苦尽谛、苦出要谛。彼云何名为苦谛？所谓生苦、老苦、病苦、死苦、忧悲恼苦，愁忧苦痛，不可称记。怨憎会苦、恩爱别苦、所欲不得，亦复是苦。取要言之，五盛阴苦。""苦"乃"地上"之人的本质属性。"苦"贯穿于四谛，故有"苦习（或称'集'）谛""苦尽谛（'灭谛'）""苦出要谛（'道谛'）"之名。佛教以"苦"论人、以"苦"论世的思想显然不同于先秦以来单纯以滋味论"苦"的本土思想。当然，佛教苦论之深刻醒世与汉以来"苦"义之隐没有关。许慎将"苦"解为"大苦苓"，已使"苦"义蒙蔽。王夫之于"苦"之古义揭示得好："苦，本五味之一，而《说文》但云'大苦苓也'，特据《诗》'采苦'释之，非苦字本义。苦从古者，古，故也，腐也，枯也，皆火熟已过之味。借为器之苦窳、材之不良，皆缘此义，甘美而苦恶也。正可如字读之。俗发'良苦''苦窳'为古音，亦赘。大苦苓，今谓之甘草，而名'苦'，甘草过于甘，故反名之。酢曰苦，酒酸，酒不良者也。"（王夫之：《船山全书》，第九册，岳麓书社，1996年，第257—258页）"苦"与"草"有关，是腐枯之草，是"火熟已过之味"，故五味之中，"苦"与五行之"火"相关。事实上，就精神意味而言，宋儒以"乐"为本正是对治佛教之"苦谛"。当然，作为"情"的"乐"本身也是一种"味道"。有学者已经注意到，音乐之"樂"与"藥"原本同源（参看李崇超：《"齐"与"均"》，载《中国中医药报》第2633期，2006年11月10日），或者说，"乐"即"药"，"药"即"乐"。"乐者，乐也，人情之所必不免也。"（《乐记》）音乐之"乐"又与人情之"乐"是一致的。故对治"苦"之"乐"也是一种"有味者"。

[2] 程子根据《论语》"非礼勿视，非礼勿听，非礼勿言，非礼勿动"之次序，将视觉放在第一位："人之视最先。非礼而视，则所谓开目便错了。次听，次言，次动，有先后之序。人能克己，则心广体胖。仰不愧，俯不怍，其乐可知。有息则馁矣。"（程颢、程颐：《二程集》，中华书局，2004年，第367页）茅星来以"人生本然"与"日用当然"为根据调和了《洪范》与孔子、程子对视觉排序的差异："《洪范》以人生本然者言之，故先貌，次言，次视，次听。夫子以日用当然者而言，故先视，次听，次言，次动。"（茅星来：《近思录集注》，华东师范大学出版社，2015年，第184页）事实上，两者只是角度不同，而不是本然与当然之差异，即孔子、程子从自我之展开角度言视觉，《洪范》则从他者之观我角度而发。

的"形"。"惟江上之清风,与山间之明月,耳得之而为声,目遇之而成色。"[1] 为什么是"目遇之而成色",而不是"目遇之而成形"呢?"形"与"色"相比,更具有"客观性","色"则是"目"与"对象"之"相遇";用今天的话说即是,"色"是主客相互作用的产物,而"形"则纯粹是对象自身的特征。于视觉,不是关注"形",而是关注"目遇而成"之"色",这与"目"(眼)所承担的任务有关;具体说就是,"目"的任务是由内而外地表达自身,是"出意",是"传神",而不是一面纯粹反射外物、收摄外物的"镜子",它的认识功用为表达功用所牵制。强调视觉表达自身的作用而不是反映、认识功能,我称之为视觉的"感化",具体内容可参见后文。

"味色声"的排列秩序,以及将"味"理解为物的本质,都规定着味觉的特殊意义。作为本质的"味"通过视觉之"看"是无法把握的,承担这个把握本质使命的注定是味觉。

当味觉指向本质,味觉能够承受如此之重的使命吗?

提及味觉,我们马上会想到其主观性。荀子曰:"甘苦咸淡辛酸奇味以口异,香臭芬郁腥臊洒酸奇臭以鼻异。"(《荀子·正名》)"味"不仅涉及"物",还涉及"人",是物与人之合,故会"以口异"。王夫之曾对"味"的结构进行过精微的剖析。他认为,"味"首先是人与"五行"之间的互动,即"人动以欲,五行动以情";其次,"味"是"五行"对人之"合",即"合于人之舌与脏":"五行本无适味。如木则五味俱有……盖自其一定者而言之,则天下之物无有正味……五味者,合于人之舌与脏,而见以为咸、苦、酸、辛、甘尔。有所合者必因乎动。人动以欲,五行动以情。润下、炎上、曲直、从革、稼穑者,情也。作者,动也。作动以变,而五味生焉。"[2] 五味是五行生发出来的,

---

[1] 苏轼:《苏轼文集》,中华书局,1986年,第6页。
[2] 《船山全书》,第三册,第142页。

在这个意义上，五味是五行自身的功用。但五味之生又与人欲之动相关联，故其"现"（见）又充满人欲特征，即充满主观性（"现象"，现出的"象"都充满人欲的特征）。物体直接影响、作用于人的器官，人的感官（口舌）动以合之，由此而"现"出"味"，此即味觉之基本活动特征。

西方哲学自柏拉图开始对味觉采取贬抑的态度，柏拉图说："造人者知道我们在吃喝上是嗜食的、无节制的……因着无餍的食欲，人们嗜于吃喝而不去追求文化修养和智慧，拒听来自我们本性中最神圣部分的指令。"[1] 味觉是一种欲望的器官，其本性与文化修养、智慧相反，服从它的要求，按照它的逻辑，人在认知上无法取得真理，在道德上会走向邪恶。

西方近代哲学中对气味及味觉进行裁定的最著名的哲学家非洛克莫属。在其"二种性质"理论中，洛克将气味与颜色、声音划为第二性质，认为它们是物体作用于人而产生的观念，"物体底第二性质，正确说来，并不是物象本身所具有的东西，而是能借其第一性质在我们心中产生各种感觉的那些能力。类如颜色、声音、滋味等等，都是借物体中微细部分底体积、形相、组织和运动，表现于心中的"[2]。气味非物体本身固有，味觉对滋味之"觉"源自物体对人的感官的作用。

康德对味觉的结构、特性进行了很好的研究，并形象而深刻地称之为"化学性感觉"："味觉和嗅觉的感官两者都是主观性多于客观性的……这两种感觉都是由盐类（固态的和挥发的）而刺激起来的，一些盐必须溶解于口中唾液，另一些盐必须逸散于空气中，它们都必须渗进感官，才能给感官带来它们的特殊感觉。……最高的三种感官属于机械作用的，较低的两种属于化学作用的。前者是知觉的（表面的）感官，后者是享受的（最内在

---

1 《蒂迈欧篇》，第 73 页。
2 洛克：《人类理解论》，第 101 页。

地被吸收的）感官。"[1] 最高的三种感官是指视觉、听觉、触觉，外物对这些感官的作用属于机械作用，即外物与感官不相互改变自身，各自保持自身的规定性。感官能够最大限度地反映外物，故称为"客观性多于主观性"。与这些"机械作用的"感觉相比，味觉与嗅觉[2]在感知对象时，外物渗进感官，感官接受、吸收外物，从而在人与物的交合中产生感觉。感觉的产生需要人与物的相互作用，相互改变，即需要产生"化学作用"。因此，康德将人与物相互交融的味觉称为"主观性多于客观性的感官"。按照中国传统思想，有（阳）气则有（阴）味，口之所尝与鼻之所嗅都要通过与物体零距离接触而展开，相互作用、相互融合而产生化学性活动，两者在此展示为二而一、一而二的关系，故言味觉，嗅觉亦在其中。

说主观性多于客观性，实际是指，在客观性认知追求中，人自身介入外物。对味觉采取贬抑态度的具体理由大体是（1）味觉介入对象，无法把握对象自身；（2）味觉易使人沉迷与放纵，而影响道德品质的培养[3]；（3）介入使美的形象难以确立，不能感知艺术品。但按照中国传统经典的思路，人与天地参作为一种

---

[1] 《实用人类学》，重庆出版社，1987年，第37页。
[2] 康德对嗅觉的看法与亚里士多德稍异。在亚氏，嗅觉不属于以触觉和味觉为代表的"可触性感觉"，也不属于以视觉和听觉为代表的"以别的事物为媒介的感觉"，而是两者之间的"中间性感觉"（参见《亚里士多德全集》第三卷，中国人民大学出版社，1992年，第117页），即一方面它有中介，另一方面其中介又"尚无名称"（同上，第48页）。从有无媒介角度看，味觉与触觉是一致的，甚至可以说"尝本身即是某种触觉"（同上，第54页）。把味觉归入触觉无疑使味觉自身的意义难以彰显，当然，这么做的理由有其存在论的根基，正如《易·咸》将一身之诸体都上升为"感"之"体"一样基于一种存在论的设定。
[3] 亚里士多德认为，视觉、听觉不存在放纵，因而也不存在节制问题，"但把对佳肴香气的喜欢称为放纵，因为这种香气会引起欲望对象的回忆……节制和放纵就和这些快乐相关，它是人和动物所共有的，所以，表现了人的被奴役和兽性。这些就是触觉和味觉"（亚里士多德：《尼各马可伦理学》，中国社会科学出版社，1999年，第67页）。

理想的存在方式已经规定认知过程中人实际的参与性。"知者，接也。"(《庄子·庚桑楚》)"知，接也。"(《墨子·经上》)主客始终相接所展示的正是人在存在论意义上、继而在认识论意义上对外物的介入。

与物相交接体现在人的所有活动中，哪怕在最基本的呼吸活动中亦有着显明的体现。《素问·六微旨大论》曰："言人者求之气交。"人自觉与物交往，最典型的交往的模式是"阴阳交"。按照医易传统，人身之九窍，耳、目、鼻为双数，各为阴爻，合则组成八卦之"坤"卦；口、前阴、后阴单数，各为阳爻，合则组成八卦之"乾"卦。上坤下乾即六十四卦之"泰"卦[1]。"《象》曰：天地交，《泰》。"(《易·泰·大象》)就个体说，其自身之内存在"天地交"，其与外物亦进行"天地交"。"鼻"为阴爻，"口"为阳爻。"阳为气，阴为味。"(《素问·阴阳应象大论》)鼻最主要的功能是呼吸，是"与气交"，是阴（鼻）与阳（气）交；口则通过饮食而维持个体存在，是"与味交"，也是阴（味）与阳（口）交。所以，人之一呼一吸[2]、一饮一食，皆体现阴阳相交的道理。"食色，性也"，这个"性"首先展现为绵延不断的一呼一吸[3]、一饮一食这种人与天地阴阳交的过程。与"食"一致，"色"亦展现为与另一个体之间阴阳相交的过程。"食"保障个体之生存，"色"则指向类的持存。"天地交"是个体生存的保障条件，也是类存在，乃至天地万物存在的保障条件。

"一阴一阳之谓道"(《系辞上》)，气味阴阳在味觉（有阴味

---

1 对于九窍布局的如上解释，请参见刘力红：《思考中医》，广西师范大学出版社，2006年，第296页。

2 西方哲学对于"吸气"的看法与此不同，比如，亚里士多德认为："自然之所以使用吸气是为着两个目的，其一是帮助胸腔，这是它的主要作用；其二是为了能够嗅到气味。"(《亚里士多德全集》第三卷，第116页)在此，"呼吸"只具有"个人的意义"，而不涉及与世界万物的交结。亚氏还说，"很显然，作为气味的气味无助于营养"(同上，第118页)。

3 古有"食气"说，"呼吸"亦可看作"食"。

必有阳气,说味觉即包含嗅觉,康德把两者合称化学性感觉亦有道理)上的开展就有了一般存在论的意义,这意义就是与天地相交,就是在一呼一吸、一饮一食之间展开大道,并且以此保持对大道的通达。柏拉图说视觉产生了"哲学",在中国思想传统中,我们仿此可以说,味觉产生了"道学",并且亦理所当然地承担起通达、把握道(本质)的使命。

味觉的官能是"舌"。中国人对"舌"的理解非常有意思,在汉语思想中,舌又名灵根、心窍。与这些名称同样神奇的是舌的功能,即舌主辨味和表音声。《灵枢·忧恚无言》有:"舌者,音声之机也。"音声以及语言都由舌的活动产生,语言对世界的辨别、呈现都通过舌来实现,其道出的东西又与心相关。而在实质层面,"舌"又承载着辨味的功能。舌之能表音声与辨味,乃在于它与"心"的关联:

> 南方生热,热生火,火生苦,苦生心……在味为苦,在志为喜……在窍为舌。(《素问·阴阳应象大论》)
> 心气通于舌,心和则舌能知五味矣。(《灵枢·脉度篇》)
> 舌为心之苗。[1]
> 舌者,心之官也。[2]

心在内,其接物应事的载体为何?诚然,五官、七窍、身体、发肤之活动皆由心主宰,皆可作心之载体。但就关联的密切性来说,舌又拥有特别的地位。舌为心之窍,为心之苗,为心之官,这些说法无疑都是为了强调舌与心的一体性。心开窍于舌。唯其有窍,故能授受万物;唯其根柢于心,故能辨百味。尽管此

---

[1] 张隐庵:《黄帝内经素问集注》,学苑出版社,2004年,第52页。
[2] 张隐庵:《黄帝内经素问集注》,第52页。

处的心为"肉团心",但心与舌的内在关联无疑使味觉拥有较之视觉、听觉[1]更为突出的地位。舌与心互为表里也（历史地）造就了两者活动机制的一致性。理解了"感"或"心"的活动机制与"舌"（味觉）的活动互为表里的特征，我们就不难理解中国思想方式的特性。同时，由舌与心的一体性，我们或许也可以理解在色声味等物的诸多性质之中，何以以"味"为性，由味通道了。

4. 中国哲学中的"看"：看何以没有产生"哲学"

视觉所及之处，心灵必能到达。[2]

夫耳目，心之枢机也。（《国语·周语下》）

汉斯·乔纳斯强调的是视觉对心灵的开拓，《国语》强调的是心灵对视觉的范导。尽管方向不同，但两者无疑共同道出了视觉与心灵的相关性。柏拉图说视觉产生了"哲学"，这个论断无疑需要澄清。作为正常的人，我们都有视觉，都在"看"，但世界其他民族何以没有产生古希腊"那样的哲学"？"那样的哲学"简言之是指以柏拉图的"相"论、亚里士多德的"形而上学"为代表的古希腊的"哲学"。

确实，在不同的文化世界中，以下的问题并不是"自明的"：

---

1 《素问·金匮真言论》："南方赤色，入通手心，开窍于耳，藏精于心。"王冰注："舌为心之官，当言于舌，舌用非窍，故云耳也。"有些注家则认为"耳"字误，应作"舌"（参见《黄帝内经素问》，人民军医出版社，2005年，第10页）。对舌是否有"窍"，医家还是有争论的。明医家吴昆在素问注中说："舌惟有窍，故辨百味。"（《黄帝内经素问吴注》，第25页）"窍"当为混沌开窍之"窍"，即显现腑里之通道。能入通腑脏者，腑脏即现于外，因此，窍既是腑脏的感应器，也是腑脏外现之"象"（外候）。

2 汉斯·乔纳斯：《高贵的视觉》，见《哲学与现象学研究》，1954年，第519页。转引自卡罗琳·考斯梅尔：《味觉》，第31页。

外物是如何进入我们的眼睛的？众所周知，西方文化一直强调"纯粹地看"，即强调不带成见地看。我们这里要关注的是，中国文化中"看"或"视""观"是如何展开的，或者说，我们的先哲是如何"看世界""观世界"的。这种"看"世界的经验对于我们的范畴、思想方式有何影响？"看"的方式决定了所看的内容，也决定了表达所看的方式，以及相应的文化塑造。

分析地说，"看"涉及以下文化观念：对眼睛（"目"）的看法、"看"的方式，以及"看到什么"，即"所看"。以上是由"看"而"得"，思想所关注的一个与此密切相关的任务就是，以何种概念传达这种"得"，以及如何传达这种"得"。

在中国哲学史上，对"看"的方式最经典的表述来自《尚书·洪范》：

> 初一曰五行，次二曰敬用五事……五事：一曰貌，二曰言，三曰视，四曰听，五曰思。貌曰恭，言曰从，视曰明，听曰聪，思曰睿。

"五事"指的是人的五种重要的存在样态，"视"作为个人的大事之一，并不是任性随意的行为，它首先关涉的是个人在世界之中的存在，是个人存在的一种展开样态，因此，它不例外地也由"敬"用之。以"敬"来"视"，把"视"纳入做人的样态，这种对"视"的规定迥异于把"视"当作通达外物、认知外物之工具的思想。《尚书·洪范》所开辟的对"视"的态度深远地影响着中国文化，之后的儒家、道家继承之，并由此形成了独具特色的思想传统。

① 儒家的视域：从"以礼观之"到"以心观之"

孔子对于"视"的目标有过明确的规定："君子有九思：视思明，听思聪，色思温，貌思恭，言思忠，事思敬，疑思问，忿思难，见得思义。"（《论语·季氏》）观看的目标在于"明"，即清楚明白。但如何能做到清楚明白呢？孔子对"视"做了明确的规定："克己复礼……非礼勿视，非礼勿听，非礼勿言，非礼勿动。"（《论语·颜渊》）"非礼勿视"是以双重否定的方式表达的，双重否定正面表达的重点是"克己"，即收敛起随意或随便的目光，取而代之的是以"礼"塑造"看"的方式，通过"礼"来"视"。表面上看，"礼"所规定的是在不同时间、不同地点、不同社会关系中的个人应该以何种姿容、姿态、姿势来"视""听""言""动"。《仪礼》对此有详细的规定：

> 凡与大人言，始视面，中视抱，卒视面，毋改。众皆若是。若父，则游目，毋上于面，毋下于带。若不言，立则视足，坐则视膝。（《仪礼·士相见礼》）

这里所见的是与地位高于自己的"大人"交往时的规定，在与大人说话时应该如何"视"，其中既包括"视"的顺序，如"始视面，中视抱，卒视面"，也包括"视"的界限，如"毋上于面，毋下于带"。与大人在一起而不说话时"视"的方向还不同：站立的时候眼光落在对方的足上，坐的时候则将眼光落在对方的膝上……可以看出，"视"的方式既关涉对象，也关涉自身的姿态。人的眼光随着这些情境的变换而相应变化，不过，"视"的方式的差异却贯穿着个体一贯的态度：敬。

在这样的规定下，"视"的目标也显示出鲜明的特征。"视曰明"与"视思明"之"明"一样，它不仅指对象清楚明白地呈现，更重要的指"我"内心的清楚明白。但在孔子看来，听任放纵自然官觉无法达到"明"的目的，自然官觉必须经过"礼"的训导方能如此。孔门另一位大儒荀子对"礼"的训导作用做过细致的论述：

> 礼者养也。刍豢稻粱，五味调香，所以养口也；椒兰芬

苾，所以养鼻也；雕琢刻镂，黼黻文章，所以养目也……故礼者，养也。（《荀子·礼论》）

在儒者看来，眼睛首先是一种欲望的器官，而不是获取外界知识的求知官觉。孟子说："从耳目之欲，以为父母戮。"（《孟子·离娄下》）荀子也往往将"耳目"[1]与"欲"联系起来："耳目之欲接则败其思，蚊虻之声闻则挫其精，是以辟耳目之欲，而远蚊虻之声，闲居静思则通。"（《荀子·解蔽》）"生而有耳目之欲，有好声色焉，顺是，故淫乱生，而礼义文理亡焉。"（《荀子·性恶》）所谓目欲好色，耳欲好声。目光所及，欲望必至，万物呈现在充满欲望的人面前，万物容易屈于欲。目欲、耳欲以个人私好为导向，顺从、屈从目欲、耳欲之好则个人关注不同的物或物的不同方面，并竭力使所喜之物或所喜物的不同方面呈现，而忽略、无视其他物。在人，人际必乱；在物，物必屈服于人的欲而危险重重。"礼"之"养"是培养、维护，也是规范。其目的是"使欲必不穷于物，物必不屈于欲。两者相持而长"（《荀子·礼论》）。就"目视"来说，以"礼"养目，以礼视物，既可以使"视"的欲望得到适当满足，也可以使万物得到适当休养。所以，通过"礼"而视，或以礼视之，其所得的是符合"礼"的"事物"，或者说，是"礼化"的事物。所以，《释名·释姿容》曰："视，是也，察是非也。"所视重点不在"对"与"不对"，而在于"是"与"非"，这显然是将目光落在了事物的"意味"方面。

与孔子、荀子强调"以礼视之"不同，孟子更强调以"心"（"大体"）视（观）之。孟子认为，人先天拥有"四端"，所谓：

---

[1] 由于耳目首先作为欲望的载体而不是作为认知官觉为人注意，所以人们称"耳目"，而不是"目耳"，因为就欲望来说，"耳"较之"目"与个体之欲联结更密切，"声"较之"色"入人更深。

> 人皆有不忍人之心……无恻隐之心，非人也；无羞恶之心，非人也；无辞让之心；非人也；无是非之心，非人也。恻隐之心，仁之端也；羞恶之心，义之端也；辞让之心，礼之端也；是非之心，智之端也。人之有是四端也，犹其有四体也。（《孟子·公孙丑上》）

由于人皆有"四心"，那么，在"四端"没有被遮蔽的情况下，人必然带着"四心"展开其"视、听、言、动"。即是说，以这四种心来迎接万物、他人，并以这四种心来对万物、他人做出反应。就"视"来说则是以恻隐之心来视，以羞恶之心来视，以辞让之心来视，以是非之心来视。以其有恻隐之心，所以"见"孺子将入于井，才会发怵惕恻隐之情。"从其大体为大人，从其小体为小人。"（《孟子·告子上》）"视、听、言、动"都要从其大体，从其大体则胸中正，胸中正则眼睛明亮，眼睛明亮则能看清善恶美丑。孟子说：

> 存乎人者，莫良乎眸子，眸子不能掩其恶。胸中正，则眸子瞭焉；胸中不正，则眸子眊焉。听其言也，观其眸子，人焉廋哉。（《孟子·离娄上》）

人有恻隐之心、羞恶之心，一旦人能够使这些心完全显现出来，那么，人就能够以"仁"视听、以"义"视听、以"礼"视听、以"智"视听，由此，视什么完全由"仁义礼智"决定。孟子以伊尹、伯夷为例，形象地说明从其大体的视听情况：

> 伊尹……非其义也，非其道也，禄之以天下弗顾也，系马千驷弗视也。（《孟子·万章上》）
> 伯夷，目不视恶色，耳不听恶声。（《孟子·万章下》）

看（视、顾）什么与不看什么由"良知"判断，由良知决定。良知为视听确定方向，良知是知善知恶之知，所以视听也必然指向善与恶，指向广义的伦理之域。孟子同样有意识地避免、克服视听等官觉以其自身方式自然展开，因为视听等官觉并不能自觉反思其活动的意义。他说：

> 耳目之官不思，而蔽于物。物交物，则引之而已矣。心之官则思，思则得之，不思则不得也。此天之所与我者。先立乎其大者，则其小者不能夺也。此为大人而已矣。（《孟子·告子上》）

"耳目"之为"小者"，是因为它们容易"蔽于物"，即是说，它们见物而不能辨（"思"）物，不能反思并确定物对人的意义。只有确立心对耳目[1]的支配地位，才能保障耳目不会被外物及耳目之欲引入歧途。

② 道家的视域：以道观之

道家反对仁义礼智，同样反对以仁义礼智观之。仁义礼智妨碍对大道的追求，以仁义礼智观之不仅难得大道，也不可能得到人及万物的真性。以何种方式观才能认识人与世界呢？《老子》曰："以身观身，以家观家，以乡观乡，以邦观邦，以天下观天下。吾何以知天下然哉？以此。"（《老子》第五十四章）即先认识自身，再以自身为根据去认识他人之身，以自身、他人之身为基础认识自己的家，再以自家为根据认识其他人的家，依此类推，认识己邦、他邦，认识整个天下。认识天下万物的始点与根据在于认识自身，因此，认识的首要任务是认识自身。

---

[1] 如张载说："至于瞻视亦有节，视有上下，视高则气高，视下则心柔，故视国君者，不离绅带之中……盖目者人之所常用，且心常托之，视之上下。且试之，己之敬傲，必见于视。所以欲下其视者，欲柔其心也。柔其心，则听言敬且信。"（《张载集》，第268页）

如何认识自身呢？《老子》认为，人与万物一样皆有"根"有"命"，其"根"、其"命"在于静笃无欲的"我"，此即所谓"归根曰静，静曰复命"[1]。认识这样的自我不可能由外而入，只能靠自我的内在体验。而且这样的认识、体验与自我的修养工夫联系在一起：从"所"来说，没有一个静笃无欲的我的存在，也就无从谈论认识；从"能"来说，若要认识静笃无欲的自我，首先要拥有静笃无欲的心境。因此，认识与修养一同生长，《老子》说：

载营魄抱一，能无离。专气致柔，能婴儿。涤除玄览，能无疵。（《老子》第十章）

致虚极，守静笃。（《老子》第十六章）

不出户，知天下；不窥牖，见天道。其出弥远，其知弥少。是以圣人不行而知，不见而明，不为而成。（《老子》第四十七章）

百姓皆注其耳目，圣人皆孩之。（《老子》第四十九章）

塞其兑，闭其门，终身不勤。（《老子》第五十二章）

对于自身的认识，不需要动用耳目之官向外搜寻，所以要"塞其兑，闭其门"。要做的是守护住静笃，达到至高的虚静。感官与欲望紧密相连，"为目者"展开耳目之官首要的目标不是为了认识外物，而是为了愉目悦耳，是为了满足自身的欲望而不是为了看清楚对象。而对欲望的追寻不仅身体会受到损害（盲、聋、爽等），更重要的是失去静笃之心，从而远离大道。所以，要"不尚贤，使民不争。不贵难得之货，使民不为盗。不见可欲，使民心不乱。是以圣人之治，虚其心，实其腹，弱其志，强其骨；常

---

[1] 《老子》第十六章。

使民无知、无欲,使夫智者不敢为也。为无为,则无不治"[1]。"不见可欲"可以看作对"所见"的一种规定:对"可欲之物"视而不见,或者不视不可欲之物,或者干脆就关闭耳目之官。

视觉与事物的形与色对应,道却是有象而无形无色的存在,因此,通过耳目无法把握"道":

> 视之不见,名曰夷;听之不闻,名曰希;搏之不得,名曰微。此三者不可致诘,故混而为一。其上不皦,其下不昧。绳绳兮不可名,复归于物。是谓无状之状,无物之象,是谓惚恍。(《老子》第十四章)
>
> 大白若辱、大方无隅、大器晚成、大音希声、大象无形。(《老子》第四十一章)
>
> 道之出口,淡乎其无味,视之不足见,听之不足闻,用之不足既。(《老子》第三十五章)

因此,理解、把握道不仅不能倚赖耳目,而且必须放弃耳目,才有得道的可能。因为放弃耳目既意味着放弃视听,也意味着放弃源源不断的欲望,从而为虚极静笃提供必要条件。

虚极静笃是把握道的条件与准备,得道之人如何看世界呢?《老子》认为,看万物要从根源处看,"万物并作,吾以观复。夫物芸芸,各复归其根"。"根"的原义是指植物的根茎,引申义是指"一""母""无"这样根源性的存在。植物的根茎是植物"成熟"的标志,是万物之"成就"。根集中了事物(比如草木,乃至山石等事物)生长、发育的信息,通过"根"可以推知事物的成长状况。因此,用不着密切跟随万物生长的全部过程,只需耐心地等候成长的完成,静观根就可以完成把握万物的任务。在《老子》那里,"根"有不同表现形态,得道之人就通过"根"的

---

[1] 《老子》第三章。

这些不同形态来观看。"抱一""守母"也即通过"一""母"来看，以"一""母"来看才能看得清楚明白。"天下万物生于有，有生于无。"（《老子》第一章）因此，要从"有"与"无"来看："故常无，欲以观其妙；常有，欲以观其徼。"从恒常的"有"与"无"来看才能洞彻天道的"妙"与"徼"。

按照《老子》给出的生长秩序，道生一，一生二，二生三，三生万物（《老子》第四十二章）；或者无生有，有生万物。反过来，万物返于"三"，"三"返于"二"，"二"返于"一"，"一"返于"道"；或者万物返于"有"，"有"返于"无"，"无"（"一"）返于"道"。因此，所谓"观复"就是以"三"观万物，以"二"观"三"，以"一"观"二"，以"道"观"一"；或者以"有"观万物，从"无"观"有"，从道观"无"。

所以，《老子》一方面要停止耳目的作用，反对耳目之欲的展开；另一方面，通过修养之功，以无欲之道眼观看世界。"欲"既损己，也损物。对"欲"的克服，或者说"无欲"，则指向对己与物的尊重与关切。在这个意义上，"无欲"不是纯粹的"认知"要求，而是一种"伦理关切"。因此，"以道观之"其实是"以道心观之"：不是追求客观之规律，而是主动以道心关怀万物。《老子》说：

圣人不仁，以百姓为刍狗。（《老子》第五章）
我有三宝持而保之：一曰慈，二曰俭，三曰不敢为天下先。（《老子》第六十七章）
言以丧礼处之。杀人之众，以悲哀泣之，战胜以丧礼处之。（《老子》第三十一章）

"刍狗"是由草束成的祭祀之物，作为祭祀物，它高贵而圣洁，圣人以百姓为刍狗饱含着圣人对百姓的敬意。"慈"是长辈对小辈、位尊者对位卑者的柔爱。更难能的是，对于敌人也充满了怜爱与敬意:"以悲哀泣之","以丧礼处之"。这份悲天悯人的胸怀较之儒家的圣人有过之而无不及。以此悲天悯人的胸怀观物正是"道心"的展开,"以道观之"无疑有别于中立、纯粹的科学式"客观"。

《庄子》同样反对世俗的观看方式,反对世俗的目视耳听,而突出强调以心视听,以气视听,以道视听:

> 方今之时,臣以神遇而不以目视,官知止而神欲行。(《庄子·养生主》)
>
> 瞻彼阕者,虚室生白,吉祥止止。夫且不止,是之谓坐驰。夫徇耳目内通而外于心知,鬼神将来舍,而况人乎!(《庄子·大宗师》)
>
> 忘其肝胆,遗其耳目;反复终始,不知端倪;芒然彷徨乎尘垢之外,逍遥乎无为之业。(《庄子·在宥》)
>
> 无视无听,抱神以静,形将自正,必静必清,无劳女形,无摇女精,乃可以长生。目无所见,耳无所闻,心无所知,女神将守形,形乃长生。(《庄子·人间世》)

庄子用"遗其耳目""不以目视"等极端的语句所要达到的目的在于剔除耳目之欲,遗忘耳目之欲,使耳目之欲与耳目之官能分开。他批评耳目之欲对自然本性的破坏,换言之,当"欲"不再支配耳目口鼻,这些官觉就能够发挥出应有的功能。庄子说:

> 夫失性有五:一曰五色乱目,使目不明;二曰五声乱耳,使耳不聪;三曰五臭薰鼻,困惾中颡;四曰五味浊口,使口厉爽;五曰趣舍滑心,使性飞扬。此五者,皆生之害也。(《庄子·天地》)

按照其本性，目耳鼻口本可以很好地看、听、闻、尝，所谓"明""聪"当然不是指整天闭着眼睛、堵住耳朵的状况。"聪""明"就"体"来说就是拥有良好的机能，就"用"来说就是能够看清楚、听清楚。当耳目之欲得以净化，耳目之官以"无欲"的方式展开，人不再欲求外物，人的素朴本性得以展现，耳目聪明，口鼻清爽。以此聪明清爽的耳目口鼻迎接万物的到来，以此无欲的形色对万物做出回应，草木禽兽等万物的真性也得以保全。庄子说：

> 故至德之世，其行填填，其视颠颠。……同乎无欲，是谓素朴；素朴而民性得矣。（《庄子·马蹄》）

被欲望蒙蔽的眼睛随着欲望的净化而重新睁开时，形色就与心灵一起自由地展开："其视颠颠。"林希逸注："颠颠，直视之貌。形容其人朴拙无心之意。"[1] 无欲的目光清澈纯真地面对万物，因自得而自足，因自足而恬静无待、无求。

> 若正汝形，一汝视，天和将至；摄汝知，一汝度，神将来舍。德将为汝美，道将为汝居。汝瞳焉如新生之犊而无求其故。（《庄子·知北游》）
> 儿子……终日视而目不瞚，偏不在外也；行不知所之，居不知所为，与物委蛇而同其波。（《庄子·庚桑楚》）

专心而不驰心向外，其"视"不滞于物。看能自然看到的东西，听能自然听到的声音，心能想到什么就自然地想什么。心不外驰，所以看止于所看到的，听止于所听到的，想止于所想到的。像初生牛犊般睁开单纯的眼睛，顺本性自由自在地看，不想

---

[1] 林希逸：《庄子鬳斋口义校注》，中华书局，1997年，第149页。

发现什么，也不想追寻所见之为所见的原因。正如我们所见，庄子主张通过"正""一"等修养工夫净心止欲，达到"真人"境界。"颠颠"之视乃是真人之形色展开的一种表现，稳定一贯的精神境界才能保证自由恬淡地看，套用庄子的话说：有真人而后有真视（观）。

大体上说，庄子这里的"观"又可分为无欲之观与有欲之观。无欲之观如牛犊之观、婴儿之观、赤子之观等素朴无欲之观，以及得道者之观，即经过自觉修养而达到的无欲之观，此即庄子追求的"以道观之"。庄子对有欲之观区分得更为细致，他说：

> 以道观之，物无贵贱。以物观之，自贵而相贱。以俗观之，贵贱不在己。以差观之，因其所大而大之，则万物莫不大；因其所小而小之，则万物莫不小；知天地之为稊米也，知豪末之为丘山也，则差数睹矣。以功观之，因其所有而有之，则万物莫不有；因其所无而无之，则万物莫不无；知东西之相反而不可以相无，则功分定矣。以趣观之……（《庄子·秋水》）

庄子对人间丰富的"观法"做了详尽的考察："以道观之""以物观之""以俗观之""以差观之""以功观之""以趣观之"等等。我们这里关注的是这些观法共同的结构："以……观之"。"以……观之"的另一种表述是"自……视之"，比如：

> 自其异者视之，肝胆楚越也；自其同者视之，万物皆一也。夫若然者，且不知耳目之所宜，而游心乎德之和；物视其所一而不见其所丧，视丧其足犹遗土也。（《庄子·德充符》）

"观"强调的是"以……观之","视"强调的是"自……视之",它们共同的特征不是纯粹的、不带成见的"观"或"视",而是以某种立场、成见为根据展开的"观"或"视"。"以物观之"是指站在特定物的立场来看待世界,它不仅涉及观看的视点,而且包含观看的价值标准与态度,即以此物为价值的标准与尺度。在某种意义上,"以物观之"更侧重的是价值意义——贵与贱,而不是我们今天所理解的以对象本身为目标、关注对象自身的性质的所谓"科学的""客观的"态度。由此,"以物观之"所获得的不仅是充满对立、差异的知识,而且是充满对立、差异的价值立场,以及充满对立与差异的存在方式。由自贵、自然(自以为然)而非他、排他。消除充满对立、差异的"以物观之",其办法只能是"以道观之"。对于"以道观之"的结果与效用,庄子写道:

> 以道观言,而天下之名正;以道观分,而君臣之义明;以道观能,而天下之官治;以道泛观,而万物之应备。(《庄子·天地》)

"以道观之"能够带来人的自由与天下万物的和谐,所以,庄子从各个角度、各个层次强化"以道观之",这也是道家一贯的立场。

③《易》的视域:"以象观之"

《易》有经、传,两者对于"观"的思想并不一致。《易经》的《观》卦集中体现其对"观"的看法。《易·观》:

> 观。盥而不荐,有孚颙若。初六:童观,小人无咎,君子吝。六二:窥观,利女贞。六三:观我生,进退。六四:观国之光,利用宾于王。九五:观我生,君子无咎。上九:观其生,君子无咎。

这里区分了不同的"观":小人的"童观"、女人的"窥观",以及君子的"观我生""观国之光""观其生"等。不同地位、身份的人适合不同观法,比如,"童观"适合小人而不适合君子;"窥观"于女人没有什么不妥,对君子则不适合。故有"小人无咎""君子吝""利女贞"等等之说。君子则应当"观我生""观国之光""观其生"。

《易传》发挥了《易经》的以上观法,特别关注且强化了"君子"之"观"。《彖传》曰:

> 大观在上,顺而巽。中正以观天下。观,盥而不荐,有孚颙若,下观而化也。观天之神道而四时不忒,圣人以神道设教,而天下服矣。

"中正"既指身位、地位的坚定、正确,也指内心立场的充实而正确。《彖》强调"中正以观天下",试图将之确立为普遍的观看模式,这种努力在《系辞》中也相当显著:

> 古者包牺氏之王天下也,仰则观象于天,俯则观法于地,观鸟兽之文与地之宜。近取诸身,远取诸物。于是始作八卦,以通神明之德,以类万物之情。(《系辞下》)

《系辞》描述了"观"的演化过程:圣人面对天、地、鸟兽,以及身与物,以"中正"观天、地、鸟兽、诸物、人自身,并以此所观为基础与根据创设了"卦象"。这些卦象能够"通神明之德""类万物之情",因而人们不必直接面对大地万物,只要直接面对"象",通过"观象"就可以知晓万物之情。

> 圣人设卦观象,系辞焉而明吉凶,刚柔相推而生变化。……是故,君子居则观其象,而玩其辞;动则观其变,

而玩其占。是故自天佑之，吉无不利。(《系辞上》)

"象也者，像此者也。"卦象是对天地万物变易的模拟与效法，较之天地万物纷纭的变化，卦象更简易便捷，此即《系辞上》所说的"易"而"简"："易则易知，简则易从。"人们日常食居、俯仰进退皆通过熟玩"象"，通过"象"来"观"天地万物就可以达到自己的目的（"吉无不利"）。

"象"不同于纯粹社会规范之"礼"，也不同于纯粹客观之"道"，它更多表现为社会规范与自然规律的结合，也就是说，"象"涉及世界变易之道，也指示着人所应遵循的规范。通过"象"而"观"，一方面以"象"塑造着人们的观看方式，另一方面人们的视域也被限定在既定的框架图式（"象"）之中，这无疑与通过"礼"而视（孔子）、通过良知而视（孟子）、通过道而观（老庄）等观法殊途同归。

我们还可注意卦象制作主体的特征："圣人设卦观象，系辞焉而明吉凶，刚柔相推而生变化。"制作卦象的是拥有强烈忧患意识的圣人，而不是静观世界的爱智者。因此，后者往往以"好奇"来诱导官觉，更关注"物之为物"这样"纯粹的"问题。圣人肩负伟大的责任——成己而成物，更关心一物之生长与成就、一物与他物之间的相互作用，并能将它们放在天地之间进行考察，最后落实于它们对于人的意义。观看卦象的目的，即我们所说的"所看"，是"元""亨""利""贞""悔""吝""咎"等。显然，世界本身并无这样的性质，事物的性状无所谓"亨"或"咎"，它们都是对于人的意义范畴，或者说对于人才有这些性质。

确实，不仅"自象观之"寻求的是对于人的作用、意义，"以礼观之""以心观之""以道观之"都具有这样的特征。"以……观之"都有"返"的特征，自什么观就返于什么：以"礼"观之返于"礼"，即以礼为标准、尺度裁剪、衡量所观，合乎礼者存之，不合礼者弃之，"内省"（曾子）、"反身而诚"（孟子）只不过是其不同表现形态；以"道"观之则返于"道"，以"道"接受，以"道"反应，以"道"取舍，并且以"道"修身。所以，"以……观之"或"自……视之"既需要投出目光，摄取事物，同时又将所摄取的东西拉回自身，以既定图式迎接、接受事物，又以之应对事物，此即是"返""复"，这也是"以……观之"的共同特征。

与此相应，"以……观之"之"所观"无不浸染观者的色彩，或者说，"所观"被不断地"礼化""道化""象化"。因而，"所观"不再是事物自身的性质，而是它们对于人的意义。表达"所观"的范畴随之不同，它是象于物且象于己的"象"（范畴体系）而非纯象于物或纯象于己的"相"[1]（西方哲学的范畴体系）。关于"象"与"相"之辨，下文有专章讨论，这里不复赘述。

④ 以实观之——耳目之实（耳目之欲）

如我们上文所述，在儒家、道家、《易》的思想中，"耳目"等官觉往往与"欲"等主体的需要相关联，耳目之展开是人之"欲"的展开，而较少关注它们对事物的认知把握，较少关注耳目能否把握外物的问题。不过，墨家的情况似乎有所不同。在《墨子》中，耳目首先不是与"欲"相提并论，而是与"实"相联结。在著名的"三表"说中，墨子说：

> 有本之者，有原之者，有用之者。于何本之？上本之于古者圣王之事。于何原之？下原察百姓耳目之实。于何用之？废以为刑政，观其中国家百姓人民之利。此所谓言有三表也。（《墨子·非命上》）

"耳目之实"之"实"首先是指耳目之所见所闻，即我们所

---

[1] "相"取自古希腊专家陈康，他将 eidos 译作"相"，通译作"理念"。

说的"主观的"经验内容,而不是"客观的"对象。不过,在墨子思想中,见闻之"实"与事物之"有"是可以画等号的:

> 天下之所以察知有与无之道者,必以众之耳目之实,知有与亡,为仪者也。请惑闻之见之,则必以为有,莫闻莫见,则必以为无。若是,何不尝入一乡一里而问之,自古以及今,生民以来者,亦有尝见鬼神之物,闻鬼神之声,则鬼神何谓无乎?若莫闻莫见,则鬼神可谓有乎?(《墨子·明鬼下》)

"有"与"无"即我们今天所说的"实在"意义上的"实"或"事实"意义上的"实"。把所见所闻与"有"与"无"相联系,以见闻充当"有"与"无"的尺度为墨子赢得"经验论"的称号。"耳目之实"与"耳目之欲"的对立标示的不是经验可靠不可靠、经验有何限度的问题,而是经验的方向问题:官觉展开指向的是"意义",还是"事实"。把耳目与"实""有"联结起来实际上开辟了一条通往"事物自身"的道路。

这条通往"事物自身"的道路为王充所继承、修正。王充认为"视"乃是"目"之"欲",有了此"欲",人才能主动向外索求。他说:

> 案有为者,口目之类也。口欲食而目欲视,有嗜欲于内,发之于外,口目求之,得以为利欲之为也。今无口目之欲,于物无所求索,夫何为乎!(《论衡·自然》)

王充强调耳目有"欲",这个"欲"乃是耳目功能的展开,它所指向的不是人自身的欲望,而是对象的性质,即他说的"实"或"情实":

> 实者，圣贤不能性知，须任耳目以定情实。(《论衡·实知》)

耳目使心灵与外界沟通，从而获得外物之实。所谓"知"即知外物之实，因此，一切知都从耳闻目见开始，圣智之大智也始于此。

> 儿始生产，耳目始开，虽有圣性，安能有知？(《论衡·实知》)
>
> 人无耳目则无所知，故聋盲之人比于草木。(《论衡·论死》)

知识源于耳目闻见，但耳目并不可靠，闻见并不足凭，耳闻目见仍可能远离事物真相：

> 夫论不留精澄意，苟以外效立事是非，信闻见于外，不诠订于内，是用耳目论，不以心意议也。夫以耳目论，则以虚象为言；虚象效，则以实事为非是，故是非者不徒耳目，必开心意。墨议不以心而原物，苟信闻见，则虽效验章明，犹为失实。(《论衡·薄葬》)

王充批评墨家"信闻见于外，不诠订于内"，是因为闻见可能造成"虚象"，相信闻见可能就会以虚象为实事。因此，王充要求"不徒耳目，必开心意"，要求"以心而原物"，把握事物之情实。显然，王充强调以心原物，其实是强调以心修正耳闻目见之虚象，心所指向的则是物之实象。

以耳目迎接世界万物之实，以心灵匡正耳目的虚象而趋近事物自身，这条道路所指向的"实在世界"或"事实世界"，显然不同于"以礼观之""以道观之""以象观之"所追求的"意义世界"。不过，这条道路在中国文化发展中随着儒道主流地位的不断确立、巩固，随着墨家显学地位的滑落而不断消隐，这条道路所产生的影响因而十分有限。

在后世思想家中，邵雍的"观物"思想也值得我们注意。邵雍反对"以我观物"，主张"以物观物"。他说：

> 以物观物，性也；以我观物，情也。性公而明，情偏而暗。[1]

所谓"性"是指公共、普遍的本质存在或性质；"情"则指与私人相关联的存在或性质。邵雍认为"以物观物"可以获得物的普遍本质，"以我观物"则使人偏离大道。那么，何谓"以物观物"呢？邵雍说：

> 天所以谓之观物者，非以目观之也，非观之以目而观之以心也，非观之以心而观之以理也。[2]

邵雍这里区分了三种观物方式："以目观之""以心观之""以理观之"。"以目观之"即用眼睛捕捉物体的形状、色彩；"以心观物"即以我这个特定的、有情有性的存在视角观看事物；"以理观之"即从物之理出发观看事物。这里的"理"是物之理，但它与我们今天科学理论中所谈的"独立于人的意志、人的存在"意义上的客观之物理还不同。邵雍认为，物之理与我之性及天命是相互关联的，他说：

> 天使我有是之谓命，命之在我之谓性，性之在物之

---

[1] 邵雍：《邵雍集》，中华书局，2010年，第152页。
[2] 《邵雍集》，第49页。

谓理。¹

> 性者道之形体也，性伤则道亦从之矣；心者性之郛郭也，心伤则性亦从之矣；身者心之区宇也，身伤则心亦从之矣；物者身之舟车也，物伤则身亦从之矣。²

命、性、理是相通的，道、性、心、身、物也是一体之不同形态。身物一体，因而，邵雍所说的"物"不是独立的实体，所谓"理"也不是物自身所特有的属性、结构或运动规律，它与人之身相通，因而它并没有独立自存的特质。据此，观物最终都落实到观身，所谓"反观"是也³。

《观物内篇》对此表述得更具体：

> 天下之物莫不有理焉，莫不有性焉，莫不有命焉，所以谓之理者，穷之而后可知也。所以谓之性者，尽之而后可知也。所以谓之命者，至之而后可知也。此三知者，天下之真知也，虽圣人，无以过之也。……圣人之所以能一万物之情者，谓其圣人之能反观也。所以谓之反观者，不以我观物也。不以我观物者，以物观物之谓也。既能以物观物，又安有我于其间哉？是之我亦人也，人亦我也，我与人皆物也，此所以能用天下之目为己之目，其目无所不观矣。用天下之耳为己之耳，其耳无所不听矣。用天下之口为己之口，其口无所不言矣。用天下之心为己之心，其心无所不谋矣。夫天下之观，其于见也，不亦广乎？天下之听，其于闻也，不亦远乎？天下之言，其于论也，不亦高乎？天下之谋，其于乐也，不亦大乎？⁴

---

1 《邵雍集》，第163页。
2 《邵雍集》，第179—180页。
3 如"万物于人一身，反观莫不全备"（《邵雍集》，第509页）。
4 《邵雍集》，第49页。

"物"与人一样不仅具有"理",也拥有"性"与"命",所以,既要"穷之",也需要"尽之""至之"。我亦人,人亦我,我亦物,返回自身,即可知人、知物。因而,邵雍的"以物观物"并不是真正意义上的"客观"。

⑤ 迷茫的眼神:以何观之?

传统儒道合流强化了"以……观之"的视觉结构与观看方式,而随着19世纪西学的输入,特别是新文化运动中"民主"与"科学"两种视角的移入,"礼""道""象""理"作为支撑目光的支点塌陷了,传统视觉结构与观看方式随之动摇、迷失,取而代之的是"科学的"世界观、人生观,即以"科学的"方式观看世界万物、观看人类社会及人自身。

所谓以"科学的"方式"观"就是以各种科学理论及其物质手段为根据展开的观看。就"破"的方面说,这种"观"法强调"无成心""无成见"的"纯粹直观";就立的方面说,它强调通过已有特定的经过经验证实、理论证明的理论来观看。就对象来说,此观法指向的是"事实""因果律"等事物本身固有的"真相"。按照这种说法,"科学的观"能够破除人们妄加于对象上的种种虚幻,从而给出一个客观的实在。由于科学理论能够经得起经验与理论双重的检验,它对实在的揭示、解释具有强大的可信性,而科技带来的生产力的成就更让人们目瞪口呆。20世纪初著名的科学家丁文江得意扬扬地赞叹:"这种'活泼泼'的心境,只有拿望远镜仰察过天空的虚漠,用显微镜俯视过生物的幽微的人,方能参领得透彻,又岂是枯坐谈禅、妄言玄理的人所能梦见。"[1] 我们前文也谈到,传统哲学"以……观之"重点寻求的是人自身的意义,而不是独立的实在。就对实在自身性质的揭示功能看,"以……观之"确有些"枯坐谈禅、妄言玄理"的倾向。在这个意义上,丁文江等人对传统思想的批评并不为过。

---

[1]《科学与人生观》,第54页。

不过，这是否意味着"科学的观"是唯一正当的观法呢？"科学的观"能够为我们提供健全的观看世界、观看人类的观法吗？按照许多科学拥护者的说法，科学能够做到这一点。胡适在《科学与人生观》序中提出"自然主义人生观"之十点[1]就是其最乐观的表述。然而，以"望远镜""显微镜"这样科学的方式观看，世界与人的"本质"究竟是什么呢？许多思想家，包括对科学持同情态度的思想家都对此做过论述。"科玄"论战中科学派重要成员唐钺的论述具有一定的代表性。在他看来，从科学的角度看，精神与物质、世界与人同为受客观规律（主要是因果律）支配的现象。换言之，精神、"我"在科学研究者的视野中与物质并无区别。"人与机械的异点，并没有普通所设想的那么大。人类的行为（意志作用也是行为）是因于品性的结构，与机械的作用由于机械的结构同理。"[2] 人的活动之原因在于内在的生理、心理结构，或者说，人的活动受制于心理的因果律。因果律只有一个，对于机械与人生并无不同。将人、世界化约为机械而抹杀人与世界的丰富性，这是科学的观法最招惹批评与争论之处，也是其最为人诟病之处。这个结论虽有些极端色彩，但却大致展示了科学观法的立场：以这种"纯粹直观"方式看世界，其所见的是"事实"（科学对象）、"质料"、"形式"、"实体"（形而上学对象）等客观存在；以此方式看人，人则成为自身拥有独立权利的实体（正如"理念"一样是纯粹的理想状态）。在这种观看方式中，观看者是独立于被看者的"另一个实体"。[3] 简言之，

---

1 《科学与人生观》，第 23—24 页。
2 唐钺：《机械与人生》，《太平洋》，第四卷，第 8 号，1924 年。
3 陈家琪以西方哲学为背景概括了"视"的三大功能："A. 引着人去反思，因看到什么而想到眼睛的存在——尽管人们并看不到自己眼睛的存在，于是引出主体的观念。从笛卡儿到胡塞尔，都走的是这条道路，而主体（眼睛）给予他们的，也就是最后的确信。B. 人看到一个视点，便以为可以看到一切联系，这里面有一种视觉隐喻，即因自己的'看'而想到上帝的'看'，因自己的'看'的有限而想到上帝之'看'的无限。C. '看'使'看者'（转下页）

眼睛是连接两个独立实体的桥梁，套用我们上文说法，耳目是指向外在的"实"而非内在的"欲"。这恐怕也是20世纪许多中国学者重视发掘那个注重"耳目之实"的墨家的主要原因。

出于对人生物质化、世界机械化的担忧与警惕，自20世纪20年代起就有许多思想家起而论争"观"人生的独特性。张君劢《人生观》演讲对科学方法普遍适用性的质疑、对人生"观"独特方法的追求，不仅拉开了科学与玄学论战的大幕，更重要的是，敞开了一个实质性问题：在这个科学时代，到底应该如何展开我们的眼神，如何安排"以礼观之""以道观之"与"以科学观之"。时至今日，争论还在继续，不过可以肯定的是，如何用"科学的目光"寻找精神意义必将成为我们时代的使命："黑夜给了我黑色的眼睛，我却用它寻找光明。"[1] 试图用"黑眼睛"从阳光中发现能使心灵明亮而又温暖的"光明"（精神力量、意义世界），这是一种信念，也是一种使命。有了这种使命感，我们才不至于"跟着感觉走"，或"见钱眼开""见色忘友"……

（接上页）把所看之物的真实性归结为'看者'的真实。"（陈家琪：《经验之为经验》，社会科学文献出版社，2000年，第24页）诚然，在"视觉优先"的西方哲学传统中，"视"不仅引出"主体"的观念，还因其距离性而引出"客体"的观念，以及在此"体"基础上的存在论。但在"味觉优先"的中国文化中，"视"被"味化""感化"，则发展出"万物一体"的形而上学。

[1] 顾城：《一代人》，《顾城诗全编》，上海三联书店，1995年，第121页。

二　味物与味道

将"气味"理解为"物"的本质，这样的"物"召唤着不同于"看"的接近、把握它的方法——"味—物"，即通过味觉来辨别、确定物为何物。这在中医、农学的创设过程中被普遍采用：

> 神农，以为行虫走兽难以养民，乃求可食之物，尝百草之实，察酸苦之滋味，教民食五谷。（《新语·道基》）
>
> 神农……尝百草之滋味，水泉之甘苦，令民知所避就。当此之时，一日遇七十毒。（《淮南子·修务训》）
>
> 炎帝神农氏，长于姜水。始教天下耕，种五谷而食之。以省杀生，尝味草木，宣药疗疾，救夭伤之命。[1]

神农在先民神话中一直被奉为中国农学与中医药学的始祖。我们今天的表述是，农作物、药物不是一个人发明创造的，是劳

---

[1] 皇甫谧：《帝王世纪辑存》，中华书局，1964年，第13页。

动人民长期生活和生产实践中的经验结晶。不是一个人,而是一个民族中相当多的人用这个方式与物相接,所以,这个神话传说的意义在于,它透露出中国古代人民最初发现农作物、药物的一般过程,反映出中国式经验的一般特征,即主要以味觉的活动(尝味)来确定、辨别物。从这个传说我们可以看到味觉(尝)经验的方法论意义。

如果说农学、医学尚属于"形而下","气味"尚属于"自然本体论","成物"指自然气味的生成的话,那么,延伸到心性等所谓"形而上"领域,"成己以成物"的观念则涉及物的"意味"的生成。"成己以成物"不仅是熟悉、把握、应用自然律,而且包含将人的不断完善的美德、性情等"目的"范畴给予"物",使物不仅在生长、成就等自然过程中饱含自然气味,而且充满人所给予的"意味"。相应于此,对充满意味之物的把握则涉及人文方法论。传统思想将两种意义上的"物"的融合,特别是对后一意义物的优先关注,使"味觉"超出单纯感官的范畴而成为具有鲜明人文精神特征的道路、方法。

世界万物是如何到来的?我们是以何种态度看待万物,又是如何对待世界万物的?我们所说的"物"究竟"是什么"?作者认为,在中国传统思想世界中,物以逐渐生成、不断成就的方式到来,人则以自身参与到物的生成中去,以"成己"来"成物"。由此在存在论上以事解物,以世界万物为一体;在方法论上以"味""感"之态度面对世界,味物、感物而不是看物,物因此没有成为"客体"或"对象"。人由"味""感"进入物,一物与他物、与人一起呈现。以"味""感"方式进入"物"为克服今日世界的数字化、表象化提供了一种"新"的可能途径。

1. 物与体:物之为物与成物

不同文化面对的是差不多相同的物,比如水火、草木、禽兽、人等等，但不同文化世界以不同方式与物打交道却使这些物以不同方式呈现出来，即产生不同的"物"的观念，产生不同的迎接物、接受物的方式，以及对物不同的应对方式。我们这里关注的是，中国传统思想世界中的"物"以何种方式进入我们的经验与思想，我们是如何迎接此物的。

中文"物"字出现很早，王国维在《释物》中说："物本杂色牛之名……因之以名杂帛，更因以名万有不齐之物。"[1] 据王国维考证，物字本义是指"杂色牛"，后转指"杂帛"，再转指"万有不齐之物"。先秦诸子多论及物，直接对"物"概念进行逻辑界定的是荀子："物也者，大共名也。"（《荀子·正名》）所谓"大共名"是指外延最广的名，其所指是天下所有的物。更多的思想家没有像荀子那样关注物之"名"，而是直接关注其所指之"实"，即关注如何"待人接物"，考虑物与人的关系、人如何看待物、如何对待物等等。

《论语》仅一处提及"物"："天何言哉？四时行焉，百物生焉，天何言哉？"（《论语·阳货》）但对于具体万物仍充满关怀，如"子钓而不纲，弋不射宿"（《论语·述而》）等。孔子仁学集中于"成人"，即关注如何使每个人自我成就，对于"物"的关注亦被放在"成人"视野之下进行。对于如何成就自我，孔子说了很多，比如"非礼勿视，非礼勿听，非礼勿言，非礼勿动"（《论语·颜渊》）；"不知礼，无以立也"（《论语·尧曰》）。礼规范着个人的一切举动，包括规范着个人如何看待物、如何对待物。"礼"体现的是人对自己行为的节制，目的在于能够更持久地满足人的欲望，但这种态度仍然透露出对于鸟兽等物的关怀。

孟子更明确地表达了对物的"爱"，尽管此态度不及对"亲"与"民"之亲近厚实：

---

[1] 王国维：《观堂集林》，第一册，中华书局，1999年，第287页。

> 君子之于物也，爱之而弗仁；于民也，仁之而弗亲。亲亲而仁民，仁民而爱物。（《孟子·尽心上》）

"爱"是一种肯定性情感态度，对物的爱包含着对物的肯定、认同与敬意。首先，物可以满足人的"欲"，或者说，物对于人是"可欲者"。"鱼，我所欲也；熊掌，亦我所欲也。"（《孟子·告子上》）人之欲多，不得满足人无法生存，此乃物对于人的基本价值。另一方面，欲的放纵、张扬又可能使人沉溺于物，被物所蒙蔽而使良知不显，使人无法区别于禽兽而不成其为人。"耳目之官不思，而蔽于物，物交物，则引之而已矣。"（《孟子·告子上》）当人不成其为人，物亦难以得其"正"，也难以成为物。孟子曰：

> 五谷者，种之美者也；苟为不熟，不如荑稗。夫仁亦在乎熟之而已矣。（《孟子·告子上》）

在孟子看来，对物的真爱是使物"成熟"（"熟之"）。使物成为物的前提是使物得其"养"，"苟得其养，无物不长；苟失其养，无物不消"（《孟子·告子上》）。这个"养"不是与人无关的对物的"放任"，而是基于物之情的"养护"。孟子反对脱离物之情而任意妄为，反对"揠苗助长"，反对对物施暴。"虽有天下易生之物也，一日暴之，十日寒之，未有能生者也。"（《孟子·告子上》）对物施暴的结果只能是使物不成其为物。所以，物之"成"既需要人之"爱"，也需要人之"知"。孟子说："有大人者，正己而物正者也。"（《孟子·尽心上》）正己即培养自身仁爱、明智等德性，形成正确看待、对待物的方式。物之成离不开人之成，正己才能正物。

以"爱"的态度与方式关注物之情，关注物之"养"、物之"正"、物之"熟"、物之成，此乃儒家对于物的鲜明思想特征。对于物本身没有采用静态的、旁观的态度，没有直接研究物是什么或将物当作独立的、分离于他者的"对象",而是将物放在天地人物构成的关系网中,将物当作整体的一分子,考察一物之生、长、成的条件,特别关注与强调人在万物生、长、成过程中发挥的作用。物的"性"不是一成不变的,它就体现在生、长、成的过程中,换言之,物之性是生成的。成物需要哪些条件呢?《易传·系辞上》曰:"乾知大始,坤作成物。"《鬼谷子·捭阖》曰:"阳开以生物,阴阖以成物。"《太玄经·玄摘》曰:"日月往来,一寒一暑,律则成物,历则编时。"乾坤阴阳之相互作用使物得以成,具体说,物得以成涉及天文地理及相关之人与物等诸多条件。

人的责任就是参与物性的生成过程,以人之仁与智助使物完成其自身。《礼记·乐记》曰:"乐著大始,而礼居成物[1]。"《中

---

[1] "礼"何以能成物?荀子在论述"礼"的起源时指出:"人生而有欲,欲而不得则不能无求,求而无度量分界不能不争。争则乱,乱则穷。先王恶其乱也,故制礼义以分之,以养人之欲、给人之求。使欲必不穷于物,物必不屈于欲,两者相持而长,是礼之起也。故礼者,养也。"(《荀子·礼论》)荀子接下来列举许多万物如何养人的事例,重点论述礼如何养人而使人得以成。我们要注意的是,礼的起源是为了平衡、协调物与欲的关系,礼既能养欲以成人,又能养物而成物,两者"相持而长"是礼所要追求的最高目标。礼是人的制作,人制作礼是为了"理"天地万物。"天有其时,地有其财,人有其治,夫是之谓能参……列星随旋,日月递照,四时代御,阴阳大化,风雨博施,万物各得其和以生,各得其养以成。"(《荀子·天论》)万物得天地之和能够得以生,但得不到养护则不得善终,不得以成。礼就是人养护万物的工具,也是物得以成的保障。特别是与物交往的不是一个人,而是"群",人是能群的存在,而群的活动正常进行需要"分"(荀子有"明分使群"之说)。群按照一定法令、规则进行"分"才能保障跟上时令,才能成物。故曰:"唯天下之至诚为能尽其性。能尽其性,则能尽人之性;能尽人之性,则能尽物之性;能尽物之性,则可以赞天地之化育;可以赞天地之化育,则可以与天地参矣。"(《中庸》)"礼乐"体现"人与天地参"以"成物"的思维模式。物之成要靠人来成(助成)。"……谓天道之诚,我可以自成其心而始可有夫物也。故'诚'之为言,兼乎物之理,而'自成'则专乎己之功。诚者,己之所成,物之所成;而成之者,己固自我成之,物亦自我成之也。"(《船山全书》,第七册,第555—556页)这里"成物"之"成"不同于"道成"之"成",后者是指物自性之展开、完成;人成物之"成"则是助成,是养护。

庸》曰："成己，仁也；成物，知[1]也。"礼乐仁智都由人所出，成己需要礼乐仁智，成物亦需要礼乐仁智。己成是物得以成的前提。仁智是个人与物交往的直接态度与方式，礼乐则涉及成物的制度安排。日月往来，寒暑交替，任何物之生、长、成都需要这些自然条件的满足。人们既要辨别时令（"知时"），又要"合时"，跟上时令，此即"律则成物"。与物的交往不是一个人，而是"群"，人是能群的存在，而群的活动正常进行需要"分"（《荀子》"明分使群"）。群按照一定法令、规则进行"分"才能保障跟上时令，在这个意义上可以说"律则成物"，可以说"礼居成物"，可以说"成物，知也"。礼乐兴，仁智成，则此物才能获得成为此物的条件，彼物才能获得成为彼物的条件：

> 是故大人举礼乐，则天地将为昭焉。天地欣合，阴阳相得，煦妪覆育万物，然后草木茂，区萌达，羽翼奋，角觡生，蛰虫昭苏，羽者妪伏，毛者孕鬻，胎生者不殰，而卵生者不殈。（《礼记·乐记》）

草木可以茂而未必茂，区萌可以达而未必达，有翅膀未必能够飞翔，该生角的需要合适的生角条件才可以生出角来……礼乐兴，仁智成，这些可能性才会成为现实，一物才能够真正成为

---

[1] "成物，知也。"把"知"理解为使物成为物的东西。儒家追求仁知统一，所以，这里的"知"不单指纯粹的知识，而是指与仁不分的智。因此，"成物，知也"也可说是仁与知使物成为物。"诚"是指实有，实有仁知才能使物成为物，所以有"不诚无物"之说。"致知在格物……物格而后知至。……壹是皆以修身为本。"（《大学》）物要到来，与人相交往，才能有知，在与物的交往中，在物之中渗透了人的意味；物不是"对象"，而是人落实、自证其德性的载体。王阳明年轻时之所以格不到竹子的本质，乃在于他把竹子当作外在于己的东西，当他转到另一路向之后，才顿悟：物不是对象，而是与人相互缠结、有意味的东西。"物犹事也"，物的结构与事的结构是一致的。《易传》说："地势坤，君子以厚德载物。"厚德之所以能载物，是因为物由仁知所成，因此，它备于人，人之德可以承载物。

该物。

物之"成"即其性之完成,也就是物性之完整、全部呈现,此即"尽物之性":"能尽人之性,则能尽物之性。能尽物之性,则可以赞天地之化育。可以赞天地之化育,则可以与天地参矣。"(《中庸》)使物成为"物"不只是天地的职责,天地之化育万物得到人的"赞"与"参"才能更顺利地进行。

道家以"自然原则"看待物、对待物。自然原则并不完全反对人参与、进入物之中,它们只是反对某些进入物的方式。在《老子》看来,万物由道所生,由道所长:

> 大道泛兮,其可左右。万物恃之以生而不辞,功成而不名有。衣养万物而不为主,常无欲可名于小。万物归焉,而不为主。(《老子》第三十四章)
>
> 道生之,德畜之,物形之,势成之。是以万物莫不尊道……生而不有,为而不恃,长而不宰。是谓玄德。(《老子》第五十一章)

人生存于天地之间,需要以天地大道为法,即尽力促成万物的生、长、成,而不应该以自我为中心,以人的意志、目的与万物交往。故《老子》曰:

> 圣人处无为之事,行不言之教。万物作焉而不辞。生而不有,为而不恃,功成而弗居。(《老子》第二章)
>
> 人法地,地法天,天法道,道法自然。(《老子》第二十五章)
>
> 圣人欲不欲,不贵难得之货。学不学,复众人之所过,以辅万物之自然而不敢为。(《老子》第六十四章)

《老子》主张以"无为"方式"处事",以"不言"方式"行教",

从所采用的手段与方式看，是"不辞""不有""不恃""不欲""不学""不敢为"；但从结果看则是"为""欲""学""辅"，是万物"生""成""自然"。所谓"自然"之"然"，按照古典训诂："然"为"成"[1]。"自然"即"自成""自熟"。"自成""自熟"不是说物皆可脱离他者而独自按照"自因"成就自身。在《老子》，任何物都没有脱离他物的"自由"，其成是指"天成"，即不需要以"人"的方式完成自身，需要的是把物放回"天""地""道"之间。"道生之，德畜之。物形之，势成之。是以万物莫不尊道而贵德。"（《老子》第五十一章）道使它们生（出生、生存），德畜养着它们，外物使它们成长，势使它们成就自身。《老子》坚持的是给物留下、塑造一个有利于其自身展开的"势"，这被看作圣人应当承担的责任。以"无为"方式"处事"、以"不言"方式"行教"，其目的在于将这种看待物、对待物的方式普遍化，也就是使所有人都能以这种方式参与物的生成过程。因此，道家对待物的方式虽有别于儒家，但同样主张进入万物生成过程以"辅助"万物之完成与成就。

2. 以事解物与万物一体

关注"成物"使得"物之为物"式的追问难以挺立，而强调"成己以成物"就使物的主观性维度不断加强，客观性维度不断弱化。这种对物的思想其直接表述就是"以事解物"，间接形态则是万物一体论。

物与人相关而非独立自存，正如做事一样，没有人去"成"、去"做"，物就不成为"物"。事实上，传统思想家对"物"的诠释正是沿着这样的思路进行的："物，犹事也。"[2] 类似的还有：

---

[1] 王念孙：《广雅疏证》，中华书局，2019年，第251页。
[2] 汉代郑玄有此说（《礼记正义》，北京大学出版社，1999年，第555页），宋代朱熹也秉承此说（《四书章句集注》，中华书局，1983年，第4页）。

"意之所在即是物,如意在于事亲,即事亲便是一物;意在于事君,事君便是一物;意于仁民爱物,即仁民爱物,便是一物;意在于视听言动,视听言动便是一物。"[1] 一般来说,物包括独立存在的"外物"与我们自身活动意义上的"事物"。以"事"解"物"意味着什么呢?这首先表明中国思想世界对"事物"的优先关注,而对于独立存在的"外物"似乎缺乏兴趣。

这些哲人为何以"事"解"物"呢?《释名·释言语》曰:"事者,倳也。""倳"有"立置、插入"义。以"事"解"物"的实质是强调物的开放性、可入性。人可以插入物,使人立置起来(成己),也使物立置起来(成物)。按照这个说法,物即指人所契入的东西,通过人的契入而使人与物共同立置于世界。人是以何种方式进入物之中的呢?王阳明说是"心""意",类似的说法还有:

> 物是伦理所感应之迹,感应迹上循其天则之自然……物者因感而有,意之所用为物。[2]
> 心感事而为物。[3]
> 君臣父子国人之交,以至于礼仪三百,威仪三千,是谓之物。[4]
> 吾学先格物,内而意也心也,外而身也,皆物也,极之而至于家国天下,无非物也。盖无须臾之倾而不循乎物者也。[5]

这里所见的"物"显然不同于亚里士多德所关注的"实体"

---

[1] 王阳明:《王文成公全书》,中华书局,2015 年,第 7 页。
[2] 《王畿集》,凤凰出版社,2007 年,第 163 页。
[3] 《罗洪先集》,凤凰出版社,2007 年,第 278 页。
[4] 顾炎武撰,黄汝成集释:《日知录集释》,中华书局,2020 年,第 343 页。
[5] 《程瑶田全集》,黄山书社,2008 年,第 243 页。

意义上的可分离、不可入的"物"。

> 不诚无物。(《中庸》)
> 物,谓凡物可以养人者也。[1]
> 无心外之物。[2]

由于人参与物的生成过程,所以,物虽在身外,但却合于人的目的。所谓"可以养人"揭示的即是物是以人为目的而到来的,"不诚无物""心外无物"正是强调物性的获得对人的活动的依存性。

人何以能够插入物、进入物之中呢?换言之,物可入吗?这涉及中国哲学之中更根本的物我一体观念。

我们先看看儒家的"一体"观。"仁者与万物同体"虽由宋儒程颢说出,但这句话大体反映出儒家的"一体"观。孔子的"成人"说重在"立人",即使每个人成为完善的人。"成人"在社会中有其确定的位置,其言行都由"位"而出,依"礼"而作。孔子讲"非礼勿视,非礼勿听,非礼勿言,非礼勿动",其目的是通过"礼"而使每个人获得其"位",得以确立其在家国天下中的位置,所谓"不知命,无以为君子也。不知礼,无以立也。不知言,无以知人也"(《论语·尧曰》)。孔子曰:"不在其位,不谋其政。"曾子曰:"君子思不出其位。"(《论语·宪问》)两人都强调"位"与"身""心"的一致性。"礼"主"分",其指向的不是使每个人成为独一无二的"个体",而是使每个人确立其在家国天下中应有的位置。"兴于诗,立于礼,成于乐。"(《论语·泰伯》)《诗》之"兴"是把人放回本原性的世界之中,放回那个生机勃勃的世界之中,使人与世界交融为一体,使人立

---

[1] 焦循:《孟子正义》,中华书局,1991年,第948页。
[2] 《王文成公全书》,第7页。

足于世界。"礼"让人在这个世界中找到、确立自己的位置,不过礼由此也容易形成一种界限,在人与人、人与物之间形成坚固的壁垒。"乐主和",和即合,乐的力量可以使人打破由自己的位置形成的界限、壁垒,从而使人与人、人与物通而为一。"成于乐"之"成"是"仁者"之完成,也完成与人、物的通达。所以,"成人"之人格既保持着对他人的开放与就之的魅力,同时也以其博厚的仁爱与睿智润泽人与物、通达人与物。

孟子强调"立心",通过立心而通达性与天,此即他说的"尽心知性知天"(《孟子·尽心上》)。在孟子,人皆有"四端",不过有的人是现实地有,有的人是潜在地有。"恻隐之心,人皆有之……仁义礼智,非由外铄我也,我固有之也,弗思耳矣。故曰:求则得之,舍则失之。"(《孟子·告子上》)"思"是将我固有的善端找到,"养"是将之存养放大。"从其大体为大人,从其小体为小人。"所谓"从其大体"是指服从"心"的指挥,即以敏感的恻隐之心、羞恶之心与人、物相交接,关爱它们,为其吉凶而喜忧,为己之不能如此而起羞恶,并能在羞恶激励下振起。所以,"大体"不是封闭的自我,而是一个既指向外在的人与物,又不断为外在人与物所动,并不断将人与物带回自身的开放自我。孟子对此论证道:"所以谓人皆有不忍人之心者,今人乍见孺子将入于井,皆有怵惕恻隐之心,非所以纳交于孺子之父母也,非所以要誉于乡党朋友也,非恶其声而然也。"(《孟子·公孙丑上》)他人之动我亦会有所动,进入他人,所以见孺子将入于井时,我会伤之切,痛之深。不仅对同类的人会有怵惕恻隐,对物亦会有种种反应。孟子道:"君子之于禽兽也,见其生,不忍见其死;闻其声,不忍食其肉。是以君子远庖厨也。"(《孟子·梁惠王上》)禽兽万物与我皆为一体,故我可以将之"拟人",即将之比拟为人,由此而可以感同身受。正如孔子强调一体之下有万物,万物尽管为一体,但其位并不是同一的。故孟子对亲、民、物这些不同位的东西采取了不同的态度。对不同物采取不同态度是基于"位"的差异而不是"体"的差异，孟子以"大体"说"心"正因为心能够突破一己封畛而通达亲、民、物，实现万物一体；以"小体"说感官乃因为欲望感官以己为中心与界限而隔断了与万物的交通。"四端"可能因舍而"消""亡""失"，在原则上，"消""亡""失"是指丢失、被遮蔽而不是彻底断灭。小体与万物之隔并不会彻底地隔"绝"，其心虽"放"，但以"思"求之即可得。

　　从其大体之大人，其特征之一就是与天地相通："夫志，气之帅也；气，体之充也。……其为气也，至大至刚，以直养而无害，则塞于天地之间。"（《孟子·公孙丑上》）孟子这里说的"气"既属于个人（"充于体"），也能够通贯天地，所谓"浩然之气"能够"塞于天地之间"即是指它的贯通性。荀子则更直接将"气"视作万物贯通的基础与根据，他在谈人与草木禽兽的特征时说："水火有气而无生，草木有生而无知，禽兽有知而无义，人有气、有生、有知，亦且有义，故最为天下贵也。"（《荀子·王制》）"气"虽充塞天地之间而为人与万物所共，人欲合天还必须"明于天人之分""制天命而用之"（《荀子·天论》）。真正的"合"是天地人各尽其职，人主动与天之合："天有其时，地有其财，人有其治，夫是之谓能参。"（《荀子·天论》）人之"分"是指人的"职分"，明天人之分不是要把人作为独立的"个体"分离出来，而是要把人的职分发挥出来以与天地"合"。所以，天人合不是人之"气"充塞于天地之间，而是天地人由分而合。尽管"合"的方式不同，但却一致主张人参与物的生成。

　　《易·乾·彖》曰："乾道变化，各正性命。"万物皆有其性与命，自万物言之，此为"各"。万物各有之性命从何而来呢？《大戴礼记》曰："分于道谓之命，形于一谓之性。"万物从道分出来获得其命，此命形于一而为其性。所以，万物之性命皆由道（乾道）而出，是道变化的结果。万物虽有形，但其形皆随道之流行而流动，此即所谓"品物流形"是也。由道之流行而形于一，此"形"与"一"组成了各物的"位"。

"位"是《易传》中极其重要的概念，这里的"位"首先指涉六爻之位。在《易传》中，爻皆有定位，每爻之成皆以"时成"。自初爻至上爻，分别有"地位"，有"人位"，有"天位"，人位于天地之间。按照天地既定之位而彰显出物位与人位之"卑"与"高"，"下"与"上"，"贵"与"贱"。由天地人所组成的每个具体境况中，身处不同时空之位，就呈现出不同的遭遇（"吉凶悔吝"等）。从六爻之所指看，具体的物与人在特定情境下有不同的"位"，其中既涉及每个物在自然界中的"位"，也涉及个人在自然界及人类社会中的"位"。个别的物或个别的人只能在特定的"位"中完成自身（"元亨利贞"等），《系辞下》曰："天地之大德曰生，圣人之大宝曰位。何以守位曰仁。"因为个人只能在特定的"位"中实现自身，故"位"对于每个人都至关重要，为实现自身，每个人都必须"守位"。相反，不在其"位"则无法完成自身（"悔吝凶"等），《易·乾·象》曰："贵而无位，高而无民，贤人在下位而无辅，是以动而有悔也。"贵人、高人、贤人处于"下位"即意味着其"位"之失，失位才会"动而有悔"。所以，个人之言行，乃至个人存在的展开都关联着"位"。其人或物与位合称为"位当"，其人或物与位不合则称之为"位不当"。《易·艮·象》曰："君子以思不出其位。"在其"位"中思才能成就"君子"，越出其位则任何一个角色都无法完成自身，由道之流行而所形之"一"只有在特定的"位"之中才能实现自身。万物各有之性命在大化流行中得位、失位，位既可使其自身展开，故需要保位、守位。各自之性命在其"位"上可以各得其"正"，故个人、个别的物以位为"体"。

从表面看，万物之"各"有"万"，"位"也不"一"，但这些"位"又都是相"通"的。《系辞上》曰："六爻之动，三极之道也……爻者，言乎变者也。""一阖一辟谓之变，往来不穷谓之通。"爻与爻对而起变化，此爻即通达彼爻。三极都在变化中展开，在不穷之往来中相互沟通，整个世界即由相互沟通而通而为一，所谓"天地设位，而易行乎其中矣"(《系辞上》)。世界万物在万物往来不穷的交感中实现通达；对于人来说，这个"通"需要进入世界万物的人才能把握，"感而遂通天下之故"就包含这两层意思。所以，"位"既"不易"且"易"，则每个人正其性命的前提是"乾道变化"，是在乾道变化之中得其"位"，又在乾道变化之中易其"位"。"天下之动，贞夫一也。"(《系辞下》)正如天地之交感不已，位与位之间亦不断相互作用，转化、相通而最终实现通而为一。就个人来说，就是要认识、推行变与通的道理，即"化而裁之谓之变，推而行之谓之通，举而错之谓之事业"(《系辞上》)。个人在特定"位"中展开行动，以"位"与世界万物相感而实现"位"与"位"之间的融通，最终通达天地日月。通达天地日月四时鬼神的人被称为"大人"："夫大人者，与天地合其德，与日月合其明，与四时合其序，与鬼神合其吉凶。"(《易·乾·文言》)"合"是由"通"而互摄相融，即相互为一体。

《大学》将此展开为正心、诚意、格物、致知、修身、齐家、治国、平天下的一体化："物格而后知至，知至而后意诚，意诚而后心正，心正而后身修，身修而后家齐，家齐而后国治，国治而后天下平。"个人之身心皆指向家国天下，也一直努力打通、保持着与家国天下的通达状态。如果说个人有"体"的话，那么这个"体"就是家国天下，或以家国天下为"体"。这种"一体"观念在后世得到更明确、更清晰之表述。程颢说："仁者以天地万物为一体，莫非己也。"[1] "仁者浑然与物同体。"[2] 伊川曰："在天为命，在义为理，在人为性，主于身为心，其实一也。"[3]

---

1 《二程集》，第15页。
2 《二程集》，第16页。
3 《二程集》，第204页。

阳明曰："大人者，以天地万物为一体也。"[1] "其实一也"指向的是确凿的"一"。

道家，尤其是庄子，较之儒家更强调万物之"个"。从其来源看，"个"展现为"德"；从其存在方式看，"个"表现为"独"；对照他者，万物各表现为"殊"。称谓不一，而其实一也，那就是有个性、有殊性（理）、有独有而无原子式的"个体"。《庄子》强调"德"，即自身内在的规定性，如"泰初有无无，有无名。一之所起，有一而未形，物得以生谓之德"（《庄子·天地》）。"梁丽可以冲城而不可以窒穴，言殊器也；骐骥骅骝，一日而驰千里，捕鼠不如狸狌，言殊技也；鸱鸺夜撮蚤，察毫末，昼出瞋目而不见丘山，言殊性也。"（《庄子·秋水》）这里的"德"指事物特定的规定性、事物的独特性（"殊"）。德源于"道"，是物所得于道者。"故形非道不生，生非德不明，存形穷生，立德明道。"（《庄子·天地》）"出入六合，游乎九州，独往独来，是谓独有。独有之人，是之谓至贵。"（《庄子·在宥》）"不以物易己。"（《庄子·徐无鬼》）保持自身之"独""殊"即保持其"己""个性"，这个个性就是其"天性"。万物皆有天性，皆有"个"，不过这个"个"不是独立自足、与他物分割而不相交通的东西，恰恰相反，道是通的，秉于道的"独物"亦通于他物，每个有个性、殊性的物都是与他物相通的。

每个物其"独"其"殊"又非其终极形态，"立德"是为了"明道"，真正的"得"是"通"："唯达者知通为一。为是不用，而寓诸庸。庸也者，用也。用也者，通也。通也者，得也。适得而几已。因是已，已而不知其然，谓之道。"（《庄子·齐物论》）执着于"个"之"德"，以为每个物皆独一无二，往往会在个与个之间制造出僵固的界限与封畛，个与个之间就无法通达，道由于不通就成为"多"而不是"一"。所以，在精神层面上必须祛

---

[1] 《王文成公全书》，第305页。

除"我",这样才能化掉梦与觉、人与我、生与死、我与物等等界限,才能通而为一。此即庄子能有"濠上之乐"之秘密。

由于万物一体,万物彼此开放自身,从而使人进入物成为可能。这个观念不仅奠定了"成物"说的基础,也为我们把握物、认识物提供了存在论的保障与支持。

另一方面,万物与人为一体,就物来说,是人将其意味给予物而使物成为有意味的物,成为张载所说的"物与"。真正说来,万物一体说关注的是"成己以成物"之"物",是"心外无物"之"物",是"有象与己"之物,是"有意味之物"。物中的"意味"使物成其为物,或者说,"意味"是物的"本质"。

"意味"不仅指它出于"我"而为"意",更确切地它首先是能够滋润、滋生、滋养人的"味"。"意味"不同于"滋味"在于它出自人的目的、为了人的目的,出自并为了人之"意"。但物中的"意味"仍不是纯粹主观的想法、念头,而是物自身展现的特征、品格,只不过这样的特征、品格与人之"意"有所契合。这样的"味"的分类也不再按照自然滋味的分类方式进行划分,而是按照"意"的品类进行概括。比如,中国传统文化称梅兰竹菊为"四君子",它们之为"四君子"乃在于梅之"高洁""典雅"[1]、兰之君子式"无人自芳"[2]、竹之"刚直有节"、菊"傲霜枝"之"傲骨"等等。这些品格意味当然不是自然物之与鼻口对应的气味类型,而是人的价值理想的类型。"高洁""典雅""无人自芳""刚直有节""傲霜枝"等是人所期待的、可以满足人的需求的品格,故是"有味"者。没有这些吸引人的品格,人们也就不会把这些物当作"物与"。于山川大地等大物,"可行""可望""可居""可游"等"可人"之意味亦如可口之滋味一样成为

---

1 如陆游《卜算子·咏梅》:"驿外断桥边,寂寞开无主,已是黄昏独自愁,更著风和雨;无意苦争春,一任群芳妒,零落成泥碾作尘,只有香如故。"
2 如《孔子家语·六本》:"与善人居,如入芝兰之室,久而不闻其香,即与之化矣;与不善人居,如入鲍鱼之肆,久而不闻其臭,亦与之化矣。"

人所渴慕的品格，成为"有味者"[1]。

3. 味物与感物——进入物的方式

物的生成随着"意味"的注入，其现实形态既包含着自身之气味，也交融着人所给予的"意味"。王夫之将此生成过程表述为性与天道交互作用的过程："色声味之授我也以道，吾之受之也以性。吾授色声味也以性，色声味之受我也各以其道。"[2] 在性与色声味相互授受的过程中，人之性与物之色声味逐渐生成。"天道"与我性的结合使物不再是纯粹的客观之物自身，而是含有人之性的物。"成己以成物"不仅使自然形态的"物味"（本质）得以生成，也使物中充满着"意味"，使物成为集"气味"与"意味"于一体的存在。对于这样既有"气味"，又有"意味"的物，我们如何通达它呢？

古希腊自原子论以来，"体"都被理解为"不可分""不可入"的，换言之，主体既入不了客体，客体也入不了主体。主体入不了客体，那么，主体如何能"认识"客体呢？在原子论传统中，主体进入不了客体，其所使用的感官因而受到限制与规定，即只能把握客体的"影像"，要把握这个"影像"只需在客体之外、拉开距离的感官。这样的感官有两个，即眼睛与耳朵。由于把握到的是客体的"影像"，而不是客体之"体"，故此即产生感觉经验与认识的"镜式反映"说。眼睛是镜子，进入眼睛的是客体的"影子""影像"。"原子不可入，一个原子要'包容'另一个原子，则只能是'镜像'的关系，所以'镜像'之说，在古代固然是很朴素的想法，但它的提出，还是有一定的道埋上的根

---

[1] "可行""可望""可居""可游"之说见于郭熙《林泉高致》："可行可望不如可居可游之为得，何者？观今山川，地占数百里，可游可居之处，十无三四，而必取可居可游之品。君子之所以渴慕林泉者，正谓此佳处故也。"
[2] 《尚书引义》，第148页。

据,所以一直到莱布尼兹的'单子',同样保持着'镜子'的'反映'关系,这是因为只要作为知识的主体被理解的'原子''单子'而'不可分'——即主体本身没有'结构',没有'部分',则它所能'拥有'的一切'客体',就只能是'镜像'式的,而不可能将'客体'实际上'引入'自己的'内部'。"[1] 原子在原则上是不可击破的,不能进入,而只能捕捉其影像。

柏拉图则将物的"影像"提升为本质性的"相"(Idea);亚里士多德以"实体"为"形式"与"质料"统一体,"形式"是实体的决定性、本质性要素,且属于可认识的方面。"实体是指那些单纯的物体,例如土、水、火以及这类东西,一般来说物体以及由它们所构成的东西,动物和精灵,以及它们的各部分……故实体具有两方面的意义,或者作为不用述说他物的终极载体;或者是作为可分离的这个而存在,每一事物的形状便具有这种性质。"[2] 实体是"不用述说他物的终极载体",是"可分离的这个",它可分离,是独立自存的"这个"。从存在论上看,"实体"与原子一样是"多"而不是"一",是"不可入""不可分"的。与柏拉图将"相"视为物的本质一样,亚里士多德在这里将事物的形式视为独立的"实体",也就是说,"形式"不可入,把握它只能拉开距离进行,故求知之人"喜爱视觉尤胜于其他……和其他相比,我们更愿意观看"[3]。经验层面上眼睛捕捉影像,在思想层面上则是以"心眼"把握事物的"形式","看"总是指向"在场"的东西。康德"现象"与"物自体"的区分以及将"物自体"悬置起来的做法典型地表露出对"不在场"东西把握之无奈。

叶秀山曾阐述海德格尔引入"听"对于把握"物自身"的意义,他指出,与看相比,听指向"不在场""纵向""时间"维

---

1 叶秀山:《叶秀山文集·哲学卷上》,重庆出版社,2000年,第646页。
2 亚里士多德:《形而上学》,中国人民大学出版社,2003年,第97页。
3 《形而上学》,第1页。

度:"'倾听'的引入哲学层次,开启了一个纵向的天地。人们再也不'只顾眼前',而要顾及事物的'过去'和'未来'。人们认识到,我们面前的事物,都有它的'过去'和'未来'。事物面对我们,都在'诉说'着它的'过去',并'吐露'着它对'未来'的'设计',问题在于我们能不能'听懂'它的'话'。"[1] 从西方哲学历史进程看,引入"听"能否把握许多"不在场"的东西仍然是个问题[2]。我们要注意的是,海德格尔引入"听"只不过是为了要把握"事物自身"。"事物自身"这个提法是基于旁观者立场而生的,是基于每个物皆是可分离、不可入的实体观念而生的。所以,海德格尔之"面向事物本身"亦只是"面向",而没有达到"进入事物"的维度。因此,听与看一样,都没有进入"事物之中",听者与看者都还属于"旁观者",其目的都在于把握客观的物自身。但对于以味(既有气味,又有意味)为本质的物来说,我们如何能够把握它呢?

---

[1] 《叶秀山文集·哲学卷下》,第832页。
[2] 中国学界对"听"是否能开辟"纵向"天地存在另一种思考。比如,陈家琪说:"'眼睛之看'与'精神之看'的区分,可以形象地理解为'视'与'听'的区分。……但'听'却不同,人是从红纸、红花与红旗中听到这个红字的。人并看不到单纯的'红',人只能看到红纸、红花与红旗。'红'的原本的给予方式是在'听'而不是在'看'中获得的。因为我们心中却有非红纸、红花与红旗的只作为单纯意义而存在的'红'……'听'这种给予方式更显出主体的被动,当然也就同时开拓出'听'的无限空间。'看'在看中制造着自己的对象,而'听'却同时使你听到了许多多非你所制造的声音。……听,说到底是听发自虚无或黑暗或不知发自何处的声音,这才与'看'是在惊讶与怀疑中,看动作过后存留于空间中的轨迹有了某种应和。……就'听'而言,听到的只是结果;这结果是什么原因造成的并不重要。当我收听一首乐曲时,谁在演奏,在什么地方演奏,演奏者的种族、出身等等并不重要,也不是'听'能关心得了的。'听'只听自己能听到的东西。现象学旨在取消任何能说明'听'这一结果的原因性说明,因为只有作为结果的'听到'才是'实事本身'。于是以前常常理解为原因与结果的关系现在成了结果与结果的关系;这种关系不分因果,是因为它们不出现在外在时间的先后序列中。"(陈家琪:《经验之为经验》,社会科学文献出版社,2000年,第24—26页)按照陈家琪的说法,"听"恰恰指向"在场""横向""当下"维度,恰恰"只顾眼前",而不要顾及事物的"过去"和"未来"。

对于色（形）声，我们姑且说"看""听"可以把握，但对于物自身之"味"，我们如何把握？自《尚书·洪范》起，"味"一直被理解成物的"性"，照此思路，"味"是物之"性"，而"味"是无法"看"，也无法"听"出来的，把握物之"气味"，以及物之中的人之"意味"，只能通过人去"尝味""品味""体味"。

与"味"相应的另一个把握方式就是"感"。这个"感"与我们现代哲学中的"感性"不是一回事，它既是一种经验方式，也是一种思想方式。世界万物由相感而通达为一，人亦由与物相感而通达万物。[1]"味""感"之，即不断"进入"，与之一体，体会其过去与未来。由感而入，感通、感受、感应全面彰显物（世界）与人共同律动的场景。"以学心听"是学着进入世界，看、听都是为了进入世界，"非礼勿视，非礼勿听，非礼勿言，非礼勿动"是为了进入生活世界；"以道观之""听之以气"是为了进入自然。"以耳听者，学在皮肤；以心听者，学在肌肉；以神听者，学在骨髓。"（《文子·道德》）"皮肤""肌肉""骨髓"之喻绝非偶然，它彰显的是"进入事物""进入道"的秩序。我们通常说"肤浅"，也是指外部理解，"入木三分"则指理解之深入。"庖丁解牛"之"游刃有余"正是因进入才有的契合。朱熹之"咬破果子"喻亦在说明这个道理。

在"一体"论传统中，首先，人与物、道都在一体"之内"，这在原则上承认了人、万物的相互开放性。"天地与我并生，万物与我为一"（道家），"仁者与万物同体"（儒家）。天地、万物、他人都可以进入我，我也可以进入天地、万物、他人。进入天地、万物、他人的通道即是"味""感"。天地、万物、他人都是"一体"之"用"，它们是"气"之聚，聚而有其形，也有其性。因而人进入它们需要击打、切入。五味之一的"咸"作用于人与他物时，既以水润之，也有坚硬的盐击打、切入之。咸是"鹹"

---

[1] 具体可参见拙文《从"感"看中国哲学的特质》，《学术月刊》2006年第11期。

的初字，甲骨文咸（㘝）字从戌从口，甲骨文戌（㦰）指一种兵器。金文"咸"从"戈"从"人"从"口"，其意皆是人口如戈。五味咸为首，因此，咸之作用于人的模式即五味作用于人的模式。味作用于人也即人（尝）味万物的模式。《易·咸·象》以"感"解"咸"则将这种模式扩展为一种人与世界万物交互作用的一般结构。关于咸与味、感的关系详见本书第四章。在汉语"知"中，我们也可以发现这种结构。《说文解字》卷五曰："知，词也。从口，从矢。""知"由"矢""口"构成，其原始含义也与二义相关，而与组成"咸"的"戈"（或"戌"）"口"的意义大体一致，两者都是"口"与利器之合，即"知"涉及人以口对世界万物的击打、切入。在这个意义上"知"与"咸""感"为一类[1]。"知者，接也。"（《庄子·庚桑楚》）"知，接也。"（《墨辩·经上》）他们直接把知理解为知者与被知者之间交接、交互作用的关系，即知者对被知者开放，接纳被知者，将其引入自己内部。

人既可以进入万物之中，那么，人所感所知的也就不是物的"影像""形式""相"，而是"象"。"象者，像此者也。""象"不是"物"的"影像"，一则味、感所对的主要是形式之内的东西；再则，"影像""形式"在中国思想传统中不是"物"的本质。"象者，似也。似者，嗣也。"[2] "象"是对物的模拟，是对其生命变化的整体性的模拟、承继，故而"象"更多承载着物的内在质性，如物的生成、变化、完成等动态的信息，以及它对人敞开、呈示的作用。"色声味之授我也以道，吾之受之也以性。"我以性投入物之中，物则还我以其道，故色声味之象是道与性的共

---

[1] 本书第四章对此有细致的考察。事实上，颜元以"手格猛兽"之"格"来训"格物"之"格"无疑也注意到汉语世界人对物作用的特征。"格物之格，王门训正，朱门训至，汉儒以来，似皆未稳。元谓当如史书'手格猛兽'之'格'，'手格杀之'之'格'，即孔门六艺之教是也。"（颜元：《颜元集》，中华书局，1987年，第491页）

[2] 焦循：《易学三书》之《易章句》，九州出版社，2003年，第313页。

同呈现，或者说，象既定彼（道），又出意（我之性），是道与性之合。在这个视野下，知所直接涉及的两者也不是主体与客体关系。"身体发肤，受之父母，不敢毁伤……"身体与父母为一体，广言之，与大化皆为一体。公私为一体，有我于其间则私，无我于其间则公。我入乎大化，故我与他物不是二体，也不是主体与客体。我们有"主"与"客"之分，但两者不是二体（主体与客体），而是一体。我们以礼待客，与客之间以敬意、情为纽带，以"不见外"，即消除隔阂为目标。"客"与"主"不是对立之"体"。宾客受主礼，也应之以礼。所谓"礼尚往来""来而不往非礼也"，两者相互尊敬，敬而不疏远，敬而远之的是另一个世界的存在。"宾至如归"，即是使客融于主，成为主的一分子。

进入物之中在当代有何意义呢？大家知道，西方自康德以来，现象仗着康德赋予它的合法性理论、权利所向披靡，而得以在当代放纵、恣行，物自身随着现象之统治而逐渐退隐，故在一定意义上可说此乃康德以谦卑之名义实施的放纵。胡塞尔统一现象与本质，特别是其向先验现象学的推进，无疑赋予了现象以更权威、更实质的地位，现出的现象都是"爱多斯"（"相"），即柏拉图意义上的具有统治力的"相"。随着笛卡尔的解析几何打通数与形，19世纪以来的数理逻辑打通数与理，并最终贯通了数、形、理，从而使数字、表象都成为名副其实的"相"，成为这个现实世界的决定者、统治者。今日之表象与数字都成了柏拉图那个在这个世界之外而决定这个世界的"相"。从历史上看，表象、数字先后逼退了诸神、万物（对世界本身实施祛魅使万物都成为不过如此的"表象"与"数字"），也正在逼退人，诸神、万物、人都成为不过如此的表象与数字。今日的科学根据数据库便可以随便造物、造人，一切都化为一，都化为表象与数字，从而实现了"万法归一"，但也使我们离物越来越远。

西方思想家如海德格尔，深明此物的退隐所带来的危机，于是尽力使物自身呈现，其方式是使每个物从其他物的关系中脱离出来，从而实现可分离、不可入的个体自身，即使物由镜像回归到本真的自身。为什么需要这么做呢？叶秀山精辟地指出："就现象（表象）系列看，一切'事物'皆为'未完成者'……'事物'如处于'表象'之关系网中，则永不得'完成'，'该事物'常'转化'为'他物'未得保持其'自身'……'物自身'为'物自在'-'自在之物'。'物自在'意味着从'诸事物'之整体中'脱离'出来，成为'自己'，'完成''自己'，并'持续'为'自己'。"[1] 事物之所以能够通过"脱离"他者而成为自己，是因为这个事物乃是有"个"有"体"的事物，故需要如此。自己成为自己，与他者共在是个体的"沉沦"，用萨特的话就是"他人即地狱"。问题是，将他者当作"狼""地狱"，把"共在"当作"沉沦"真的能给予每个物以独立存在的空间与时间吗？海德格尔曾经意味深长地说过这么一段话："兴趣（Inter-esse）的意思是处于事物之下，在事物之中，或处于一事物的中心，陪伴在它身旁。而当今的兴趣却只不过是那引起兴趣的东西。它不过是允许人们见异思迁，过一会儿就无所谓，并用另一种东西来取代，这另一种东西也与它所取代的前一种东西一样很快趋于消逝。如今，人们常常以为，通过发现对某物的兴趣就是向它表白了莫大的尊敬。实际上，人们在这样断定时早已漠然抛弃了感兴趣的东西，使其坠入无关紧要的行列而索然乏味。"[2] "引起兴趣的东西"对于人仍保持着距离，物对人仍是外在的东西，因而对物如此"尊敬"并不能将人带入物自身，而只能停留在"表象""现象"。真正能够面对"物自身"的则是真正对物有"兴趣"，即"处于事物之下，在事物之中，或处于一事物的中心，陪伴在它身旁"。但如何进入事物之中呢？把"兴趣"当作"引起兴趣的东西"表明西方对此似乎还未做好准备。

---

[1]《叶秀山文集·哲学卷下》，第820页。
[2] 海德格尔：《海德格尔选集》，上海三联书店，1996年，第1207页。

中国哲学强调"味物""感通",目的就是不断引导人进入事物、世界之中。万物一起呈现,不是一个一个地呈现,其所呈现的是万物化生,一体呈现。各正性命是在万物化生为一体意义上各自获得性命之正。各自获得性命之正,故有"各"有"个",但其"各"与"个"皆没有独立的"体"。脱离"他者","物"则不成为"物",唯有他者进入物自己的世界,它才得以"完成",才得以成为"事物自身"。在此意义上,我们或许可以说,只有我们以"味""感"的态度迎接、看待、对待万物,万物才能够摆脱表象、数字之统治,我们才能够让物从退隐之所呈现出来。简言之,味物、感物或许可以让物自身到来。

4. 道味(道何以有味)

在形而下的器物层面,滋味、气味、意味被理解、规定为物的本质。如上章所述,把握这样的有味之物显然非"看"所能胜任,感觉之中的味觉以及精神层面之"体味""玩味"担当着通达、理解、把握有味之物的使命。进入所谓的"形上"思想世界,我们也同样面临这样的问题:道、理、人等皆以"味"为其本质特征,"味—道"则构成了这样的思想世界的独特方法论。

在中国传统思想世界中,不仅有"形"之物有"味",事有"味",而且无形之道、理、意、性、情、象(范畴)亦皆有"味"。它们不仅"有味",更重要的是,"味"构成了思想世界的基本特征。这在传统思想,特别是儒道释思想中[1]都有鲜明的

---

[1] 从《老子》以下说法中人们可能会得出"道"无味的结论:"乐与饵,过客止。道之出口,淡乎其无味,视之不足见,听之不足闻,用之不足既。"(第三十五章)"为无为,事无事,味无味。"(第六十三章)《老子》消解"五味",并不是不追求味,只不过他所追求的是特殊的"味",否则,"味无味"就无从说起。王弼说《老子》"以恬淡为味",(王弼注,楼宇烈校释:《老子道德经注校释》,中华书局,2008年,第164页)这还是有一定道理的。

体现。

从语词的使用情况看，中国传统出现了大量与味相关的概念，比如道味、理味、性味、情味、意味、兴味等。在《文心雕龙》中则有"余味""可味""遗味""辞味""义味""滋味"等。就这些语词出现的时间看，"味"与道、理、性、情等词的结合出现在魏晋南北朝时期，但其实质的关联则出现在先秦，乃至更早的思想传统中。

众所周知，中国传统思想世界中的"道"不同于认识论意义上的"真理"，它不是对世界万物的反映，而是世界万物自身的呈现。道与人不相离，但它不是主体的一种意识形式，更不是康德意义上的主体的先天固有的范畴。道可现于人，或人以人的方式可以呈现道，而这只是道的呈现方式之一种，而且绝非唯一的呈现方式。在古人眼中，"道"是器之道，是气之道，是物之道，因而道同器、气、物一样是客观的。但天道同样是人道，对于人来说，作为价值理想的道是真善美的统一，它既是规律，也是规则、规范、理想。对道的趋近、追求本身是有意义的，得道则能使身安命立。简言之，道具有召唤人的结构特性，对人有意味。

道所具有的召唤结构既体现于以自然为宗的道家，也体现于以本体论与伦理学的统一为其基本特征的儒家。我们通常说，道家重"天道"，儒家重"人道"。就内容上看，"天道"既指自然之"天"，也指人性中之"天性"，前者为《老子》所重，《庄子》则更重后者。《老子》说，"道"是本体，是天人生成的根据、存在的依托。

> 道冲而用之或不盈，渊兮似万物之宗。（《老子》第四章）
>
> 道生之，德畜之，物形之，势成之，是以万物莫不尊道而贵德。（《老子》第五十一章）
>
> 道生一，一生二，二生三，三生万物。（《老子》第四十

二章)

"似万物之宗"不仅表明道在谱系上的尊贵,而且指明了一种"存在的法则"与理想的"存在的方式"。因此,对于人来说,天道不是与人没有关系的自在之物,而是不断在点化、规范、诱导着人的"老师"。

  孔德之容,惟道是从。(《老子》第四章)
  道常无为而无不为。侯王若能守之,万物将自化。(《老子》第三十七章)
  昔之得一者,天得一以清,地得一以宁,神得一以灵,谷得一以盈,万物得一以生,侯王得一以为天下贞。其致之。天无以清将恐裂,地无以宁将恐废,神无以灵将恐歇,谷无以盈将恐竭,万物无以生将恐灭,侯王无以贞将恐蹶。(《老子》第三十九章)
  人法地、地法天,天法道,道法自然。(《老子》第二十五章)

道创生了人与万物,也为万物与人提供了物之为物、人之为人的根据,并且以此护持着人与万物的存在。天道虽不直接以人道的方式呈现,但却一直为人道提供根据。人通过"师法"大道而得道,即得到存在的根据,也得到价值的根基与泉源。这样的大道于修道者意味深长,它既是"宗",是"母",也是"师";它既是人之所"出",也是人之所"从"与所"由"。

在孔子,天道虽"不可得而闻",但人道之道于人更显亲切。

  志于道,据于德,依于仁,游于艺。(《论语·述而》)
  朝闻道,夕死可矣。(《论语·里仁》)

人道的内容表现为礼乐仁义，它们不是对人的实然层面的描述，而指向完善人格的培育，人与人之间、人与万物之间谐和亲密的共处，因此属于我们今天所说的"应然"范畴，属于人应当"志于""据于""依于""游于"的目标。道虽尊贵，但却不离日用常行，即体现于个体存在的生存过程之中。"道也者，不可须臾离也，可离非道也。……道不远人。"（《中庸》）"道者，万物之所由也，庶物失之者死，得之者生，为事逆之则败，顺之则成。"（《庄子·渔父》）道是实然与当然的统一，是事物存在、成败的根据，所以，万物与人在其存在过程之中都离不开道。道切近于每个个体，关注人的存在，可以满足人的需要，因而为人所"欲"。故朱熹说："圣人之道，如饥食渴饮。"[1] 戴震则进一步曰："出于身者，无非道也……道者，居处、饮食、言动，自身而周于身之所亲，无不该焉也。"[2] "饥食渴饮""出于身"表明道与个体存在的一体性，这也正是我们今日常说的道的"内在性"。

先秦哲学所确立起大道实然与应然、超越与内在相统一的方向赋予了"道"与"味"实质性的关联。这种关联也体现在后世所关注的"道味"之"味"的两层意思。首先，"道味"之"味"是指道的核心、主旨、本质，即道之为道、道区别于其他层次之物的超越性质，如：

苟心存道味，宁系白黑，望体此怀，不以守节为辞。[3]
若见饮食，当愿一切，弃累入净，存得**道味**。[4]
道味清可挹，文思高若翔。[5]

---

1 黎靖德编：《朱子语类》，中华书局，1994年，第129页
2 戴震：《戴震全集》，第一册，清华大学出版社，1991年，第196页。
3 《弘明集》，中华书局，2013年，第762页
4 张君房：《云笈七签》，中华书局，2003年，第832页。
5 范仲淹：《范仲淹全集》，中华书局，2020年，第27页。

> 学道几人知道味，谋生底物是生涯。[1]
>
> 精深涵道味，烂熳发天真。[2]

如我们所熟悉的，尽管"道"不离世界万物、人情礼俗而显现出"内在性"，但"道"与"世俗"还是存在着质的差别，"世味"追求的是"谋生底物"，"道味"取向则指向的是自由之境界，如天真之"山林"、无染之"净土"，以及先天未画之"形而上者"。

其次，"道味"之"味"指道之为道的东西对人的存在的相亲性。它可以如有滋味之物一样滋润、滋生、滋养人，故能吸引人、感召人。在中国思想世界中，"道"与"味"两者密切相关，"味"而通"道"，"道"而有"味"。对人有吸引力、相亲性，"有味"成为道的基本特征。

> 道味相附，悬绪自接，如乐之和，心声克协。（《文心雕龙·附会》）

"道"与"味"的结合（"道味相附"）不仅是"文"的要求，如我们上文所言，这也是"道"自身的要求。把"味"当作"道"的基本特征，乃至本质特征，这种趋向反映出在本体论上对人自身存在的关注胜于对客观世界的关注。不难理解，众多思想家对"道"的追思、建构最终都落实在"味"上，使"道"成为价值的泉源，源源不断地给予人以"情味""意味"。"道的世界"遂成为一个可以让人游、可以让人居的世界。这个世界吸引人，人不断进入这个世界，在这个世界安身立命。由于与人的目的、价值追求相联系，"道"始终对人内含着召唤结构，吸引人

---

[1] 元好问编，张静校注：《中州集校注》，中华书局，2018年，第1639页。
[2] 查慎行：《敬业堂诗集》，中华书局，2017年，第1288页。

与之相就。

"道味"使"道"保持着对人的诱导力，人就道、趋道而使道一直在道中路上。"道"之实践指向在儒家、道家都体现在谋道、弘道与"修道""行道"的一体化上："上士闻道，勤而行之。"（《老子》第四十一章）"博爱之谓仁，行而宜之之谓义，由是而之焉之谓道。"[1] 尝"道"之"味"既包含对道有所知、有所得，更指与道有所"合"，由之、行之而化之与身合。

不仅"道"有"味"，相应的思想系统都显示出与"味"的内在关联，"理"有"理味"，"情"有"情味"：

> 康僧渊在豫章，去郭数十里立精舍，旁连岭，带长川，芳林列于轩庭，清流激于堂宇。乃闲居研讲，希心理味。[2]
> 若染渍风流，则精义入微；研究理味，则妙契神用。[3]
> 垂问至圣显晦之迹，理味渊博。[4]

这里的"理"与"道"的含义接近，指向超越功利的自由境界。"理味"的这种意蕴只在魏晋南北朝时使用，宋明儒虽不用"理味"，却频频使用"意味""情味"等概念。有味与否是衡量情、意的一个重要尺度：有味的情才是真情，有味的意才称得上深长的意。

> 酒放半醺重九后，此时情味更无穷。[5]
> 文字讲得行，而意味未深者，正要本原上加功，须是持

---

1 《韩愈文集汇校笺注》，中华书局，2010年，第1页。
2 刘义庆著，徐震堮校笺：《世说新语校笺》，中华书局，1984年，第360页。
3 《弘明集》，第364页。
4 《弘明集》，第725页。
5 《邵雍集》，第235页。

敬。持敬以静为主。[1]

同"道"一样,"理""意"这些范畴都不仅表述自在的对象世界,而且重点表达人自身的理想境界,是实然与当然、应然的统一。所以,理、性、情、象同"道"一样皆亲切有味,可亲可爱。具体说,理、情、象(范畴)也具有召唤人的结构。真"情"之动可以感染人、吸引人,它直接且持续绵延地给予,品味者在此绵延中不断接受"味者"(物)的馈赠,同时品味者也自然地投入、参与、融入"真情"之中。

在文学鉴赏、评论中,"味"(情味、滋味)是真正的文学作品的标准,有"味"才称得上是"诗""词"或"文"。

> 是以四序纷回,而入兴贵闲;物色虽繁,而析辞尚简;使味飘飘而轻举,情晔晔而更新。(《文心雕龙·物色》)
>
> 永嘉时,贵黄、老,稍尚虚谈,于时篇什,理过其辞,淡乎寡味。……五言居文词之要,是众作之有滋味者也。……干之以风力,润之以丹彩,使味之者无极,闻之者动心,是诗之至也。(《诗品·序》)

"味"是物体本身的性质,人摄"味"入口而有"滋味"。有味者直接且持续绵延地给予,品味者在此绵延中不断接受"味者"(物)的馈赠,同时品味者也自然地投入、参与、融入"味者"之中。所以,有"滋味"者能来来回回起作用,能"回味无穷"——味可以"回"才可以至于"无穷"。所以,"味"既占用时间,要持续一段时间,同时也在来来回回过程中不断拓展着由"味者"(物)与"品味者"(人)所共同融合而成的生命空间。如果说"味"是以咸苦酸辛甘诸味来动人,那么,文学艺术则应

---

[1] 《朱子语类》,第151页。

当以情意之咸苦酸辛甘诸味亹亹不倦地感动品味者。传达大道的作品应当使"道"有"滋味"，使"味道（体味）者"有"味"可"体"，可以在"味"中见道。

成功的文学作品或以优美的景物吸引品味者进入生意盎然的世界，或以情意之咸苦酸辛甘诸味亹亹不倦地感动品味者。"始正而末奇，内明而外润，使玩之者无穷，味之者不厌矣。"（《文心雕龙·隐秀》）"词采葱蒨，音韵铿锵，使人味之亹亹不倦。"（《诗品·晋黄门郎张协》）在人与世界万物的交往中，色音明暗正奇都可以作用于人的感官而生"味"。不同的感官皆可得"味"，"味"成为各种感官、心灵与世界万物相互作用的"共同方式"。在文学鉴赏、评论中，"味"（情味、滋味）是真正的文学作品的标准，有"味"才称得上是好的"诗""词"或"文"。在我们今天生活中甚至有以"味"论人的说法，比如说"某人没有女人味"，"某人没有男人味"，"某人没有人味"，"某人是脱离低级趣味的人"，等等。这里，"味"指"女人""男人""人"之为"女人""男人""人"的一般性质与要素。当我们说"某人有味道"时，"味"则更多地指能引起他人兴趣的内在品质。

在中国传统哲学中，道、理为人所从所由而有味，一般的哲学范畴亦以与人相亲为基本特征，亦皆"有味"。传统的范畴被称为"象"，《系辞上》："子曰，'书不尽言，言不尽意'。然则圣人之意，其不可见乎？子曰，'圣人立象以尽意，设卦以尽情伪，系辞焉以尽其言'。圣人有以见天下之赜，而拟诸形容，象其物宜，是故谓之象。"中国哲人关注"意"，即是把握、表达展开于时与位之中的生命存在，这样的"意"有"味"才会绵延深长，无穷无尽。相应于此，把握它、传达它的方式必须是这种能体现展开着的生命的东西。在《易传》中，"象"就是这种能够把握、传达意的方式。"象"都是由两种对立的要素——阳爻与阴爻或两个本卦——构成，所以，在每个象之中以及象与象之间都充满了差异、对立与转换、运动变化。因此，这些"象"可以表述具体的存在，也可以表达随具体存在不断变化的感与意。建立在"味"之上的范畴通过"立象""取象"而成，"立"或"取"自觉赋予范畴以时间、空间特征及人的存在要素[1]。由于自觉把人的存在要素凝聚在"象"之中，所以象皆有"味"。

5. 味—道：有味之道的理解与把握

正如理解、把握以"味"为"本质"的物一样，对于道、理、性、情、意等有味者，借助、依靠纯粹客观的"看"等路径就不足以理解、把握它们。具体说就是，用纯粹知性的范畴以及相应的逻辑手段不足以证实、证明它们。以这样的方法或许可以把握道、理、性、情、意等"对象"之"实然"，但这样的方法对于有"味"之"道""理"，特别是以"味"为本质特征的"道""理"来说是不够的，对于它们或许只是些多余的、异质的"荒唐言""辛酸泪""痴"[2]。对于这些有味的存在，需要"知味""解味""得味"，需要"味道"。中国传统思想正是采用"味道"这种不同于纯粹客"观"的方法：

> 味道忘忧。[3]
> 有吕子者，精义味道。[4]
> 于是甘贫味道，研精坟典十余年。[5]
> 苟有卓然不群之士，不出户庭，潜志味道。[6]
> 学不为禄，味道忘贫。[7]

---

1 关于"象"的具体特征，请参见本书第五章、第六章。
2 借《红楼梦》第一回语。
3 曹植著，赵幼文校注：《曹植集校注》，中华书局，2016年，第580页。
4 嵇康著，戴明扬校注：《嵇康集校注》，中华书局，2014年，第428页。
5 傅亚庶撰：《孔丛子校释》，中华书局，2011年，第477页。
6 葛洪著，杨明照撰：《抱朴子外篇校笺》，中华书局，1991年，第82页。
7 《抱朴子外篇校笺》，第414页。

这里的"味"是动词，它有"尝味""玩味""体味"等意思。正如前文所述，尝味首先要"人"：对象人我，我人对象，两者相互融合而不是像现代科学活动那样需要物我之间相互分离、拉开距离、悬置自我式的精神准备。

中国传统思想世界中，道与味之间内在贯通规定着把握大道的特定方法论。道以其"味"呈现，以其"味"召唤每个人，那么，这样的大道就不能通过客观性的"看"来把握，而只能通过"味—道"这种特定方式来完成。"看"的距离性特征使"看者"与"所看"保持着距离，"味"的特征是"进入""与之和"而不是"拉开距离""客观把握"，这恰恰是以"化为己有"为鹄的的认识活动所需要的经验方式与思考方式。

"味—道"就是这种集"知—道""得—道""修—道"于一体的认识方式，也就是说，味道之味不仅有认识论意义，还包含工夫论、境界论指向。由体道而知道，体道、知道中包含着以身行道。作为得的"味"强调与有味者的接触，强调"进入"。道具有可入性，人凭此参与万物的生成，参与道的生成。道的无限开放性与不断延展性、生成性使道具有对人的包容性、吸引性，这给予践道者一定的时空位置（金岳霖所谓"浩浩荡荡"是也），容纳践道者这个人，要求践道者身位的介入。修道是使人与道相契合，既有人的承担，也有人的吸收、消化，道得以进入人的身心。对于道来说，人不承担道，或不显示道，则道晦暗不明，即无人道不明。道，行之而成。不明即无所谓道，或说不明道即不"成"。"明"是获得确定的方向、形式，"晦"是界限的模糊、消失。道之浩荡即在既有一定的形式，同时这些形式的界限又不断随着视线的移动而移动，最终指向无限。"人"的介入使视线得以生成，视域往往成为"明"之开启的因，同时也开启了一个个的"个"。"行"进一步使视线移动，视界移动，使道处于流动之中，幽明交替轮转，道得以开展，其完整面貌得以成。"行"使幽明交替轮转，使幽明相互通达，"通"也使个之"成"转化为个之"毁",一切皆通于"一",此即"道通为一",即是"一",则一个个之"个"也就失去了意义。距离、形式、界限都由于相互进入而弥合。在道家,进入世界万物,进入大道也就获得了"大味",即淡极了的终极的价值。

"现"何种"象"取决于以何种方式去"现",同样道理,"味"是以"味者"之"欲"为前提的。这个"欲"不仅是一种意向,更指特定的精神境界。在儒家,这个境界是"以仁观之"(仁已赅知);在道家,这个境界是"以道观之"(道已赅知)。味道之味是以特定境界为前提进入"道"的。庄子所谓以无厚入有间,以通万物,使万物为一,天下为一。"无厚"是刀刃之无厚,更是心灵之无厚,即自身与世界万物之间没有对立的界限,对人来说就是没有成见、偏见等障碍。心灵无厚,则无论万物之形体、界限,还是人、我、你以及善恶、美丑等等皆可相入而契合为一。唯有心灵无厚,才能把握大道之味,才能"得道"。

得道为"德",成德的前提是"知道",即觉知到"道",觉知到道对自己的意义。"知道"进而把握道、接近道、进入道,同时道到来,来到自身。此觉知、接近、进入道而道进入人的活动也就是"味道"一词题中之意。"味"的首要特征是"进入",但具体说来实即揣摩、摸索普遍性的道如何适用于人,即在特殊情境下,人如何落实道。味拉近道与人的距离,努力将道之普遍性与不同个体的特殊情况结合起来。在此意义上,味道又是一种诠释方式。味的层次即进入道的深浅,是所成德之层次的标志。为保存已有德,需要持续地味道;在已有德的层次上还必须不断味道,以使德不断深入与完善。由味道而得道不排除通过耳闻目见、与他人交谈而"知道"。这个"知道"即初步知道之"有",了解有"道"这样的东西,但它毕竟还只是外在于己的。味道是品味、体味道与己的关系,是努力建立道与己的关联,是让道与己互相融摄,道来到自身,己进入道。当道进入自身,道包含的展开的力量会使自身以其存在来展开道、演绎道,此即"行道"。

因此,"味—道"既"成智"又"成德",其中既涉及普通认识论的主题,也涵摄德性如何培养等德性论主题,更涉及一般意义上的存在论追求。在后一意义上,整个存在的展开被规定为向道的无限接近,"味—道"被确立为人所应有的生存情态。在儒家,存在论意义上的味道表现为以"仁"这种特定的方式展开绵延之存在,"非礼勿视,非礼勿听,非礼勿言,非礼勿动"以否定的方式表述了这一趋向。在孔子,以"礼"视、听、言、动即以"仁"视、听、言、动,即以礼、仁"味"之,以礼、仁"感"之[1]。

> 圣人含道映物,贤者澄怀味象。至于山水,质有趣灵……夫圣人以神法道而贤者通,山水以形媚道而仁者乐,不亦几乎?[2]

我们以朱熹为例来看看"味道"活动的特征。

起始阶段,刚开始阅读经典可能会千头万绪,不着边际。应以何种方式理解圣贤言语呢?朱熹说:

> 今人只将作个大底事说,不切己了,全无益。一向去前人说中乘虚接渺,妄取许多枝蔓,只见远了,只见无益于己。圣贤千言万语,尽自多了。前辈说得分晓了,如何不切己去理会!……如人吃饭,方知滋味,如不吃饭,只要摊出在外面与人看,济人济己都不得。[3]

首先要把圣贤言语与自己的存在联系起来,而不应当脱离自身存

---

1 关于"味"与"感"的勾连,请参见本书第三章。
2 宗炳:《画山水序》,引自张彦远撰《历代名画记》,浙江人民美术出版社,2019 年,第 103—104 页。
3 《朱子语类》,第 140 页。

在去做抽象的思辨。接近圣贤言语，进入其中才能有益于己，吃了才能知味，才能"切己"。

切己的东西对自身才有感染力，反过来，主体进入，尝了滋味之后，"道"对自身才会起作用，才会形成进一步追求的动力。这也为"味道"过程得以进一步展开提供了动力。朱熹说：

> 然而实是见得入头处，也自不解住了，自要做去，他自得些滋味了。如吃果子相似：未识滋味时，吃也得，不消吃也得；到识滋味了，要住，自住不得。[1]

在朱熹看来，以切己的滋味（个体自身的情感认同、趣味、乐趣）作为行动的动力因可以保障"味道"过程持续不断地展开，所谓"要住，自住不得"就体现了个体自身认同、个体趣味、乐趣形成动力的强大。按照亚里士多德四因说，切己的滋味、趣味、乐趣属于情感质料，可以发现，以滋味这种情感质料为动力因的思想显然不同于亚里士多德以形式因为动力因的思想。

识得滋味，有了追求的动力并不表明主体已经得味、知味，更不能说已经得道、知道。朱熹说：

> 严立功程，宽着意思，久之，自当有味，不可求欲速之功。[2]

> "为学如何做工夫？"曰："不过是切己，便的当。……体认省察，一毫不可放过。理明学至，件件是自家物事。……《雅》《颂》之诗，何尝一言一句不说道理，何尝深潜谛玩，无有滋味，只是人不曾子细看。"[3]

---

[1] 《朱子语类》，第132页。
[2] 《朱子语类》，第136页。
[3] 《朱子语类》，第140—141页。

道是整体，又展开为一个时间性的过程。因此，味道也需要在过程中开展，在时间之流中积淀。把每一个细节与自身存在相对照，使之变成自身存在的有机要素，这都需要物我之间反复不断地给予、接受。主体反复不断地出入道理，不断地把道与自身的存在联系起来，这即是人们经常强调的理解道的方式——"玩味"：

> 须是玩味。
>
> 咬得破时，正好咀味。
>
> 若只是握得一个鹘仑底果子，不知里面是酸，是咸，是苦，是涩。须是与他嚼破，便见滋味。1

"咬破""嚼破"是指品味过程深化、深入到物或道的核心处，物味、道味完全呈现、涌现出来，涌现出来的本味入我深，我入其味亦深，这样我才能真正进入道之中，道我才能完全融合，我才能知味、得味。

当然，人要识味、知味，必须拥有特定的精神准备。如何见得深长之味？朱熹对此亦有论述：

> 文字讲得行，而意味未深者，正要本原上加功，须是持敬。持敬以静为主。2

不同思想境界会品出不同的意味，深长的意味必须以高深的思想境界为前提。有时，人们直接以"味"来谈论思想境界，比如佛教的"三时三味"说就是以味的逐步提高来说明修行境界的提高以至完成（天台宗智者大师）。朱熹则直接使用"涵味"概

---

1 《朱子语类》，第 145 页。
2 《朱子语类》，第 151 页。

念[1]。如何才能达到高明的境界？不同的思想家对此所强调的并不同，有的强调"诚"，有的强调"敬"，有的强调"净"或"静"。大致说来，儒家强调"诚""敬"；道家强调"静"；佛家强调"净"。而这些精神准备又同修行工夫相关，所以，儒道释三家大道之学最终都要落实到涵养工夫上。

6. 谁解其中味——重味的普遍意义

在中国传统思想世界中，不仅以味论饮食，而且对味进行了思想的聚焦，以味辨物（医学、农学），以味辨诗文（文学），以味论乐（音乐），以味论道（道学）：

> 子在齐闻《韶》，三月不知肉味，曰："不图为乐之至于斯也。"（《论语·述而》）
> （神农）尝百草滋味，一日而七十毒，由是医方兴焉。（《淮南子·修务训》）
> 阙大羹之遗味，同朱弦之清汜。[2]
> 辨于味，而后可以言诗也。[3]
> （论诗）以味不以形。[4]

在对味焦点关注时不难发现，传统思想世界对味的思考深刻而丰富，于是有了正味、邪味、本味、至味等概念，于是味也就有了政治意义："后世必有以味亡其国者。"（《战国策》卷七《惠

---

[1] 如"大凡义理积得多后，贯通了，自然见效。不是今日理会得一件，便要做一件用。……不然，读得这一件，却将来排凑做。韩昌黎论为文，便也要读书涵味多后，自然好"（《朱子语类》，第175—176页）。
[2] 陆机著，刘运好校注整理：《陆士衡文集校注》，凤凰出版社，2007年，第44页。
[3] 《司空表圣文集》，第193页。
[4] 杨万里撰，辛更儒笺校：《杨万里集笺校》，中华书局，2007年，第3230页。

王》)"人有言,'伊尹以割烹要汤',有诸?"(《孟子·万章上》)"(伊尹)负鼎俎,以滋味说汤,致于王道。"(《史记·殷本纪》)这些概念中味的意义尽管都有差别,但仍有相对稳定的、一以贯之的东西:就对象来说,它有味,对于人来说它有吸引力、感染力,与人的自身存在关联密切,对人有意义、起作用[1];就人来说,理解、把握它们需要与对象亲密接触、融合,这就是人们通常说的"体味"。体味出来的"所得"由于与对象的质料及人的存在相互结合而有着精微的变化。"凡味之本,水最为始。五味三材,九沸九变,火为之纪。时疾时徐,灭腥去臊除膻,必以其胜,无失其理。调和之事,必以甘酸苦辛咸,先后多少,其齐甚微,皆有自起。鼎中之变,精妙微纤,口弗能言,志弗能喻,若射御之微,阴阳之化,四时之数。"(《吕氏春秋·孝行览·本味》)物、道皆有阴阳、四时之化,味与射御之微、阴阳之化、四时之数密切相关,因此,一般的语言概念不足以或无法表达它。

在人与世界万物的交往中,万物之色音、明暗、正奇都可以作用于人之身心而生出诸"味"。不仅口舌可得味,其他的官觉皆可得"味","味"成为各种官觉、心灵与世界万物相互作用的"共同方式"。所以,我们会说绘画有味,音乐有味,思想有味。

谈到思想之味不能不谈"回味"。在中国人心目中,"够味"的东西必然有"余味",有"余味"才可以绵绵不断地召唤人来品尝,才可以使人不断地回来。有味的东西可能已经不复存在,但它的"余味"却能够继续存在。就品味者来说,物之"味"可能已经不再停留在感官上,但这份物我交融、交互作用的经验却留在记忆中,使品味者可以不断地返回、出入"味"之中,给予其新的意味。"回味"使人回到已经经验过的过去,使已经经验过的过去来到现在。过去、现在、我、物(或道、理)融合在一

---

[1] 五味中每一味进入五脏中的特定脏,有益亦有伤。

起，过去之物来到现在之我，继续作用于现在之我，源源不断地给予我新的感受与意义。所以，"回味"同"反思"一样可以提供思想源泉，不同的是，回味同样是通过物我交融的形式，而反思则把物（或道、理）当作对象来对待。回味可以给出令人悦服的意味，也可以给出惹人批判的意味，而且可以结合当下的存在处境进行意味选择，用今天的话说就是，"回味"是认知、评价、选择、建构的有机统一。传统注经式活动给我们提供了生动的"回味"素材资源，解释学、诠释学称作"解味学"也许更为合适。

三　感：以心灵味世界

"味"与阴阳四时的交错展现出中国传统思想在经验及理性结构上的特殊性。事实上，我们从中国古代另一个神话，即伏羲画八卦，以及其后不断得到神圣化的《周易》可以更清楚地看出中国传统经验方式与思想方式的特性，后者与神农尝百草所展示的极其一致：强调人与人、人与物、人与世界之间的交互相感。味所展示的经验结构在思想层面上与《易》之"感"是一致的。获得"感"即如获得"味"一样要通过物与人之间持续的交互作用，动词"感"就表述了这种物我之间的交互作用方式，同时也展示出人的一种特殊的存在方式。

"感"之官有眼、耳、鼻、舌、身，更重要的是"心"。视觉、听觉都在长期文化演进中被"味化""感化"，其他感官活动、心灵活动亦如此。来知德精辟地发挥《易传》说："周公立爻象曰'拇'，曰'腓'，曰'股'，曰'憧憧'，曰'脢'，曰'辅颊'，曰'舌'，一身皆感焉。盖艮止则感之专，兑悦则应之至。是以四体百骸，从拇而上，自舌而下，无往而非感矣。"[1] 如下文所论，诸官之"感"是以"味"为原型的一种存在者之间的交往方式、思考方式，同时也是一种存在方式，即物与人这种持续交互作用的方式。"感"不限于经验方式，它也是一种理性活动方式：在概念层次上，"象"与感相应；在思考方式上，不是"沉思"（以视觉为原型的思考方式）而是"感思"；在把握目标上，感所通的是"幽明之故"。这样就在各个层次上塑造了独具一格的"感文化"。"感"与"味"之间是如何关联的呢？

1. "咸"：从"味"到"感"

从词源看，"咸"为本字，"鹹""感"为孳乳字。甲骨文有"咸"字而无"鹹"字（比如，甲骨文卜辞有"咸截渤"），"鹹"由"卤"字与"咸"字合成。甲骨文"咸"（𢦏）字从戌从口，甲骨文"戌"（中）是一种兵器。金文"咸"从"戈"从"人"从"口"。关于"戌"或"戈"与"口"合成什么意义，众说纷纭，或以为一家出一口人服兵役，故有"皆"义；或以为行刑时戌下口出声，咸是"喊"的初字；或以为戌下血流，咸是"减"字的初字；或以为"咸"指坚如戈，且能作用于人之口的"盐"，转指盐的味道，乃"鹹"的初字。本书作者以为，以盐、鹹解"咸"之意义最佳，"咸"本字之"皆"义、"交合"（交感）义都可以依据"鹹"字得解，并且能够贯穿于"五行""八卦""阴阳"等中国传统核心观念之中。

① 盐、鹹与咸

就甲骨文"咸"字看，它从戌从口；金文"咸"从戈，从人，从口。"戌"或"戈"与"口"相聚而成的"咸"有坚物入口的意思。据著名历史学家、民族学家任乃强推测，此如坚戈一

---

[1] 来知德：《周易集注》，九州出版社，2004年，第74页。

样能入口而具有刺激性的东西乃是"盐"。盐之性为咸,在古人那里,拥有"咸"之性的乃是同一种类之物,"咸"就成了"盐"的代名词[1]。

盐对先民的生活影响巨大,小至个人生存,大至部落政治,盐都起到至关重要作用,甚至影响到文明的程度。据任乃强考察,中华文明首先是围绕盐产地而展开的:"河东解池地区,大河绕于前,群山阻于后,山谷盘错,沮洳泻卤,甚不利于农业文化的发展,而乃偏偏最先成为孕育中华文化的核心地区。尧都平阳、舜都蒲阪、禹都安邑,都是围绕解池立国。由解池这个核心向四方推进,又才有河南的伊洛文化、河内的殷墟文化、渭水平原的周秦文化和汾水盆地的晋文化发展起来。"[2] 解池是古代最出名的产盐之地,较尧舜更早的黄帝、蚩尤为争此盐池而动干戈,黄帝胜利而华夏文明随之昌盛。南方巴楚文化同样围绕盐泉而建立:"大宁的宝源山,有两眼盐泉涌出咸水来,经原始社会的猎人发现了。进入煮盐运销之后,这个偏僻荒凉的山区,曾经发展成为长江中上游的文化中心(巴楚文化的核心)。"[3] 盐为生存必需品,且有地域性,在上古时代,拥有盐即可通过交换而获得各种财富,因此,盐被当作一"宝"[4]。由盐的交易而使产盐

---

[1] "咸,从戈与人、口。示盐之味具刺激性。加心,为感觉之感。加水,则味减,故为减退之减。箴、鍼皆取盐味刺激之义为字。故可设想:咸字即古用以表示食盐之字。……咸味为人人同嗜,盐溶于水,集体易得平享,故又引申为普遍之义。……可说明咸字在我国文化史上,产生很早,皆依食盐之义。即必有一个地区曾呼食盐为'咸'。"(任乃强:《说盐》)"咸"字金文从"戈""人""口",金文的"戈"与甲骨文的"戌"都是兵器,所以,解"咸"为"人""口""戈"与甲骨文含义亦不悖。

[2] 见任乃强:《说盐》,《盐业史研究》1988 年,第 1 期。

[3] 同上。

[4] 盐字为"鹽",意为放在特定器皿中,有大臣专门主管的东西。不管是放在器皿中,还是有大臣专门主管,都向我们透露出盐的重要性。由其宝贵,故近盐之地成为一"大利"。《左传·成公六年》:"晋人谋去故绛。诸大夫皆曰:'必居郇瑕氏之地、沃饶而近盬。国利君乐,不可失也。'""近盬"(转下页)

地成为众部落集聚中心，从而各种智慧得以积聚与加速增长。在这个意义上，盐既是经济助推剂，也是文化助推剂。

《易》以"咸"来命名卦，这与《易》之作者亦有历史的关联。《系辞下》说："古者包牺氏之王天下也，仰则观象于天，俯则观法于地……于是始作八卦。"据考证，包牺氏即我们通常所的"伏羲氏"，他来自制盐技术高超的古羌族。任乃强指出："中原食盐，最先就是从西方青藏高原输入的，解池煮盐的发明的时间，大有可能在羌盐输销之后。因为相传最古的伏羲氏，就有可能是古羌族行盐入中原定居的部落。并且直至汉代，陇西地区都还是吃的羌盐。中华古史，吸收有羌族文化的因素很多，解池晒盐的方法，有可能受羌族取盐方法的启迪。"[1] 伏羲氏拥有高超的制盐技术，其对盐的性质有深刻的认识与体验。伏羲仰观俯察不可能遗忘、丢弃这样与其生活息息相关的体验与认识，更有可能的是将这样熟悉的经验普遍化，以之作准绳来理解人与世界。

《系辞》说圣人创设八卦是为了"通神明之德，类万物之情"，我们看到，"咸"卦确是可以"通神明之德，类万物之情"的。以"咸"类盐之情，以把握盐之类。那么"咸"怎样通神明之德呢？我们知道，咸能够刺激打动人，远古之人似乎就是利用咸的这样特性作比拟，以为如其能打动人一样可以通神。在古代典籍中，人们屡屡以"巫咸"来称呼以筮术为业的巫师，其原因就在于这些巫拥有"咸"的本领，即能够与神交通。《尚书·君奭》："巫咸乂王家。"《世本·作篇》："巫咸作筮。"《史记·殷本纪》："巫咸治王家有成。"《太平御览》卷七九引《归藏》："昔黄帝与炎帝争斗涿鹿之野，将战，筮于巫咸。"郭璞《巫咸山赋》：

（接上页）可使"国利君乐"，足见盐的贵重。盐在西周祭祀礼仪上有重要的意义，《周礼·天官》曰："朝事之笾，其实形盐。"又曰："祭宗庙盐曰咸鹾。"《左传·僖公三十年》则曰："盐虎形，以献其功。"把它制成虎形，用来表彰取得大功的人。此皆示盐之珍贵。

[1] 参见任乃强：《说盐》，《盐业史研究》1988年，第1期。

"盖巫咸者，实以鸿术为帝尧医。"这些巫咸活动的时间上自黄帝，下至殷帝，因而不可能是一人，而是一类能通神巫师的泛称。另据考证，以筮术出名的巫咸，乃是出自产盐、制盐得名的"巫咸国"。"大荒之中有山，名曰丰沮玉门，日月所入。有灵山，巫咸，巫即、巫盼、巫彭、巫姑、巫真、巫礼、巫抵、巫谢、巫罗十巫从此升降，百药爰在。"（《山海经·大荒西经》）"巫咸国在女丑北，右手操青蛇，左手操赤蛇，在登葆山，群巫所从上下也。"（《山海经·海外西经》）任乃强指出："巫咸等十巫所升降的'灵山'即上古产盐的巫山。"[1] 咸乃盐之性味，两者可以相互变通，咸即是盐。古代呼盐为咸，咸有打动人的能力，众巫正是将咸通人、通物的能力夸大为通上下、通神人天地的能力，而有从灵山升降上下以通天地神人之说。在远古，卜筮是《易》的一个极其重要的功能，作《易》者与众巫一样要通天地鬼神。他（们）最常做的就是"近取诸身"，将咸经验（身与盐互动）普遍化为一种存在者之间的关系模式。当然，"咸"味之普遍化，其中亦有对咸味作用夸大与神秘化的成分。

② 鹹、咸与"五行"

最早对"咸"味进行理论描述的是《尚书·洪范》，其曰："一五行：一曰水，二曰火，三曰木，四曰金，五曰土。水曰润下，火曰炎上，木曰曲直，金曰从革，土爰稼穑。润下作咸，炎上作苦，曲直作酸，从革作辛，稼穑作甘。"此段揭示"味"从何而来、其根据何在等等问题。从水、火、木、金、土五行，马上转到其对人的性质，再直接以五味承之。五行是五种基本的生活物质，五者对人皆有作用，皆有味者也。五味由五行"作"出，即由五行"生发"，换言之，五味是五行之性。这里的咸是指味道之咸。从"五行"说来看，润下与咸作为水的质的规定性在"五行"中占据首位，咸在五味中占据首位。把握五行的途径

---

[1] 参见任乃强：《说盐》，《盐业史研究》1988年，第1期。

是先把握其性质，而五味是其首要的性质。我们知道，事物的"味"皆可"味"（尝味、体味、玩味）而"观"之不可见，把握五味的途径只能是"味"而不是"看"。这种原始的经验随着五行说的流行而成为主导的文化经验，并上升为思想道路，中国传统所谓"味道"是也。

作为五味之一味，咸首先是水与盐的"交合"。因此，咸兼有水与盐的特征与作用。《说文解字》说："鹹，坚也，衔也。""鹹，衔也"即盐遇口，融化而生咸味[1]。所谓"鹹，坚也"[2]，即是指其中盐的特征与作用。咸随水来，咸来水即来，故咸随水而有润下之功用。咸之润下又不同于水之润下，由于其中有盐这样的坚物，咸水较之单纯的水更有穿透力：它可以如同"戍""戈"这些坚物一样作用于人的感官；也可以如此穿透他物，成为他物之一部分而使之坚硬，如咸水入土使土成为盐碱土，入食物而使食物保存得更持久（腌肉、腌菜）。所以，咸之入物既如水一般润下，而又如坚戈一般具有穿透性。

咸不仅是水与盐之合，对于人来说，它还是五行之情与人之欲的"合"。咸既润口，又如坚戈一样击中、穿透人之口；另一方面，口尝味盐（咸）时，既受其润，又受其如坚戈一般的刺激，所感触必敏感而愉悦。人欲咸，欲与咸通、与咸合，由与咸

---

[1] 康德对盐与口所成之"咸"，亦即味觉的特性亦有精当的描述："味觉和嗅觉的感官两者都是主观性多于客观性的……这两种感觉都是由盐类（固态的和挥发的）而刺激起来的，一些盐必须溶解于口中唾液，另一些盐必须逸散于空气中，它们都必须渗进感官，才能给感官带来它们的特殊感觉。……最高的三种感官属于机械作用的，较低的两种属于化学作用的。前者是知觉的（表面的）感官，后者是享受的（最内在地被吸收的）感官。"（《实用人类学》，重庆出版社，1987年，第37页）与视觉、听觉、触觉这些"机械作用的"感觉相比，化学性的味觉更多主观性，其所成之"味"是感官对气味的吸收，是人与物的交合。

[2] 类似的说法有很多，如（汉）班固《白虎通》："所以北方鹹者，万物鹹与所以坚之也，犹五味得鹹乃坚也。"（隋）萧吉《五行大义》："北方鹹，物所以坚之也。犹五味得鹹乃坚也。"（清）汪昂《本草备要》："凡酸者能涩能收，苦者能泻能燥能坚，甘者能补能缓，辛者能散能横行，咸者能下能软坚。"

合而其欲得以满足。王夫之基于此对"味"的结构进行过精微的剖析。他认为，"味"首先是人与"五行"之间的互动，即"人动以欲，五行动以情"；其次，"味"是"五行"对人之"合"，即"合于人之舌与脏"。"五行本无适味。如木则五味俱有……盖自其一定者而言之，则天下之物无有正味……五味者，合于人之舌与脏，而见以为咸、苦、酸、辛、甘尔。有所合者必因乎动。人动以欲，五行动以情。润下、炎上、曲直、从革、稼穑者，情也。作者，动也。作动以变，而五味生焉。水不咸，而润下者咸。可煮为盐者，水之润下者也。"1 "有所合者必因乎动"，盐以咸动人，人以其欲迎之。盐为人身体的必需品，人欲盐乃是正常、正当的需要2。就饮食来说，咸是一种能独立存在的味道，咸味也是各种复合味的基础味道，不可或缺。国人自《尚书·说命》起已对此有高度自觉："若作和羹，尔唯盐梅。"咸和酸乃是和羹之必要条件。咸为五味之冠，百吃不厌。中医学则对咸与人体的关系做了理论的阐发，如《素问·阴阳应象大论》曰："水生咸，咸生肾，肾生骨髓。"《周礼·天官冢宰》则曰："五味、五谷、五药养其病"，"以酸养骨、以辛养筋、以咸养脉、以苦养气、以甘养肉、以滑养窍"。咸与肾五行皆属水，故咸味具有补肾作用。"咸入肾""咸养脉"，咸有调节人体细胞和血液渗透、保持正常代谢的功效。因此，对盐动欲、欲咸乃是人的正当的生理需要。

③ 从五味之"咸"到"咸"卦之"咸"

作《易》者为什么以"咸"来命名上兑下艮这个卦呢？在用之命名此卦之前，"咸"是何义？上兑下艮，其意为"交合"。将

---

1 《船山全书》，第二册，第142页。
2 《礼记·杂记》曰："功衰食菜果，饮水浆，无盐酪，不能食食，盐酪可也。"在丧礼时，心情哀戚，胃口不好，没有咸味，吃不下去，加点盐酪才可食。当时盐很珍贵，甚至被当作奢侈品，故处丧要节盐。但基于盐对人生存的重要性，即使奢侈，也应该食用。

从戌（或从戈）从口的"咸"解为"喊"的初文与此义差之千里，将之解为"感"的初文与其本字亦有出入，且有以今（具体说即以《象》）释古之嫌。以"鹹"义释"咸"，"咸"卦的命名问题就与上兑下艮之象相吻合了。就味来说，咸是水与盐的交合，是五行之情与人之欲的交合；就巫术来说，咸是人与天地鬼神的交合（巫咸）；而在八卦系统中，"咸"则表述的是阴阳两类存在者之间的"交合"。《易·咸》曰：

初六，咸其拇。六二，咸其腓，凶。居吉。九三，咸其股，执其随，往吝。九四，贞吉。悔亡。憧憧往来，朋从尔思。九五，咸其脢，无悔。上六，咸其辅颊舌。

《易·咸》之卦辞是"艮下兑上"，爻辞则涉及"拇、腓、股、脢、辅、颊、舌"之交接。《象传》把"咸"解释为"感"，这使"咸"超出了"鹹"之水与盐合、五行之情与人之欲合，而有了新的意义。不过，"超出"并不意味着"脱离"，咸卦之咸与五味之咸还是具有明显关联的。我们先撇开其"感"来看看"咸"义。就《易经》来说，"咸"表述的是"山上有泽""男下女""艮下兑上""柔上刚下"等两种对立势力之间相互吸引、相互成就的存在事象。在这些事象中，"山上有泽"乃是其本象，"男下女""艮下兑上""柔上刚下"则是本象的引申与普遍化。就本象看，"咸"涉及两种实物：泽与山。《说卦》曰："天地定位，山泽通气。"《程氏易传》曰："泽性润下，土性受润，泽在山上而其渐润通彻，是二物之气相感通也。"[1] 以"二气相通"来解释山泽关系是《传》对《经》的发挥，就《经》来说，我们看到的还只是表述泽润下与山承上这种关系所成就的通彻象状。泽能润，山能坚能承受，此正是我们前文所提及咸味之"咸"的

---

[1] 《二程集》，第855页。

两种品性，而两种品性相互吸引、交合而成就的正是典型的咸味之"咸"象。

以"山上有泽"立象一方面鲜明地呈现了"咸"味之"咸"的结构、性状，以"咸"命名该卦不正是此意吗？另一方面，通过立象而成为一卦，其意义又超出咸味之咸而指向类的普遍性，"男下女"将咸卦之义引申到人类社会，"艮下兑上""柔上刚下""二气感应以相与"则将咸卦表述为贯穿于人与自然界的一种普遍的存在模式与思想道路。所以，以咸命名此卦，不仅仅是利用其名，更主要的是利用其内涵：以五味之一的"咸"来诠释上兑下艮，同时也以上兑下艮诠释"咸"。这样做的结果是使咸味之咸普遍化为一种结构或模式，即两个存在者之间交往互动、相互吸取、相互成就。以"二气感应"为特征，"咸"卦强调的正是两存在者之间的互动。在这个意义上，咸也成为"阴阳"说之阴阳关系的理想模型。由此，"咸"同时体现着阴阳说、五行说、八卦说的核心精神，也使这几种理论得以贯通，从而既在各种理论视域内，又在共同作用中形成重视交感（咸）的文化传统。

④ "咸"的普遍性以及"咸"之"皆"义

"咸"还有"皆"义，这在经典中随处可见，如：

敦商之旅，克咸厥功。（《诗·鲁颂·閟宫》）
王肇称殷礼，祀于新邑，咸序无文。（《尚书·洛诰》）
小赐不咸。（《国语·鲁语上》）

明确揭示出"咸"的"普遍""全部""共同"含义的是《庄子》《尔雅》。"周、遍、咸，三者异名同实，其指一也。"（《庄子·知北游》）《尔雅·释诂》曰："咸，皆也。""咸"为什么能够被理解为"皆"呢？

从五行、五味说，"口之于味，有同耆焉"。"咸"是五味之首，也是五味之本，它也最易为大家接受，因而是最具有普遍性、共同性的味道。从这个意义上说,"咸"可引申为公共、共同、普遍的性质。另说"盐溶于水,集体易得平享,故又引申为普遍之义"[1] 似乎亦可通。就《易》来说,当"咸"被普遍化为一种存在模式与思想道路,如同咸味一样,它同时也会被当作共同可欲的价值目标与事物的共同性质,即被当作"共同""普遍"。

"咸"之"皆"义源于其"交合"义,因而许多以"皆"为义的"咸"仍与"交合"义相通。《易》中"咸亨""咸宁""咸临"之"咸",一般都解为"皆"。实际上,在《易》中,这些"咸"字的意义都与"咸"卦之"咸"的意义相关,其义是"交感"。它是描述、形容阴阳交合状态的动词与名词,而不是形容其后词的副词,即因"咸"而"亨",因"咸"而"宁",由"咸"而"临"。杭辛斋的解释可证之:

> 乾《彖》曰:"首出庶物,万国咸宁。"坤《彖》曰:"含弘光大,品物咸亨。"此以赞乾坤化育之功,皆阴阳合德,交相为用,乾用九以变坤,坤用六以承乾,仅一"咸"字,已将乾坤两卦绾合,有天地氤氲之妙。……夫"庶物"与"万国",皆坤象焉,乾元"首出",久道化成,于是乎有"咸宁"之庆。"弘"与"大",皆乾象焉,而坤能"含"之"光"之,于是乎"品物"有"咸亨"之象。然而乾之"咸宁",宁于坤焉,而坤之"咸亨",亨于乾焉,交互错综,妙合无间,神哉化工之笔也。至临之"咸临",姤之"咸章",皆以一"咸"字以形容阴阳构合之妙。[2]

《易》中"咸"都是形容阴阳构合之妙的,而不是将之作为副词范围其后之词的。

---

[1] 任乃强:《说盐》,《盐业史研究》1988年,第1期。
[2] 杭辛斋:《学易笔谈·读易杂识》,辽宁教育出版社,1997年,第90—91页。

> 屯卦继乾坤而居《序卦》之首，曰"刚柔始交"，"刚柔"者乾坤也，"交"者刚柔之互也，"始"者赅六十二卦之辞。[1]

六十四卦乾坤皆交，"咸"不仅是独立的一卦，不仅被置于下经之首卦而具有重要意义，而且它也是贯穿于所有卦之中的一卦。故"咸"是存在者之间普遍的性质与关系。由于将"咸"理解为揭示万物自身性质的词，表述的是万物自身的普遍性质，"咸"就有了"皆"的意思。

"咸"为阴阳之交合，由交合而和谐。由此，咸有"交通、和谐"义。正因为咸有"和"义，它就成为人们积极追寻的价值目标。《尚书·皋陶谟》曰："皋陶曰：'都！在知人，在安民。'禹曰：'吁！咸若时，惟帝其难之。'"《尚书·无逸》："自朝至于日中昃，不遑暇食，用咸和万民。"《左传·僖公二十四年》："昔周公吊二叔之不咸，故封建亲戚，以蕃屏周。""咸若"即"若咸"，是指和谐的效果与状态，这里指帝王教化的效果，即万物皆能顺其性，应其实，得其宜。"咸和"则指由交合而达到的协和、和睦状态。"不咸"则指不配合而导致的不和睦、不同心。

⑤ 咸与感

《咸·彖》以"感"解"咸"，使"咸"发展出"感"义：

> 咸，感也。柔上而刚下，二气感应以相与。止而说，男下女，是以"亨利贞，取女吉"也。天地感而万物化生，圣人感人心而天下和平。观其所感，而天地万物之情可见矣。

在这里，《彖》以"感"解释"咸"，遂使"咸"的意义进一步扩展到天地、刚柔、万物、男女。《序卦传》则给出了"感"的顺

---

[1] 杭辛斋：《学易笔谈·读易杂识》，第29页。

序:"有天地然后有万物,有万物然后有男女,有男女然后有夫妇,有夫妇然后有父子,有父子然后有君臣,有君臣然后有上下,有上下然后礼义有所措。"天地、万物、男女、夫妇、父子、君臣、上下涵盖了人类生存所面对的整个世界,"咸"则是贯穿这些领域的统一原则。但《彖》不再拘泥于无心之"咸"而以有心之"感"来阐释这个原则,原因何在呢?

惠栋曰:"咸、感古今字耳。"[1] 他以为古代的"咸"就是"感"字,这显然模糊了两字之界限。从两字起源看,"感"晚出,由"咸"与"心"二义组合而成。如果两者为同一字,那么,为什么还要劳神在"咸"之下加上个"心"呢?强调"心"出于何意?从我们前文考察中可以知道,"咸"最初指味道之"咸",后来"咸"义扩大到人与天地鬼神之合,而新造出"鹹"字表示味道之"咸",以示两者之差别。当其意义进一步扩展到表达人与人交合,人与物交合,特别是人有心追求这种交合时,"有心之咸"更能表现这种"咸"的状况与特质[2]。先儒对此多有自觉:

> 咸,感也,以说为主;恒,常也,以正为本……男女相感之深,莫如少者,故二少为咸也。……咸,感也。不曰感者,咸有皆义,男女交相感也。物之相感,莫如男女,而少复甚焉。凡君臣上下,以至万物,皆有相感之道。物之相感,则有亨通之理。君臣能相感,则君臣之道通;上下能相感,则上下之志通;以至父子、夫妇、亲戚、朋友,皆情意

---

1 惠栋撰,郑万耕点校:《周易述》,中华书局,2007年,第167页。
2 金景芳说:"过去都讲咸,不讲感,以为感是无心之感。我看不应这样解释。古代的咸字就是感字。后来在咸字上加一个心字。"(《周易讲座》,广西师范大学出版社,2005年,第224页)金氏注意到古代咸字具有感义以及单讲无心之感的局限。但对于咸、感两种交合方式的差异似乎注意不够。咸、感的差异在于感为咸义之引申与扩展,分解地说,咸包括无心之感与有心之感。

相感，则和顺而亨通。事物皆然，故咸有亨之理也。……九四无所取，直言感之道，不言咸其心，感乃心也。四在中而居上，当心之位，故为感之主，而言感之道：贞正则吉而悔亡，感不以正，则有悔也。……夫以思虑之私心感物，所感狭矣。[1]

"咸"者，感也，不曰咸者，咸有皆义，男女皆相感也。……凡天下之事，无心以感之者，寂也，不能感也；有心以感之者，私也，非所感也。惟心虽感之，而感之至公，无所容心于其间，则无所不感矣。故卦去其心，而象加其心。[2]

咸，感也。不曰感而曰咸。咸，皆也。无心之感，无所不感。所谓寂然不动，感而遂通天下之故者。若有心于感，则非《易》之道矣。故卦名咸。[3]

程氏、来氏以公私来论裁有心与无心之感固有些道理，但咸卦所指显然不仅是指人的"有心"与"无心"、感的有我或无我，还指有心之人之感与无心之物之感，所谓"咸，皆也"正指的是咸道的普遍性。不曰感而曰咸，是因为有心之感不足以涵盖感的范围，无心之咸才可以涵盖万物之间普遍的状态、关系、性质。"咸"既是普遍的性质，自然可以转化为普遍性的符号或象征，或它即是普遍性，即是"皆""同""共"。现代学者杭辛斋对此有精当的阐发，他说：

咸《象》曰"感也"，而咸无心……盖有心之感出于人，不可以为咸也。必感而无心，乃纯出乎天然，其感始至。且

---

[1] 《二程集》，第854—858页。
[2] 《周易集注》，第373—374页。
[3] 陈梦雷：《周易浅述》，九州出版社，2004年，第198页。

有感而无应，亦非感也。[1]

咸者，"二气感应以相与"，天地变化之根本，人事往复之枢纽也。六十四卦《序卦》无咸，而六十四卦之汇皆在于咸。[2]

咸无心而感有心，无心之咸包括无心之物与物交合，也包括有心之人与无心之物的交合。人之感仅指后者，不过，它可以区分为有我之感与无我之感。有私虑的为有我之感，无私虑的为无我之感。无私虑即是无心，以公心感即是有心之感。咸涵盖天地人事，指万物中任意两存在者之间的往来不已的交互作用。感出于人，限于人，指两有心之人之间的相互往来。一说感，其中就包括两者之"往来"，单说人之感通，乃略言也。我与物之感，详言之，即我到达物，以我触物，物则以其自身回应我，来到我这里，物我往来不已，故我可"通"物。二气感应乃直接从存在论上说，其范围包含天地人事，其精神贯穿于《易》之始终，所谓"六十四卦之汇皆在于咸"。所以，"咸"与"感"的意义并不等同。《象》把"咸"解释为"感"，"咸"的意义被限定在有心之感，从而突出了人在交互作用中的地位，使之具有了认识论的意义。

感是有心之咸，所以感既像水能浸润万物，又像坚戈一样具有强大的穿透力，足以击中、穿透所感之物。因此，感也是一种味（体味）物的方式。目光不能穿透交感变化而有味的世界，但感可以润泽、穿透万物，通达万物并将万物带到自身以化己，此即传统所谓"感通"是也。现代西方哲人康德称味觉为"化学性"感觉，称口与气味相互吸取，相互成就。在中国文化中，味觉如是，视觉、听觉，乃至拇、腓、股、脢、辅、颊等一身皆感

---

[1] 杭辛斋：《学易笔谈·读易杂识》，第 273—274 页。
[2] 杭辛斋：《学易笔谈·读易杂识》，第 272 页。

焉，一身皆与万物（不仅气味）进行化学反应：彼此交养成就，人与物之间互变互化，此乃中国文化一个鲜明特质。

⑥ 咸、感与知

"鹹"不等同于"咸"，但"鹹"是"咸"的一种，是一种有滋味的"咸"；"感"是有心之"咸"，也可以说是有心之"鹹"。"咸"卦之"咸"可以看作五味之"咸"的功用，由"咸"卦之"咸"引申来的"感"与咸味之"咸"亦有深刻的关联。万物有味，把握有味的万物需要"味之"。人之"味物"，即以其口作戈，尝味万物，击中、嚼碎、湿润、穿透、通达万物，确定万物之为万物。在思想文化层次上，人同样以"味"的方式确定物之为物，即以语词击中、嚼碎、湿润、穿透、通达"文"，确定文之"情味""意味""韵味""道味""品味"，把握文之"意旨"，玩味精神意味。"味之甜者，甘；适口而有余味者，旨。甘故旨，旨不必甘也。尊者之教命曰旨，言其适人心事理，而意味深长也。若意有所向在言语行迹之表者，曰'意恉'，则从旨从心，其概作'旨'者，省。"[1] 人之尝味、玩味皆为有心之"味"，即"感"也。天地、万物、阴阳、男女皆交感不已，把握此有感之天地万物、有味之人情事态需要"感而通之"。有感而可"通"天地万物，可"知"天地万物。以"感"为根基与根据的"知"因而拥有特别的意义。

《说文解字》卷五曰："知，词也。从口，从矢。""知"由"矢""口"构成，其原始含义也与两义相关，而与"咸"所组成的"戈"（或"戌"）、"口"的意义大体一致，两者都是"口"与利器之合。在这个意义上"知"与"咸""感"为一类。事实上，在中国文化中，"知"展开的正是两个不同存在者之间交往、互动的关系。《诗·芄兰》首章有"能不我知"句，而与之相对的次章为"能不我甲"。按照《毛传》的训解，"甲"当为"狎"

---

[1] 《船山全书》，第九册，第167页。

字的借用。"狎"就是不端正的交往态度与方式。与之相对照,"知"就是一种正当的、端正的交往态度与交往方式。《荀子·不苟》亦曰:"君子易知而难狎。""知"有交接、结交之意。古语有"知交"一词,"知"即"交"也。以交接、交往来训解"知"在先秦时代相当普遍。《庄子·庚桑楚》有"知者,接也"。《墨辩·经上》亦曰:"知,接也。"《易传·系辞上》言:"乾知大始,坤作成物。"王念孙在《经义述闻》解释道:"知犹为也,为亦作也。""知"与"作"同义,具有"作为、展开"之意。乾坤之"知"即乾坤两种性质不同的力量相互作用,创造并成就天地万物。所以,此"知"有交感、交合义。不过,随着人的自觉,正如无心之"咸"会向有心之"感"转化,有了"心"之后,原本表述两物交互作用的活动往往易为人所主,而使"感""知"成为人所主宰的活动[1],甚至仅仅被理解为人内在的精神状态,现代所谓"知识"是也。

就词源看,鹹、感都源于"咸";就意义谱系看,由鹹而咸而感,三义的演化与关联展示出中国传统重"感"文化的源与流。就味来说,鹹是水与盐的交合,是五行之情与人之欲的交合;就巫术来说,咸是人与天地鬼神的交合(巫咸);而在八卦系统中,"咸"表述的是阴阳两类存在者之间的"交合","有心之咸"("感")表述的是有心之人与他者的交合,"知"同样展示着不同存在者之间交合、交通的存在关系。由鹹到咸,从咸到感,这正是"五行"与"八卦""阴阳"诸说共同塑造的思想道路。

---

[1] 尽管《彖》以有心之"感"解《咸》拓展了两物之间的交合作用,但它强调的仍是两者之"相互关系"。较之《彖》,王夫之无疑更明确了"知"的主体性质(知之"主"义):"知,本训云'词也'。矢口者,言词也。通为明也、晓也者,凡矢口而即可言者,必其已明晓者也。知之明,则可以主持而任为之,故借为主也、任也、司也,'乾知大始'是已。"(《船山全书》,第九册,第167—168页)"知"之"主、任"义为"明、晓"义之转借,以"主"解"知"可看作对《系辞》的发展。

2. 一身皆感焉：诸觉之"感化"及其影响

味觉优先，特别是味觉向"感"的扩展，使得味觉成为其他"官觉"的样板。对于这些官觉来说，味觉已经成为它们追逐的方向与目标。正如古希腊哲学中，视觉优先导致其他官觉的视觉化一样，"味觉化""感化"成为其他官觉——包括身体之觉及心觉——之必经之路。

① 视觉、听觉之感化

在诸官觉中，耳目为人提供了最多的信息。就认知说，它们提供了事物的实然信息，但耳目不仅关注外界到底是什么，还关注外界对自己的作用、意义，也就是说，外物不仅作为"实在"（"实"）出现，更重要的是作为耳目之感（"欲"）的相关物出现。耳目之感包含着主体的期待与希求，即期待、希求所感之物或人的回应：所感之物或人以何种方式到来，有利于己或有害于己，等等。

就功能看，"眼"是"看"，即看对象之"所是"。但如我们前文所论，在中国思想世界中，占据主流地位的不是"纯粹的看"，不是"以实观之"，而是"以礼观之""以仁观之""以道观之""以象观之"等方式的"看"。所看的不仅是对象之实然，更重要的是对象之"意味"，也就是说，眼睛不仅在看对象是什么，不仅在摄取对象的信息，而且还在接受这个存在者，在相应地交流，把自己给予对方，在等待另一个存在者的反馈。"看"不再是同时性地展开，它像"（玩）味"一样物我来来回回、相互作用而持续绵延，占用时间。这样的眼睛一边在看，一边在"传神"。在中国哲学中眼睛亦能感，且善感。

> 夫耳目，心之枢机也。（《国语·周语下》）
> 存乎人者，莫良乎眸子，眸子不能掩其恶。胸中正，则

眸子瞭焉；胸中不正，则眸子眊焉。听其言也，观其眸子，人焉廋哉。(《孟子·离娄上》)

眸子（眼睛）是整个人的集中、典型的体现，它所呈现、给予的（瞭或眊）是整个的人（正或不正），它与事物（或他人）交往实际是这个人与他人的交往。这里强调的不是隐去主体的"看"，而恰恰突显了目光的主体性质。

> 顾长康画人，或数年不点精。人问其故？顾曰："四体妍蚩，本无关乎妙处；传神写照，正在阿堵中。"[1]
> 王尚书尝看王右军夫人，问："眼耳未觉恶不？"答曰："发白齿落，属乎形骸；至于眼耳，关乎神明，那可便与人隔？"[2]

"传神写照"，是把神传出去，是通过眼睛，神与物交，神与物游。强调眼睛给予、投入、参与，而不是理解为"镜式"反映。顾恺之对眼睛的看法具有代表性，眼耳关乎神明，所以眼睛主要的作用不是"看"，而是"传神写照"，是感。既是"感"，那么，不仅眼睛不会与所看拉开距离，单独关注对象之所是，且主体也不能成为纯粹观看的主体。眼睛成为与他者交往、交流、交互作用的载体，不仅是手段式的说法"桥梁"，而且他者"来"则接应之，"往"则与之。宗炳将此表述为"应目会心"：

> 夫以应目会心为理者，类之成巧，则目亦同应，心亦俱会。应会感神，神超理得，虽复虚求幽岩，何以加焉？又神本亡端，栖形感类，理入影迹，诚能妙写，亦诚尽矣。[3]

---

[1]《世说新语校笺》，第388页。
[2]《世说新语校笺》，第378—379页。
[3] 宗炳：《画山水序》，引自张彦远撰《历代名画记》，第103—104页。

对于这些中国的思想家来说，视觉不是单向的投射，而是与世界万物不断地交往。所看到的不仅是对象的形色，还有对方对看者的反应，因此，所看之中又包含自己，自我与外物相互交融。所看之中，有物有我，物我相互进入而交融为一，此以"往而返"的方式活动正是"味"或"感"的特征，可以说，眼睛不仅在"看"，更重要的是在"感"，用眼睛在"感"。"传神写照""应目会心"深刻地揭示了万物对自身的作用性质，而不是人对万物的"模仿"或"反映"。

就听觉说，按照古希腊的观念，听觉与视觉一样是一种距离性官觉；或按照康德的理论，听觉与视觉一样是一种"机械性感觉"，即听者与所听不会发生相互作用，特别是化学性作用。显然，这都是单纯从"认知"角度得出的结论。事实上，正如"纯粹的看"是一种文化理想一样，"纯粹的听"——纯粹认知意义上的听——也只是西方的一种文化理想。在中国思想世界中，"听"与"看"一样是以特定价值观念为主导的，听觉同样也经历着"味化""感化"。

听觉对应着声响，对声响的理解在不同文化中是有差异的。《礼记·乐记》对声响进行了自觉区分与规定："凡音之起，由人心生也。人心之动，物使之然也。感于物而动，故形于声。声相应。故生变；变成方，谓之音。比音而乐之，及干戚羽旄，谓之乐……声成文，谓之音。……凡音者，生于人心者也；乐者，通伦理者也。""声""音""乐"[1] 之区分是建立在"礼乐"文化系

---

[1] 有意思的是，罗兰·巴特与《乐记》一样也将听的对象划分为三种。首先，"声"是一种单纯的"标示"。其次，"声成文谓之音"，"文"即有规则的"符号"，即"节奏"。罗兰·巴特称"第二种听，即对于意义的听"。第三，"乐"是"通伦理者也"，即与他人通、与群体通，即是"我听"与"请听我"的统一。罗兰·巴特说："在生物的整个发展阶段中和在人类的整个历史进程中，听的对象，在对其最为一般类型的考虑中，一直在变化或者已经变化了。由此，为了极大地简化，我们下面提出三种听的类型。根据第一种听，生命存在物将其听力引向一些标示；在这个层次上，没有任何东西可以将（转下页）

统之上的，它们之差异首先是文化的差异而不是自然之"质"的差异。相应于三者的区分，听者也被划分为三种。"知声而不知音者，禽兽是也；知音而不知乐者，众庶是也。唯君子为能知乐。是故，审声以知音，审音以知乐，审乐以知政，而治道备矣。是故，不知声者不可与言音，不知音者不可与言乐。"（《礼记·乐记》）"声""音""乐"三个等级对应的是"禽兽""众庶""君子"三种价值存在。"乐"在此价值等级中占据着最高位

（接上页）动物与人分开……我们可以说，这第一种听是一种警示。第二种听是一种辨识：我们通过耳朵尽力接收的东西，都是些符号；无疑，人就是在此开始：我听，就如同我阅读，也就是说按照某些规则行事。最后，第三种听并不针对一些确定的、分出类别的符号：不是被说出的东西，或者被发送的东西，而是正在说、正在发送的东西；它被认为形成于一种跨主观的空间，而在这种空间里，'我听'也意味着'请听我'。"（罗兰·巴特：《显义与晦义》，百花文艺出版社，2005年，第251—252页）不同的是，罗兰·巴特认为，"对于意义的听"最终导向的不是"通伦理者"，而是终极的存在——上帝："听，便处于解除昏暗、模糊或缄默的东西之编码的姿态，以便使意义的'底细'显示出来。由这第二种听所导致的沟通是宗教性的：这种沟通将听的主体与神的隐藏世界联系起来。……听，非常好地是福音动词：正是对于神的言语的听聚拢着信仰，因为人正是借助于这种听而与上帝联系起来了。"（同上，第254—255页）"这第二种听，仅以一种动作就成了宗教性的和破释性的：它同时使神圣和秘密富有意愿性（为科学地破释而听，历史、社会、身体，在世俗借口下，仍然都是一种宗教态度）。那么，听寻求破释什么呢？基本上似乎是两种东西：未来（因为未来属于神）或错误（因为错误产生于上帝的目光）。……一旦宗教内心化，那被探测的东西，便是内心性，即心的秘密：错误。……首批基督教徒所听的东西，仍然还是外部的声音，即魔鬼或天使的声音；听的对象是逐渐地内在化，直至变成纯粹的意识。"（同上，第256页）在罗兰·巴特看来，现代的"听"不同于基督教意义上的"听"，它是一种"相互主观性"之"听"："现代之听的原型工具即电话，将两个伙伴汇聚在一种理想的相互主观性（必要时，是一种难以容忍的相互主观性，因为它是纯粹的）之中，因为这种工具废除听觉以外的所有意义。开启整个电话沟通的听之秩序，邀请另一个将其整个身体收拢在他的嗓音之中，并宣告：我为自己将全部的一切收拢在我的耳朵里。像第一次听将声音转换成标示一样，这第二次听将人变成了二元主体：督促导致一种对话，在对话中，听者的沉寂像说话者的言语一样是主动的，听在说话。"（同上，第257—258页）"相互主观性"建立在"二元主体"之上，两者间的"听"是"听"平等的对方之"体"，是不可能相互进入对方，成为"一体"的"听"。

置,这使声响之价值化成为听觉理所当然的对象,也使听觉摆脱客观的、不关于己的距离性的姿态,以种种方式进入与他者的交往过程中。孔子曰:"非礼勿听。"(《论语·颜渊》)荀子曰,"以学心听"(《荀子·正名》),"以礼听"。这些听的方式与普通的"听"的差异在于,后者仅仅关注声音本身,关注其强弱、高低,以及与其他声音间的差异;前者则首先关注的是声音的发出者、制造者,并根据声音的发出者的具体差异,以之为基准调整自身接受与反应的态度与姿态。更可注意的是,在这样的听与被听之间不是单向的接受、反应,事实上,被听者亦因听者之差异,因应之而做出种种反应、调整。听与被听双方就处于这样互相影响与相互因应之中。

因此,听者与被听者彼此交融推动着"听"这一事件的展开,听的内容即所听继而超出声响的范围而指向声响之"意味"。当"耳"指向"意味",搜寻"意味",不仅声响成为被听者,甚至是"无声",甚至是"形色"等等都可以成为听的对象。《周礼·秋官司寇》有:"以五声听狱讼,求民情:一曰辞听,二曰色听,三曰气听,四曰耳听,五曰目听。"正如贾公彦所云:"案下五事,惟辞听是声,而以五声目之者,四事虽不是声,亦以声为本故也。"[1] "辞"为"声"好理解,因为"辞"表现为"声响",但"色""气""耳""目"并不表现为"声",但它们如何能"听"呢?贾公彦说它们"以声为本","声"怎样就成为它们的"本"了呢?实际上,将它们落实到"意味"层面更容易理解。"色""气""耳""目"都是与听者相对的另一存在者"意味"之所寄,都如"辞"一样表现发自于"心"的"意味"。因此,它们都如"辞"一样可以被"听"到。

道家对于"听"同样给出与儒家相似的价值等级,《老子》主张"塞其兑",即关闭耳目官觉,因为纯粹的声响并不是为道

---

[1] 转引自孙诒让:《周礼正义》,中华书局,2000年,第2770页。

者追寻的目标，他们追寻的是"希声"之"大音"[1]。大音与普通声音的差异在于，后者常侵扰乃至损害人的听觉以及人的自然本性，而前者则与人的自然本性相协和，所以，《老子》往往将"希声"之"大音"与"大道"相提并论。《老子》第十四章曰："听之不闻，名曰希。"第三十五章曰："道之出口，淡乎其无味，视之不足见，听之不足闻，用之不足既。"与"五音"相较，"大音"与"大道"处于同一价值序列，它们都拒绝耳目官觉的接近。

在《庄子》看来，"通天下一气耳"（《庄子·知北游》）。声音如其他万物一样，其本原只是"气"。"夫大块噫气，其名为风。是唯无作，作则万窍怒呺。而独不闻之翏翏乎？山林之畏佳，大木百围之窍穴，似鼻，似口，似耳，似枅，似圈，似臼，似洼者，似污者；激者，謞者，叱者，吸者，叫者，譹者，宎者，咬者，前者唱于而随者唱喁。泠风则小和，飘风则大和，厉风济则众窍为虚，而独不见之调调之刁刁乎……地籁则众窍是已，人籁则比竹是已，敢问天籁……夫吹万不同，而使其自己也，咸其自取，怒者其谁邪！"（《庄子·齐物论》）"人籁"是人吹"比竹"之"气"，"地籁"是风吹"众窍"之"气"，"天籁"是自作自取之"气"。尽管都是"气"，但作者不同，其声亦显示出质的差异。"人籁""地籁""天籁"在价值上是递升的，"天籁"是大道的品格，也是"听"的终极目标。如何"听"天籁呢？《庄子》的回答是"听之以气"：

> 若一志，无听之以耳而听之以心，无听之以心而听之以气。听止于耳，心止于符。气也者，虚而待物者也。唯道集虚。虚者，心斋也。（《庄子·人间世》）

---

[1] 所谓"大音希声"（《老子》第四十一章），"五音令人耳聋"（《老子》第十二章）。

"听之以耳"是最低境界，耳之官对应的是"声"，即最单纯的标示、警示。"听之以耳"，"所听"也就以每个"耳"为限。"听之以心"更进一步，它以特定的目标"符"（合也）为限，其实质是以个人欲望为趋向，以辨别、区分为特征的活动，指向的是"有限"。所听限于辨别之"心"，以心听导向的是有限自身的沉沦。"听之以气"是最高境界。气以"虚"而周流贯通，不断超越有限的个体心，以己之"气"与"大块噫气"通、与"天籁"通，最终指向一气流贯的道域。

"以耳听""以心听""以气听"在《文子》中得到进一步发挥：

> 文子〔平王〕问道，老子〔文子〕曰：学问不精，听道不深。凡听者，将以达智也，将以成行也，将以致功名也。不精不明，不深不达。故上学以神听，中学以心听，下学以耳听。以耳听者，学在皮肤；以心听者，学在肌肉；以神听者，学在骨髓。故听之不深，即知之不明；知之不明，即不能尽精；不能尽其精，即行之不成。凡听之理，虚心清静，损气无盛，无思无虑，目无妄视，耳无苟听，专精积稸，内意盈并，既以得之，必固守之，必长久之。（《文子·道德》）

"听"与"学""知""行"联系起来，最终指向"道"。如前文所论，"以耳听""以心听""以神听"不仅是拉开距离而客观地了解对象之"实然"，且彰显的是"进入事物""进入道"的秩序，从"皮肤""肌肉""骨髓"之喻我们不难发现"进入性"之努力。

在"气一元论"传统中，万物被理解为"气"所流变，"声"是一种"气"，故声可"听"，而又可"闻"；道不离"气"，故道可"听"且可"闻"。《论语·里仁》："朝闻道，夕死可矣。"《韩非子·十过》:"共王驾而自往,入其喔中,闻酒臭而还。"韩愈《师说》:"闻道有先后,术业有专攻。""闻"对应着耳,同时也兼指鼻的活动。"耳"通"鼻"在中医"闻诊"中体现得尤其明显。听声音和嗅气味同时被纳入"望闻问切"四诊之"闻诊",前者凭听觉了解病人的言语、呼吸、咳嗽、呻吟等声音变化,后者凭嗅觉辨别病人的口气、体气和排泄物的气味。听觉与嗅觉合一从存在论上说是源于"声""气""味"的一体性,而听觉对"进入性""相通性"的追求也在不断靠近我们前文所分析的味觉。

② 诸觉之感化:噬嗑、预感

在古代中国人的观念中,个人被视作一个合阴阳的有机整体,被视作一个小宇宙。在这个有机体内部,每个部位之"位"虽不同,但各个部位相互协调、合作而维系着生命体的正常运行。部位都是"整体"的部位,比如《黄帝内经》说:"心者,君主之官也,神明出焉。肺者,相传之官,治节出焉。肝者,将军之官,谋虑出焉。胆者,中正之官,决断出焉。膻中者,臣使之官,喜乐出焉。脾胃者,仓廪之官,五味出焉。大肠者,传道之官,变化出焉。小肠者,受盛之官,化物出焉。肾者,作强之官,伎巧出焉。三焦者,决渎之官,水道出焉。膀胱者,州都之官,津液藏焉。气化则能出矣。凡此十二官者,不得相失也。故主明则下安,以此养生则寿,殁世不殆,以为天下则大昌。主不明则十二官危,使道闭塞而不通,形乃大伤,以此养生则殃,以为天下者,其宗大危。"(《素问·灵兰秘典论》)这里列举的都还是内部脏腑,但它们所应对处理的既包括内部状况,也包含外部世界的状况。"官"是"位",它有"职",有"责",职责虽不同,但都指向、都养着作为"整体"之"人"。一官失职,往往形伤身危。众官所维持的"整体"需要在世界上生存,这个整体需要顺应自然,随着阴阳四时之转化更谢而调整自身,因此要"天地盈虚,与时消息"(《易·丰》),"终日乾乾,与时偕行"

（《易·乾·文言》），"损益盈虚，与时偕行"（《易·损·彖》），"凡益之道，与时偕行"（《易·益·彖》）。

当然，"与时消息""与时偕行"之"时"不是单指物理时间。正如汉字"時"字所示，它涉及的是"日"（天、阳）、"土"（地、阴）及"寸"（人所制作测量时间的根据），指天地阴阳盈虚的状况。人要"与时"，整个身体系统就要对着天地阴阳开放，就要感受之、适应之。"夫四时阴阳者，万物之根本也，所以圣人春夏养阳，秋冬养阴，以从其根，故与万物沉浮于生长之门。"（《素问·四气调神大论》）"与时"不是守着空洞的仪表，而是与鲜明的四季合拍，与实实在在的万物共鸣、共舞，就是"与万物沉浮于生长之门"。

当然，这处于沉浮之中的万物对人并不都是温情脉脉，四时阴阳按照其自身节奏运行不息而导致天地氤氲激荡不已，它对身处其中的人的意味也变化不已。如中医所谓"风、寒、暑、湿、燥、火"等"六气"，它本指六种天地阴阳盈虚类型，当人能"与时消息""与时偕行"而康健谐和，"六气"于人有滋养之功，遂被称为"六元"，即人的六种根本；当人不能"与时消息""与时偕行"，"六气"就会破坏人体相对的动态平衡，成为引发外感病的致病因素。人们称侵犯人体而致人发病的"六气"为"六淫""六邪"。

就人体之官觉说，对应"六气"的不是"鼻""口"，也不是我们通常所说的"触觉"，而是整个身体系统。"六气"笼罩着此中一呼一吸的人，对着所有的官觉产生直接的利害关系，人对"六气"之"感"亦是整个身体的接受与适应。不仅耳目发肤等外在官觉在"感"，五脏六腑亦通过外官觉而"感"，所谓"五气入鼻，藏于心肺……五味入口，藏于肠胃……"（《素问·六节藏象论》）。外官觉之所感所应都汇集在内脏腑，内脏腑对之再做出相应的感应。通过事关利害之"感"，身体系统才能在阴阳激荡中保持相对的平衡。

不仅如此，在社会上生存的人还需要应对他人的目光，个人的身体发肤、言行衣着都关系着个人的"尊严"。孔子曰："非礼勿动。"（《论语·颜渊》）《系辞上》曰："言出乎身，加乎民；行发乎迩，见乎远。言行，君子之枢机。枢机之发，荣辱之主也。言行，君子之所以动天地也，可不慎乎！"任何所"动"在外都会"动天地"，"动天地"反过来又关乎动者之"荣辱"，这一往一返既涉及内又波及外，既指向他者又回归己身，此正所谓"一身皆感焉"。

所以，不仅眼耳舌能感，"自舌而下"的各部位皆是"整个的人"的身体部位，因此它们皆有感。十指连心，不仅疼痛时指与心皆有感，事实上，作为统一的人的有机部分的各部位在特定情境下都可算是"此人"，都可证实、代表"此人"。某人有"感"的情状是，他的各部位皆有感。窘迫时，浑身不自在，手足失措，目光迷茫。外物、外部情境（他人的目光亦可）或许仅仅让他的某一个部位受"感"，但这个部位不仅在做刺激反应式的反应，而且领会到它的"意味"，在为"此人"骄傲、羞耻，在为此人而"感"。

《易》之《噬嗑》卦则表达了更细致的机体活动——咬嚼——之"感"：

（震下离上）噬嗑：亨。利用狱。《彖》曰：颐中有物，曰"噬嗑"。"噬嗑"而"亨"，刚柔分，动而明。雷电合而章，柔得中而上行，虽不当位，"利用狱"也。《象》曰：雷电，"噬嗑"；先王以明罚敕法。初九：屦校灭趾，无咎。六二：噬肤灭鼻，无咎。六三：噬腊肉，遇毒。小吝，无咎。九四：噬干胏，得金矢。利艰贞，吉。六五：噬干肉，得黄金。贞厉，无咎。上九：何校灭耳，凶。

"噬嗑"意为"咬嚼"，如我们所知，"噬嗑"本是一普通的生理活动，但将其活动秩序转为"用狱"活动，而能明事、明狱，这就具有了普遍的意义。《易》以"雷""电"两象表达"咬嚼"，《象》说："刚柔分，动而明，雷电合而章。"通过"咬嚼"而辨明是非，即能使"狱""明""章"。"噬肤""噬腊肉""噬干胏""噬干肉"是"咬嚼"不同类型的事物，"无咎""吉"则是咬嚼的可期遇的效果。"噬嗑"因此可以看作"尝味"的更细致的表述。《序卦传》："可观而后有所合，故受之以《噬嗑》。嗑者，合也。""合"是我与"物"的合，咬嚼使我与物合，牙齿像雷电一样切断物，由断而明其味，而知对噬嗑者的利与害等意味。由咬嚼食物而转至明断利害之"用狱"，"噬嗑"如"味"一样成为物我交往的一种"式"。《系辞下》曰："日中为市，致天下之民，聚天下之货，交易而退，各得其所，盖取诸《噬嗑》。""聚货"而"交易"，既需"明"，亦需"断"，是"明"与"断"之合。市之交易行为的目的是使人"各得其所"，是"各人"之"得"之"合"。

正如罗兰·巴特所说，对意义的"听""处于解除昏暗、模糊或缄默的东西之编码的姿态，以便使意义的'底细'显示出来"。并且，"听"一直寻求破释"两种东西"，即"未来（因为未来属于神）或错误（因为错误产生于上帝的目光）"。[1] 事实上，当视觉之"看"、触觉之"触"、嗅觉之"臭"以及"味觉"之"味"不再单纯指向纯粹的标识而指向"意义"时，它们都担当起解除昏暗、模糊或缄默的责任，都会越过共时性存在而将之引向未来。

最后，谈谈"预感"。"预感"不是在时间上"预先"感到，不是先感到，再动用视觉去看、去听，而可能是以眼睛或耳朵首先捕捉到，但却没有看清楚、听明白其之所是，而只是对未来有些模糊的印象。这个印象具有方向性，即指向整个趋势、气氛对

---

[1]《显义与晦义》，第256页。

自己有何种意味,特别是可能的危险。因此,预感中的"看"或"听"不是"纯粹的看"或"纯粹的听",以耳目预感可能没有真切地看到什么或听到什么,但已经有所见、有所听。有时,预感可能以身体的"触觉"或"嗅觉"为主导,但即使在"触"或"嗅"的时候,也无须或不必闭上眼睛、塞住耳朵。耳目参与"感",用眼光、耳朵触摸着对自己有着某种意味的物体,而非刻意拉开距离以认真地、仔细地看或听。

正因为没有确切地看到或听到,许多时候,我们就把预感的官能交付给较之耳目这样的清明官能更"含混的"味觉、嗅觉、触觉。因而,我们有时把"预感"表述为"闻到……气息"、"嗅到……味道",如闻(嗅)到危险气息、死亡味道、年的味道,嗅到洋洋的"喜气"、幸福的味道,等等。对于充满某种气氛或味道的事物,当我们睁大眼睛、洗净耳朵去看或听,我们可能反而无法清楚地看到或听到。睁大眼睛、洗净耳朵所看到或听到的是客观实存的物体,而物体之味道需要耳目去"感":看到的或许是"大红""纯白""黄色",但(对中国人)"喜庆""丧葬""尊贵"等意味非"看"所能及。

③ 感——心官之感化:修养的意义

对"意味"的追寻、众觉之"感化"之所以可能,乃在于众官觉与"心"的关联,确切说是"心"的"感化"使众官觉之"感化"成为可能。"心"有许多层次,"心者,君主之官也,神明出焉"(《素问·灵兰秘典论》)。"心"作为"君主之官"其职责即在于自觉指导众官觉活动,主导它们的方向与活动内容。按照《孟子》的说法,"心"亦有具体职责,即以"思"为"职"。"耳目之官不思,而蔽于物,物交物,则引之而已矣。心之官则思,思则得之,不思则不得也。"(《孟子·告子上》)"耳目之官不思"之"耳目"当指"耳目"的自然功能。"听"与"看"不仅"不思",而且离开"心"的定向往往"听而不闻""视而不见"。"所闻""所见"都靠"心"来定位,但"心"靠什么来确定其活动样式?

《黄帝内经》认为,心官"神明出焉",具体说,它"无形"而"有为"。"明"就是日(阳)、月(阴)两者运行谐和,两者相交谐和。日(阳)月(阴)谐和运行,万物则获得生长的根本。心官"明"则诸官获得正常运行的前提保证,诸官才能各安其位、各司其职,整体上相对运行有序。这当然主要指的是生理层面的状态,但诸官要真正做到各安其位、各司其职,还需要"与时消息""与时偕行",对"四时阴阳"有敏锐的感受,要做到"与万物沉浮于生长之门"。所以,"心"之"神"主要体现在它的"与","与时""与万物"……"与"不仅体现在态度上的参与、谐和,更重要的是体现在"行"上、体现在"养"上,如"春夏养阳,秋冬养阴",等等。

孟子则将"心"活动的内容与活动方式之决定权交与"天",认为它是"天之所与我者"(《孟子·告子上》),"心"如何活动由天定。具体说,"心"包括"恻隐之心""羞恶之心""辞让之心""是非之心"等等。"心"以"恻隐""羞恶""辞让""是非"为内容而展开,这些"心"是每个人生而具有,无须"学""虑",所谓"人之所不学而能者,其良能也;所不虑而知者,其良知也"(《孟子·尽心上》)。王阳明则发挥曰:"知是心之本体,心自然会知。见父自然知孝,见兄自然知弟,见孺子入井自然知恻隐。"[1]"心自然知"的提法拒绝对心活动样式的进一步的追问,但我们通过与其他文化传统的对照已经了解,人类具有不同的"自然"。这些"自然"都是逐渐"生成"的,而且"心知"之形成与"不思"之"耳目"等官觉有着重要的因缘关系。西方思想家说,"视觉所及之处,心灵必能到达",我们不妨说,在中国,"味觉到达之处,心灵必能到达"。

我们在前文已论述,"感"义与"味"义有内在渊源,它指

---

1 《王文成公全书》,第8页。

的是"以心味",即心如口尝味万物一样活动。万物以"味"为本质,故突显出味觉的特殊意义,在方法论上相应地以"味"辨物。与此相似,万物的存在以"感"的方式展开,故需要以"感"把握。

感而遂通,不感则不通,对于人来说亦然。万物无心,其生长坏灭皆保持与他物之间的交通。就人之身体说,一呼一吸无时不在与天地之本原(气)交通。但常人皆有心,人之身行往往受心主导,人之感也莫能例外。有心感还是无心感,以何种方式去"感",甚至感还是不感,凡诸等等皆由"心"来决定。按照儒家、道家的理论,"心"大体可分为私心(以我、欲、利为实质)与公心(以公、道、义为心)。前者以我、欲、利为趋向,使之从原本自然交通的大化之流中独立出来,拒绝与他物、他人的相互交通的可能性而走向自身。拒绝相互的感应,停留在自身之内无法通达他者,更无法了解相感万物之真实存在。

儒家、道家为此发明许多方法破除私心之蔽。孔子有"四毋"说,"毋意、毋必、毋固、毋我"(《论语·子罕》)。按照朱熹的注解,"意"即"私意"。"必"为"期必",即以己意加诸人或物,期许其按照自己意志存在。"固"为"执滞"。"我"即"私己"。[1] 有此四者则我即是一切,己之外的他者或属于"我",或成为虽"有"实"无"的存在。"我"无意,也不能进入他者,更不能参与到万物的生化过程中去。孟子区分了"小体"与"大体",所谓"从其大体为大人,从其小体为小人"(《孟子·告子上》)。"小体"是指以己身之尺寸之肤为"体"者,"大体"是以"心"为"体"者。以尺寸之肤为体而仅爱、养尺寸之肤,则往往蔽于尺寸之肤而不见其余,所谓"养其一指而失其肩背,而不知也"(《孟子·告子上》)。以"心"为"体"之"大体"不为"尺寸之肤"所限,既爱身、养身,也能爱养他人之身,乃至

---

[1]《四书章句集注》,第109—120页。

上下与天地同流。"大体"在后世儒者曰"性",曰"心",曰"天理",等等,皆承载着"感"的使命。如张载所说:

> 圣人则不专以闻见为心,故能不专以闻见为用……天地生万物,所受虽不同,皆无须臾之不感……感者性之神,性者感之体。[1]

把"性"确立为"感"之"体",因为"性"不以"闻见"为用,不为闻见所限,因此能够感应、通达无限的存在。当张载说"德性所知,不萌于见闻",他实际上已经把"感"提升到形而上领域了。

在道家,《老子》主张"无心":"圣人常无心,以百姓心为心。善者吾善之,不善者吾亦善之,得善。信者吾信之,不信者吾亦信之,得信。圣人在天下,歙歙焉,为天下浑其心,圣人皆孩之。"(《老子》第四十九章)"无心"所"无"的是儒家的仁义礼智之心、普通人的功名利禄之心,这两者都可归结为自我之心,因此,所"无"的是自我之心,而非不用心。"以百姓心为心"并不是说"百姓心"就是圣人所用之心。实际上"以百姓心为心"只是"无心"的一个步骤而不是终点。"百姓心"还需要进一步提升,"浑""孩"就是提升的具体措施。百姓日常所执之心同"自我之心"一样,或者说,百姓心对于我来说是"他我之心"。这个"他我之心"也以某个"我"为中心,对人、我、世界万物进行分别、计较、谋划,所谓"浑""孩"就是敉平这种以"我"为中心的分别、计较、谋划,而使整个世界得以完整无遗地呈现,自然而然地展开。

庄子更细致地描述了"无心"的步骤:"参日而后能外天下;已外天下矣,吾又守之,七日而后能外物;已外物矣,吾又守

---

[1] 《张载集》,第63页。

之,九日而后能外生;已外生矣,而后能朝彻;朝彻,而后能见独;见独,而后能无古今;无古今,而后能入于不死不生。"(《庄子·大宗师》)"天下"于个人关系不甚密切,但又不是无关紧要的,它是个人存在展开的基本境域,"外天下"以此标志性地收缩欲望而指向大道。较之于"天下","物"对人意味至多而切近,它既是生养人的必需品,也是滋养乃至萦绕、充塞人之心的至近。日常生活之关切多围绕"物"以及名利等物的间接形态展开,因此,"外物"标志着对"分别""谋划"之心的超越。"外生"则更进一步,彻底摆脱一己之限而可以做心灵的无限的"逍遥游"。以此"外生"之心与物相处才能"与天地并生,与万物为一",才能自由出入古、今、生、死之域而万物得以自主其生死。

3. "看"与沉思

20世纪中国哲学界重建中国哲学的努力有两条鲜明的思路值得注意:其一是把本体论、方法论与道德哲学结合,这个思路以牟宗三为代表;其二是把本体论、方法论与逻辑学相结合,此路向以冯契为代表。第一条路线强调中国哲学的根基在于以道德体验、道德情感为基础的"智的直觉"。第二条路线则强调理性直觉与德性自证、思辨综合的统一。两条思路殊途同归,即皆把中国哲学的根基置放于特定的"思"的道路之上。

诚然,思历史地展开,其所呈现充满历史性,而对自身之"在"与所在之"世"的思则是哲学之思的任务与使命。自身之"在"与所在之"世"不断展开的性质又使所思及如何思呈现出多样性。思什么与如何思是统一的,广言之,存在与方法是统一的,特定存在由特定方法参与构成,特定存在则规定了通达、敞开特定存在的特定方法。同时,方法或"思"的方式又生发于"思者"的生存论结构之中,进一步揭示方法论的生存论基础对于确定哲学的根基与法度不无裨益。本节尝试从"看"与"感"出发,考察在此基础之上的思想道路,并以此为基础拓展"合法性"概念,即将合法性拓展到合乎法度——即合乎思的规则——之外,而指向"合时",即合乎自身之"在"与所在之"世"的展开之时,合法性首先是合时性。在此视野下尝试重新估量中国哲学的"合法性"。

在以"感"度量中国式思想之前,有必要来审视西方哲学中的"看"与"沉思"的特征。

西方哲学重视对视觉与"看"的研究,其"沉思"式思考方式也与视觉优先相一致而形成、发展。柏拉图在《蒂迈欧篇》中说,那种使人的身体保持温暖的、柔和的火焰会变为一种均匀而又细密的火流从人的眼睛喷射出来,从而在观看者与被观看的物体之间搭成一座实实在在的桥梁,这时外部物体发出的光线刺激便顺着这一桥梁进入眼睛,继而又从眼睛到达人的心灵。[1] 眼睛与心灵处理的是相同的对象,即事物的色、形、象及运动规律这些事物本身固有的"事实"。因此,眼睛是连接观看者与被观看事物的桥梁,通过眼睛可以把握对象。这个共同的对象被设定为物体固有的,因此,把握它就是如实地、不带成见地反映、呈现它。眼睛与其他感官相比,成见最少,最客观。所以,柏拉图称视觉是"最可靠的感觉"[2]。20世纪美国美学家鲁道夫·阿恩海姆从心理学角度对视觉的客观性进行分析:"(视觉的)这种远距离感受,不仅使自己的认识领域更加宽广,而且使得感知者不再与他探索的事件直接冲撞。这种使感知者避开感知对象对他自己以及他的所作所为产生影响的能力,使得他能够更加客观地把握周围的存在物及其行为。换言之,使得他能够直接研究这些客观存在物是什么,而不是这些存在物对他的作用和他自己正在做什

---

1 《蒂迈欧篇》,第45节。
2 柏拉图:《斐多》,辽宁人民出版社,2000年,第15页。

么。……在这方面表现最突出的乃是视觉,它是一切公正的观看或观照活动——的本原。"[1] 不过,柏拉图对视觉经验的信任又是有限度的。在他看来,存在两个世界,即"可见世界"与"不可见世界"。视觉可以把握"可见世界"中的存在物,而对于"不可见世界"的存在则无能为力。不仅如此,它还会扰乱灵魂,妨碍其对事物本质的把握。"一个人观察事物的时候,尽量单凭理智,思想里不掺和任何感觉,只运用单纯的、绝对的理智,从每件事物寻找单纯的、绝对的实质,尽量撇开视觉、听觉……要探求任何事物的真相,我们得甩掉肉体,全靠灵魂用心眼儿去观看。"[2] 普通视觉的观看就是"透过肉体的看",灵魂用心眼的观看是摆脱肉体诱惑的"自由观看"[3]。心眼观看事物用的是概念,概念是抽象的而不是具体的,因此它不会变化,不会受肉体的干扰。不难看出,这种"观看"是不夹杂经验及一切存在要素的纯粹的思辨活动。摆脱了肉体及一切生存经验,使思考主体消隐、沉没,这就是自柏拉图以来西方世界最推崇也是发展最完备的思考方式,通常称之为"沉思"——消隐、沉没思考主体的思考。

用"心眼观看"来称谓思考并不是无端由的。在柏拉图那里,理智所要把握的本质是"理念"这种"永恒的普遍形式"。亚里士多德区分了四种因,形式因始终被理解为目的因与动力因,即被理解为能动的、本质性的因素。相应于此,质料因则被当作惰性的、被决定的因素。形式等同于本质的观念在欧洲思想中根深蒂固。康德将形式等同于先验与本质正体现了这个传统,并以其在近代哲学中的权威地位而加强了这种传统。黑格尔称绝对理念为"概念的纯形式",个体生命把个体的直接性"沉没于"抽象的普遍性才能够把握它。"绝对理念……本身就是概念的纯

---

[1] 鲁道夫·阿恩海姆:《视觉思维》,光明日报出版社,1986年,第61页。
[2] 《斐多》,第16—17页。
[3] 同上,第47页。

形式，这纯形式直观它的内容，作为它自己本身。"[1] "形式"与视觉相对应，当然，把握这些理性的"形式"只能借助"心眼"（理智的眼睛）。胡塞尔以"范畴直观""本质直观""本质的看"来把握范畴、本质这个理性世界，正是对这个传统的继承。当然，进行本质直观的前提必须是现象学还原，即放弃自然态度，包括主体一切的存在经验，达到先验自我。

如果说理性哲学强化了心眼的看，那么，科学及以科学为基础的思想则自觉强化了肉眼的"看"。不过，肉眼的看与思维不是相分的，两者具有内在的一致性。"被称为'思维'的认识活动并不是那些比知觉更高级的其他心理能力的特权，而是知觉本身基本构成成分。……一个人直接观看世界时发生的事情与他坐在那儿闭上眼睛'思考'时发生的事情，并没有本质区别。……我看不到有什么理由去制止人们把知觉中发生的事情称之为'思维'。至少从道理上说，没有哪一种思维活动，我们不能从知觉活动中找到，因此，所谓视知觉，也就是视觉思维。"[2] 视觉是一种思维，是一种与"沉思"思维方式一致的活动。但这并不意味着肉体的"看"是完美的认识活动。真正的任务是指导、帮助视觉，使之达到更客观、更纯粹的水平。培根说："在一切感官之中，显然是视觉在供给消息方面负有主要的任务。因此我们也就应当以主要的努力来为视觉谋取帮助。对于视觉的帮助不外乎三种：一是要使它能够看见不可见的东西；二是要使它能够看见离得更远的东西；三是要使它能够把东西看得更准确更清楚。"[3] 通过一系列的帮助，肉眼就可以看见不可见的东西，可以更清楚地看，更客观地看。最重要的是，通过帮助（理性与普遍哲学的帮助），肉眼可以消除培根所认为的感官的最大的欺骗，即"对

---

1 黑格尔：《小逻辑》，商务印书馆，1995年，第237节。
2 《视觉思维》，第56页。
3 培根：《新工具》，商务印书馆，1997年，第217页。

于自然的界划总是参照着人而不是参照着宇宙"。[1] 视觉较之其他感官主体要素介入的成分最少,在这个意义上,它最客观。但任何看总是主体的"看",对对象的界划总是以主体为标准与尺度。因此,视觉之客观又不是纯粹的,更不是无限、绝对的。培根对视觉的帮助目的在于使之达到纯粹的看,这种企图贯穿于一切科学的追求中。这种企图就是使肉眼的"看"与心眼的"看"相一致,即消隐自我,沉没自身,即追求"纯粹的看"。

"纯粹的看"在思维上有两方面的表现与要求:一方面通过思维规律的探讨、确定而保障言说内容的同一性,即保障主体、客体界限的确定性,使主体不得随意侵入客体,也使客体之间不得相互侵入。传统逻辑之"同一律"在存在论上无疑承载着捍卫主体、客体之"体"的确定性使命。另一方面,当"形式"(即本质)被或主观或客观地解释与发展,"纯粹化"也相应具体化。当形式被规定为"主观性",形式本质被主体占有,主体遂担负起为沦为质料的客体立法的任务。主体有法客体无法(美学领域的表现是"主体有情客体无情"),故需要"人为自然立法"。在理论理性范围内,先天法则、范畴不仅剔除了情感、意志等个人性因素,而且剔除了以有限性为特征的经验,以期达到最大限度的普遍性。当形式被理解为客体自身的规定性,它就成为与人无涉的所谓"不依人的意志为转移"的自在者。主体被理解为立于规律之外,只能"发现""探索""利用"它而不能改变它。凡此种种说法无非都是为了保障客体之"体"的完整性。故而简化、消除主体在思维中的作用又一次次被强调,"镜式反映论""白板说""符合说"等认识理论尽管内容各异,但在这一点上又殊途同归。

"纯粹的看"在哲学与科学,乃至宗教、艺术中都取得了无与伦比的成果。但"纯粹的看"并不能在一切领域完成一切认识

---

[1] 《新工具》,第230页。

任务。海德格尔在《存在与时间》中深刻地指出:"从存在论原则上看,我们实际上必须把原本的对世界的揭示留归'单纯情绪'。纯直观即使能深入到一种现成东西的存在的最内在的脉络,它也绝不能揭示可怕的东西等等。"[1] 在这里,海德格尔明显将批评指向了胡塞尔的现象学还原,特别是范畴直观学说。世界及此在的存在是不断生成的,即使是周围事物,也首先作为"上手事物"呈现。而纯粹直观以及建立在此基础上的理论认识实际上已把它转化成了"现成事物"。因此,纯粹直观只是非源初的、第二位的认识。这不仅是说理论认识的存在者在存在论上无法摆脱"现身情态"这一生存事实,而且也表明理论认识必然具有相应的现身情态和特殊情态,即对自然世界(而非周围世界)的现成存在者的先行态度。"领会"是对此在生存可能性的领会,生存的展开状态就是领会。领会是一种对存在的"知"。因此,它具有相应的"视",操劳活动的寻视、操持的顾视、对生存整体的透视等。"视"作为此在的存在方式,又具有先行的结构:先行具有、先行视见、先行掌握。从这个意义上说,无前提的范畴直观并不符合实情。海德格尔进一步认为传统认识论中纯直观的优先地位从存在论上看也是成问题的。直观以及在此基础上发生的思维(理论认识)都是从领会中衍生出来的。因此,领会中的思,即整个存在者对自身之"在"与所在之"世"的思,才是哲学的真正方式。

海德格尔对纯直观的批判给传统的哲学观造成了极大的震撼,他给予单纯情绪以优先地位虽然不大可能扭转古希腊以来两千年的哲学传统,但却可以看出西方哲学家突破视觉优先而健全哲学生存论基础的努力。另一方面,这也大大拓展了哲学的"合法性"概念的内涵:哲学不仅要沉思,而且要感思。

---

[1] 海德格尔:《存在与时间》,生活·读书·新知三联书店,1999年,第161页。

4. "感"与"感思"

西方哲学家对距离性官能——视觉——的推崇发展出以主客自觉剥离的思想方式"沉思",相应于此,客体的自性得到自觉地维护与构建,"事实性存在"在此思想视域下得到突显。如上几章所述,视觉在中国思想家眼中并没有这样优先的地位,相反,味觉以及与味觉同样强调人参与性的官觉得到关注与强调。在思想层面,味觉思维是如何展开的呢?味觉思维遵循的是什么样的逻辑?

对"参与性"官能——"味觉"——的关注使"味""感"被放在了基础的位置上。正如大家所见,成己而成物意义上的物或一般存在皆以"有味"为特征,即人们所关注的是这些存在物对他的作用和他自己正在做什么。更一般地说,在人与世界万物的交往中,人们最关注的不是看到或听到什么,而是"感到"了什么,即不是视觉、听觉之类的感官而是人之"感"充当了联系人与世界万物的桥梁。故《乐记》曰:"凡音之起,由人心生也。人心之动,物使之然也。感于物而动,故形于声。……乐者,音之所由生也,其本在于人心之感于物也。是故其哀心感者,其声噍以杀;其乐心感者,其声啴以缓;其喜心感者,其声发以散;其怒心感者,其声粗以厉;其敬心感者,其声直以廉;其爱心感者,其声和以柔。六者,非性也,感于物而后动,是故先王慎所以感者。""声、音、乐"与不同的心相关,以不同的心与万物相感即产生不同的声音。音、乐生于人心,故只有人能够知音、知乐。乐通伦理,故只有能通伦理之心才能知乐。一般意义上的耳可以充当人与世界万物的通道,但其连接的只是较低价值甚至负价值性存在,即与人的欲望相关联的、对应的存在。纯粹的声音不再优先被关注,纯粹的听觉也让位于心化、感化的听觉。

当我们审视中国古典哲学概念时,不难发现大部分的概念都像黑格尔所说的那样缺乏纯粹性与抽象性。事实上，这些概念都是在"感"的根基上生成的。儒家经典中所常见的概念，如"孝""悌""仁""义""礼""智""信""耻""忠""道"都建立在切己的生存感受基础之上。"本立而道生。"这些概念的成立不仅不能摆脱经验与具体，而且依靠个体的经验、体验这些"本"才能实现、成立。"孝悌也者，其为人之本与？""孝悌"之所以是人之本是因为个体的存在首先展开于与父母的交往之中，其次开展密切交往的是兄弟。其所感相应地源于父母兄弟、指向父母兄弟，对他们的感可以说是本然的、自然的、最切己的。感而生情，从肯定方面看，孝悌最近（迩），也最强烈、最根本；从否定方面看，对个体最切己的是"耻"，所以孔子提倡"行己有耻"。"感"涉及他物、他人，但却以内在自我为圆点。"感"的秩序由厚而薄，由近而远，这决定了情感的秩序："爱有差等"。不管肯定性的，还是否定性的，也不管远近厚薄，内在自我的"感"以"实"为好，所以，《中庸》以"诚"为本，以之为"天之道"；《孟子》立之为人人生而有的"四端"。有德者有言、有道，换言之，没有实感之得，言、道以及一般的概念就没有意义，本不立则道不生也。

我们今天往往把"感"与"情"连用，实际上，"感"不等于情，不过感可生情[1]。在儒家，情为实，由感而知人生的实在。儒家立足于"感"，"感"是实在且可以推己及人的。他们认为，这种"感"是确证人生实在的基础，换言之，无感则无实在的人生。"无恻隐之心，非人也；无羞恶之心，非人也；无是非之心，非人也；无辞让之心，非人也。"（《孟子·告子》）儒佛关于人生实在与否的争论亦是如此：佛家把"感"空化而儒家使之实化。"色不异空，空不异色。色即是空，空即是色。受想行识，亦复如是。"（《般若波罗蜜多心经》）无切己的"感"而推

---

[1] 具体可参见本书第四章。

出的是虚假的观念（儒家眼中的墨家、佛家），不把"感"推出去则是"私感"（儒家眼中的道家）。柏拉图为代表的西哲则相反，为了维护观念、灵魂的纯粹性往往竭力拒绝情感："真正的哲学家……他的灵魂，尽量超脱欢乐、肉欲、忧虑、怕惧等等。他看到一个人如有强烈的欢乐或怕惧或忧虑或肉欲，这人就受害不浅了。……害处在这里：每一个人的灵魂如果受到了强烈的快乐或痛苦，就一定觉得引起他这种情感的东西非常亲切、非常真实。"[1] 超脱感情才可以客观地看：在科学中客观地观察（用肉眼看），在哲学中冷静地沉思（用心眼看）。

概念不能离开"感"，或者说，离开"感"的抽象、纯粹的概念没有意义，更不具有普遍的意义。如上所述，"感"不是西方近现代知识论意义上的感觉，"感"之官是由心统摄的身之整体，它既指味觉，也指味觉化了的视觉、听觉，乃至嗅觉、触觉，感的特征即在于人的自觉参与。作为参与性官觉，这些感官不仅纯粹地"反映"外物，而且自觉迎接、应对外物，以顺之为好，以逆之为恶。因此，它们首先是作为"欲望"的器官展开自身。孟子之"从其小体为小人"（《孟子·告子》）即是在此生存论意义上而不是在认识论意义上说的：单凭这些感官一方面无法把握对象的真相，另一方面也不能使存在者之行为符合社会规范。不难理解何以儒家不信任自然感官，道家则要彻底堵住感官通道。"大音希声，大象无形"，真正的音、象都不是事实性存在，因此，它们非感官所能把握。"心"与人的整个存在相同一，"心"中全部感受才可使多样的概念具有意义。"真者，精诚之至也。不精不诚，不能动人。故强哭者虽悲不哀，强怒者虽严不威，强亲者虽笑不和。真悲无声而哀，真怒未发而威，真亲未笑而和。真在内者，神动于外。"（《庄子·渔父》）道家追求的是真心由内而外地流露，儒家则追求内外一致的诚心。真心或诚心

---

[1] 《斐多》，第47—48页。

动起来,"哀乐"乃至一般的概念才具有真正的意义。同样,有真心或诚心之感,才能领会这些概念的意义。因此,唯有"心"能感能生。"感"有多样性,建立于其基础之上的概念亦包涵着丰富而多样的"感",且因"感"而有层次性。《系辞下》说圣人设卦观象,以简易的线条(爻)与图像(卦)表达事物的情状及其变化,并用这些简易的线条与图像动天地、通万物。更重要的是,圣人以及后人在使用这些线条与图像时必须有"感"才能通天地、通万物、通天下之故。

"感"的秩序也是思维、思想的逻辑原则,或者说是感思逻辑的原则。在儒家,所谓"恕道",所谓"爱有差等"都是按照这个逻辑展开的,即以"爱"为基础的德目也是有秩序的,即以"感"之由近及远,由厚至薄,由己至人。"修齐治平"的顺序是这样,"老吾老以及人之老,幼吾幼以及人之幼"亦根据这个秩序展开。"感"是"思"的基础,亦是"思"的一个最重要的内容。返身而识切己的"感"又称"省"。曾子说"吾日三省吾身,为人谋而不忠乎,与朋友交而不信乎,传不习乎","省"指向的"忠信"都是实有诸己的切己感受。通过省察自己切己的感受而认识自己,发展自己,这是儒家"知"即"知人"的首项任务与基石。认识他人、人群及人世间都基于自我内在的"感"。知人的方式是"恕",即推己及人,即把自己的感推给他人。同为人,己之所感与他人所感必不远。"己欲立而立人,己欲达而达人。""己所不欲,勿施于人。"他人之欲与不欲在有了自身这个绝对的尺度条件下就可以把握住。

所以,建立在"感"之上的"感思"性范畴不是形式性的,而是具体、灵活的实质性的范畴。"……者……也"的定义方式亦是这样,它是一种情境性而非形式性逻辑性的"定义",是特定情境下对主体起作用或与具体情境中的主体相关的对象之所是。显然,这种定义更贴近一定时间维度中存在者之所是。如果说认识的任务是获取"本质",那么,"感思"之所得就是这种一定时间维度中存在者的本质存在。有"感"就可"通天下之故",就可以"通古今之变",也可以"究天人之际"。

"感"的功能基础并不是气质性的眼耳等感官,而是经过"感化"的整个身心。众所周知,传统思想把"变化气质"当作一个极其重要的任务,"变化气质"即是使"感"更健全、更完善。材质不同,但经过教化而可以变化气质,过者抑制之,不及者张扬之,其目标都是健全、丰富人之感。有了健全的"感",才可能产生健全的感思。反之则不然。孔子批评宰我"予也有三年之爱于其父母乎",其所叹即感的缺失或遗忘产生不了健全的思考。只有具备良好的气质,才会产生合适的"感"。所以,儒家、道家都在做修养工夫,都在"正心",但正心的目的不是使人无感无心,而是使其感其心合乎各自的标准("得其正")。"身有所忿懥,则不得其正;有所恐惧,则不得其正;有所好乐,则不得其正;有所忧患,则不得其正。心不在焉,视而不见,听而不闻,食而不知其味。"(《大学》)有忿懥、恐惧、好乐、忧患则不得其正,但无心则身亦不可得而修。《礼记·礼运》:"夫礼,先王以承天之道,以治人之情。"圣人的责任是改变人情,使之能推能思。"人情者,圣人之田也。修礼以耕之,陈义以种之,讲学以耨之,本仁以聚之,播乐以安之。"大同社会应该是每个人都能将"感"推及他人、万物的社会:"大道之行也,天下为公。选贤与能,讲信修睦,故人不独亲其亲,不独子其子……"大同之下的社会是"感"不能推及天下或"感"有限的小康社会:"今大道既隐,天下为家,各亲其亲,各子其子……是谓小康。"各亲其亲,各子其子虽狭隘,但终归有"感",因此它离大同不远。换言之,有感就有希望,能将此感推出去就可使大道呈现出来。圣人的使命就是唤醒众人的感,并使之推出去。《礼记·祭义》:"先王之所以治天下者五,贵有德,贵贵,贵老,敬长,慈幼。此五者,先王之所以定天下也。贵有德,何为也?为其近于道也。贵贵,为其近于君也。贵老,为其近于亲也。敬长，为其近于兄也。慈幼，为其近于子也。"这五种行为原则的基础都是切己的"感"，它们都是在对君、亲、兄、子自然亲切的"感"的基础上生发出来的。"近于"即是说它们离"感"不远。《礼记·丧服四制》说得更明确简洁："丧有四制……有恩有理，有节有权，取之人情也。"由生而知死，鬼神亦是生的延续。"众生必死，死必归土，此之谓鬼。"（同上）鬼神在佛教、基督教都是很远的另一世界，而在儒家感思之中，鬼亦不远（"归土"）。

"感"如何展开？以何种方式展开？《易传》曰："一阴一阳之谓道。"（《系辞上》）生生不已的宇宙万象源于阴阳两种势力之间不断的攻取。借用西方哲学的话来说，阴阳就是世界万物得以存在、发展的"动力因"。阴阳两种势力贯穿于一物之内、两物之间，乃至遍在于万物、天地之间。由阴阳之攻取而有"生"，而有不已之"生生"，而有富有之万物及日新之人。乾坤阴阳之相感构成了世界万物的真实存在形态。《易·咸·彖》曰："天地感而万物化生。"《系辞上》则曰："天地氤氲，万物化醇。男女构精，万物化生。"万物化生的前提是天地之相感，万物之间的相感（"男女构精"）则是生生不已的万物存在之自然展开。天地万物皆相感，但就"感"的结构来说，它涉及两者，一个存在者之中的两种势力或一个存在者与另一个存在者。两者交感、交互作用而彼此相互给予、接受，相互交融而相通，由相通而形成"宇宙"。万物存在的展开过程"皆无须臾之不感"，那么，认识、把握处于时刻在感的存在只能通过"感"的方式。《易·咸·彖》曰："天地感而万物化生，圣人感人心而天下和平，观其所感而天地万物之情可见矣。"唯有"观其所感"才能使"天地万物之情"得以呈现（"见"）。这里"观"不是我们今天所说的科学观察等排除自身的客观的"纯粹的看"，正如上文所论，这里的"观"当是"感化"了的"看"。所谓"观其所感"不是说"所感"能够"看见"，而是指以"感化"的方式使"所感"呈现出来。

世界万物处于相感活动及状态之中，因此，"感"在中国文化中又具有存在论意义。把"感"的意义扩展到一般存在论，不仅人可感，宇宙万物皆可感。这样的扩展使"感"在中国文化中的基础性地位得以确立，它不仅贯穿于伦理学，而且贯穿于一般的存在论。对感的存在论意义，宋儒多有撰述，如：

> 天地之间，只有一个感与应而已。更有甚事？[1]
>
> 有感必有应。凡有动皆为感，感则必有应。所应复为感，所感复有应。所以不已也。[2]
>
> 以感对应而言，则彼感而此应。专于感而言，则感又兼应意，如感恩感德之类。[3]
>
> 子曰："天地之间，只有一个感与应而已。"盖阴阳之变化，万物之生成，情伪之相通，事为之始终，一为感，则一为应。循环相代，所以不已也。[4]
>
> 事事物物，皆有感应。寤寐，语默，动静亦然。譬如气聚则风起，风止则气复聚。[5]
>
> 凡在天地间，无非感应之理。造化与人事皆是。且如雨旸：雨不成只管雨，便感得个旸出来。旸不成只管旸，旸已是应处，又感得雨来。是感则必有应，所应复为感。[6]

感又称为"感应"，"应"也属于"感"，感与应乃世界的普遍而真实形态。天地之间只有一个感与应，那么处于相感状态中的万

---

[1]《二程集》，第152页。
[2]《二程集》，第858页。
[3]《朱子语类》，第2438页。
[4]《朱子语类》，第2438页。
[5]《朱子语类》，第2438页。
[6]《朱子语类》，第1813页。

物是如何展开的？"感应"有道否？用今天的话说就是，感应是否有规律可循。朱熹说："凡在天地间，无非感应之理。造化与人事皆是。"这无非是说：万物因感应而皆遵循感应律，感应律有其普遍性。但显然，感应律与我们今天所熟悉的科学的因果律不同，也与人类学家所提出的巫术的感应律不同。

弗雷泽在《金枝》中将"相似律"与"接触律"合称"交感律"。[1] 所谓"相似律"与"接触律"是指巫术的两种思想原则：

> 如果我们分析巫术赖以建立的思想原则，便会发现它们可归结为两个方面：第一是"同类相生"或果必同因；第二是"物体一经互相接触，在中断实体接触后还会继续远距离地相互作用"。前者可称之为"相似律"，后者可称作"接触律"或"触染律"。巫师根据第一原则即"相似律"引申出，他能够仅通过模仿就实现任何他想做的事；从第二个原则出发，他断定，他能通过一个物体来对一个人施加影响，只要该物体曾被那个人接触过，不论该物体是否为该人身体之一部分。[2]

在弗雷泽看来，交感律对世界的存在论承诺与科学对世界的承诺是一致的，即它坚信世界万物之间存在着客观秩序、客观规律，这种秩序排除了人的干预：

> 无论在任何地方，只要交感巫术是以其地道、纯粹的形式出现，它就认定：在自然界一个事件总是必然地和不可避免地接着另一事件发生，并不需要任何神灵或人的干预。这

---

[1] 弗雷泽：《金枝》，新世纪出版社，2006年，第16页。
[2] 《金枝》，第15页。

样一来，它的基本概念就与现代科学的基本概念相一致了。交感巫术整个体系的基础是一种隐含但却真实而坚定的信仰，它确信自然现象严整有序和前后一致……巫术与科学在认识世界的概念上，两者是相近的。两者都认定事件的演替是完全有规律的和肯定的。并且由于这些演变是由不变的规律所决定的，所以它们是可以准确地预见到和推算出来的。一切不定的、偶然的和意外的因素均被排除在自然进程之外。[1]

巫术的严重缺陷，不在于它对某种由客观规律决定的事件程序的一般假定，而在于它对控制这种程序的特殊规律的性质的完全错误的认识……如果巫术能变为真实并卓有成效，那它就不再是巫术而是科学了。[2]

对客观规律的预设、对客观规律中人为因素的剔除使交感律与科学上的因果律保持着一致性，从而也与上述中国思想世界的"感应律"形成鲜明的差异：感应律恰恰强调在造化与人事中人的参与。"人与天地相参""成己而成物"的思想道路正是巫术（弗雷泽意义上的巫术）与科学所抑制的方向。事实上，中国哲学家所尊崇的感应律与科学的因果律以及弗雷泽所谓的"交感律"的差异正是存在论上设定的差异。成己以成物而物己交互作用的设定同时也是中国古代技与艺的根基性观念。

5. 感思、沉思与哲学之思

于万物需去"感"，于人心尤然，圣人对于以"感"方式存在之人及人心需要以"感"的方式进入。"《易》无思也，无为

---

[1]《金枝》，第51页。
[2]《金枝》，第52页。

也,寂然不动,感而遂通天下之故。"(《系辞上》)纯粹客观地"看"是看不透氤氲不已的世界万物的,唯有"感"才能通达感应不已的世界万物。

"感"的这种结构为中国传统的观念、范畴的塑造提供了经验模型。意义相对于人的目的存在,人也以自己的目的参与、应对。如何参与、应对,这显然属于实践问题。强调"感"必然导致实践优先于观念。中国传统哲学着意于"人的目的性维度('意味')",着意于"对于人"的维度,"对于人"即是他们所强调的"返"——返于人。传统思维"知往而知返",知远而知迩,"大曰逝,逝曰远,远曰返"(《老子》第二十五章)。"知返"就是不追求"纯客观",不追求脱离人的存在的对象自身。"大""逝""远"表述的是"无限","返"则是有限,能"返"才能成"大""逝""远",无限与有限是统一的。所以,"感"赋予了我们有限与无限一体的观念。相反相成是《老子》的说法,重"感"的儒家同样持有这样的观念。"死生,昼夜也。'梏之反复,则夜气不足以存',故君子曰终,终则有始,天行也。小人曰死。"[1] 散而复聚,聚而复散;昼而复夜,夜而复昼;幽而复明,明而复幽……在"感"的基础上产生的观念、范畴都不是"往而不反"的、直线式的,而是一些"往而反"的观念、范畴。

"感"的经验在时间中展开,所感物可能瞬间与感者相接,但两者之交互作用却是逐渐进行的,需要绵延若干时间,经历若干连续过程。由感所把握的对象在时间中展开,充满变化。但经历过程并不意味着实在的缺失,变化并不意味着就没有不变的、永恒的存在,恰恰相反,不变的、永恒的存在就存在于变化之中。中国易学史中"变易"与"不易"相统一的思想正是这种观念的凝结与体现。

---

[1] 《船山全书》,第十二册,第413页。

"感"之参与、介入、与所感交互作用使人们不会对"形式"进行持久的焦点注视，人们关注的是对自己"作用者""有意味者"。"作用者"作用于人的既有形式，又有质料，用亚里士多德的分析的说法就是形式与质料的统一。在其中"形式"并没有优先于质料，相反，在质文失衡的情况下，质料倒可以说更被优先关注。如孔子，虽有"文质彬彬"的理想，但认为在文质之间更接近理想的显然是"质"，故说："礼，与其奢也，宁俭；丧，与其易也，宁戚。"（《论语·八佾》）

中国哲学独特的生存论基础与运思模式也决定了"感"之得与达的独特性：所感涉及物但不是物，它没有确定的形状，而是无形状的"意"。传达、表达"感"的不会是抽象、普遍的形式性范畴，而是贴近"感"之体的"言""书""象"与"意"。感化为言，感化为书，感化为象（包括实象与假象），感化为意，这样感就可以"达"（表达）。感可表达就可以推，可以悟（无须推理直接领会）。不过，感悟是直觉而不是直观。就两者的身体基础或形而下方面看，直观是视觉活动，直接地看；直觉是整个人的感，是直接感觉到。就两者形而上层面看，直观的形而上层面即理智的看（心眼的看）；直觉的形而上层面即形而上心灵的感。对于言、书、象、意能否及如何传达"感"，中国哲学进行了多方位、多层次的探讨。扬雄《法言·问神》曰："言，心声也；书，心画也。""言"与"书"不能完全达意就借助"象"。"象"有实象、假象。实象即拟诸形容，象其物宜（语言可以做到，如"六书"之"指事"与"象形"，但不能完全做到）；假象是以有形喻无形的想象（语言也可以做到，如"六书"之"会意"，但不能完全做到）。"象"不仅表现在思想方面，在身体层面亦多有表现："说之，故言之；言之不足，故长言之；长言之不足，故嗟叹之；嗟叹之不足，故不知手之舞之，足之蹈之也。"（《礼记·乐记》）手舞足蹈是一种"象"，但它不是为了展示"形"，而是为了表达"乐"之"感"。如上所述，注重质料与形式统一的存在，就必然关注显现者、显现部分（明）与未显现者、未显现部分（幽），象即是幽明之统一。关于"象"的具体特征，我们留待下文讨论。

"感"既接受又馈赠，"感者"参与、融入对方，把对方当作伙伴，当作存在着的存在者，而不是像个旁观者单纯地反映对方。有味之万物可以养人，可以吸引人与之打交道、与人相感；人则自觉努力地以仁心（儒家）、道心（道心）与万物相感相应。在此意义上，感所设定的伦理态度不是对世界的怀疑、怨恨，而是对世界万物的信任、信赖。张载"民吾同胞，物吾与也"之"同胞""与"就是对这个伙伴的最亲切、最形象的称谓。善感者会通达宇宙万物，会参与宇宙万物的存在（生化）中去，会"与天地参"而"赞天地之化育"。

所感是有味之"意"或"意味"。"意味"不仅要反映事物，呈现出事物本身的存在特征，而且要把人的目的（规范、情感、欲望、价值目标）表现在事物的特征中。"感"关注的是事物"对于人的意味"方面，但是由"感"所得出的概念（判断）不必就是价值概念（判断）。即使秉持"人道原则"的儒家，他们所尊崇的概念，如仁、义、孝、礼等，也不是纯粹的主观情感的表达（如"呸！"）。在古人心目中，它们首先是天之德，然后才是人之德。一方面，这些德出于天性；另一方面，人天相通，人成此德才合于天，才具有最大的普遍性与崇高性。所以，尽心、知性就可以知天[1]。

纯粹的"看"构建出事实性存在，"感"则以成己而成物的方式构建出有意味的存在。对于这个"有意味的存在"，可注意的是以下几点：首先，"感"所把握的仍是对象的"什么"，它强调对象对于人的目的性维度（"意味"），但其自身不是人的纯粹

---

[1]《论语》《孟子》很少提及《易》，但它们的思想及思维方式无疑是一致的。《易传》尽管可能不是孔子所作，但其与孔子的思想存在着渊源关系却是可以肯定的。《孟子》精通《五经》，深得《易》理，亦多为人称道。

"意味",不是纯粹的目的或价值,不是纯粹的主观表现。意味强调的是物体对身体(或身体各部分)施加作用的方面。正如"味"是事物自身的性质一样,有意味者之意味虽有属人的性质,但它属于事物而不属于人。就人来说,有意味者对人的呈现恰恰可为人所依据与遵循,乃至师法。两者是紧密联系在一起的,"推天道以明人事"正是这种思维的特征。比如,"水"这一自然物,当它为"感"之所对,所感的就是水之"味",即水有什么样的品格、习性,水在其存在展开时如何与其他事物"共在",等等。故水之"性"往往又被称作水之"德",比如《论语》有"知者乐水"(《论语·雍也》),"逝者如斯夫,不舍昼夜"(《论语·子罕》);《孟子》有"沧浪之水清兮,可以濯我足,沧浪之水浊兮,可以濯我缨"(《孟子·离娄上》);《老子》有"上善若水"(第八章),"天下莫柔弱于水"(第七十八章);《管子·水地》有"地者,万物之本原,诸生之根菀也……水者,地之血气,如筋脉之通流者也。故曰,水,具材也……夫水淖弱以清,而好洒人之恶,仁也。视之黑而白,精也。量之不可使概,至满而止,正也。唯无不流,至平而止,义也。人皆赴高,己独赴下,卑也……而水以为都居,准也者,五量之宗也……是以水者,万物之准也,诸生之淡也"……不是关注水为什么"就下",而是关注它"柔弱";不是关注它的浮力、密度,而是关注水能载物,亦能覆物;不是关注水自身的属性,而是关注水能润物、洗涤以及其他"对于他物及人的作用";不是关注水自身如何,而是关注水在与天、地、雷、风、火、土、山、泽等他物相遇时会怎么样,关注水处在不同时位会怎么样,等等。这样有意味的物所呈现的都是与人的存在相契合的意味性。所以,剔除经验乃至人的存在的纯粹性的、形式性的范畴是无法表达"所感"的。

"感"把世界拉近,使之"来";"看"把世界推远,使之"去"。感思关注外物对主体的意味而不能面向事物本身,因而不能正视事实界;沉思关注事物本身而不顾及外物对主体的意味,因而不能正视意义界。善感重视与行一致的"知"（知接、身知），重视存在中展开的知（"有真人而后有真知"）；善看重视独立的知识系统。与世界万物相遇展开感与感思，从而使静观主体、科学知识主体即认知主体不能建立起来；而与世界万物相遇展开看与沉思，则无法认识清楚自身之"在"与所在之"世"。中西方哲学家对这一点皆有高度的自觉。正如前文所说，合法的一个意思是合乎法度，即合乎思的规则。对于沉思与感思来说，合乎法度都是不成问题的。但应当看到，合法首先是"合时"，即合乎自身之"在"与所在之"世"的展开之时，合法性首先是合时性。思什么与如何思由我们自身之"在"与我们所在之"世"规定，在我们需要"感"与"感思"的时候，"看"与"沉思"就不具有合法性；反之亦成立。

当我们以合时性来理解合法性，当我们面向自身之"在"与所在之"世"，当我们认识到方法与存在的统一性，我们就会看到，当前的哲学应解决的问题是如何把每个人塑造成既能把世界拉近使之"来"，又能把世界推远使之"去"的来去自如的存在者，即如何把每个人塑造成兼具沉思主体与感思主体于一身的存在者。这样的存在者，在他需要感思的时候，他能悬置更具有科学性的"看"而去感与感思；在他需要"看"清楚的时候，他能"悬置"（而不是否定，不是牟宗三所主张的"坎陷"）善感之心而去看与沉思。在此视野下，中国哲学合法性研究的使命就是探究感思是否曾经合乎中国人自身之"在"与所在之"世"的展开之时。

从以上论述我们可以看出，中国哲人在与世界万物的交往中集中关注它们对自身的作用，优先关注交往过程中的所感，从而把所感理解为本体论事实，在"感"的基础上生发出普遍的范畴，以"感"之远近厚薄作为思考方式，并探讨了概念之外的其他表达方式。由"感"而思当然不是剔除经验的"纯粹"，也不是远离具象的"抽象"。但感思却是理解、把握我们所在之"世"

及世中之"在"的有效方式。"感"提供了经验基础,心灵才会产生"象"这样的范畴与"感思"这样的思维方式。基于中国文化的重感特征,称之为"感文化"[1]似乎更为妥当。

---

[1] 谈"感"不能不谈"天人感应"。一般存在论把世界万物当作"感"之体。"天人感应"理论亦把世界万物理解为"感"之体。四体百骸,一身皆感焉。心如何感?通过什么感?不借助身,单单心去感,势必无法约束心力的任意扩张。外物作用于心要借助身,心作用于外物也要借助于身(以及作为身的延长的工具)。撇开身谈心之感难免造成种种虚幻,天人感应就是这种虚幻之一。值得一提的是,物物相感、相互作用也是对象的"性质",不过不同于单独关注对象个体的属性、结构,而是关注对象之间"意味着什么",即对象之间"可能"会产生什么样的相互作用。在此意义上,"五行说""阴阳说""八卦说"都不能说是"不科学的",尽管我们也不能称之为"科学的"(逻辑证明+经验证实意义上的科学)。物物交感,同类相应,注意的是物对物的意味,这当然不是"不科学的"。"故琴瑟报弹其宫,他宫自鸣而应之,此物以类动者也。其动以声而无形,人不见其动之形,则谓之自鸣……《尚书传》言:周将兴之时,有大赤乌衔谷之种而集王屋之上者。"(董仲舒:《春秋繁露·同类相动》)琴瑟共鸣是物物交感,这样说并没有什么问题。万物(包括理论、文字)感动人心是说得通的,问题出在,人心靠什么感动万物。如果将感应中介隐去,直接将"心"与天地之动联系起来,其结果必然是任意牵扯,得出以下这样无稽的话头:"故圣人者怀天心,声然能动化天下者也。故精诚感于内,形气动于天,则景星见,黄龙下,祥凤至,醴泉出,嘉谷生,河不满溢,海不溶波。"(《淮南子·泰族训》)。

四　以味在世：羞与感情

思想层面对味、感的追求同样深刻地体现在对存在方式的理解、塑造等诸方面。有味者、有感者自觉地以味、感的态度在世，自觉地以味、感的态度迎接、应对世界万物，以及同样在世的他人。在此意义上，味、感不仅是一种经验方式，也不仅是一种思想方式，而是一种值得追求的存在方式。

儒家以"仁智"统一而成一"家"，道家以"知恬交养"而成一"家"。"仁""恬"使"知"（智）充满了情味、意味，进而成为修道者鲜明的在世态度与在世方式。"仁"是全德，具体说，以仁在世包括以耻在世（行己有耻），以乐在世（仁者乐山，知者乐水），等等。本章即以"羞""感情"为例来展示中国思想世界所构建的有味的在世方式。

"成人之学"以仁心、道心为指向，学做人指向能感、善感的人，在此意义上，人以"感"为"体"，以"感"为"性"。人性的展开即以"感"的方式展开，以感在世也就成为一种值得追求的在世方式。有感、能感、善感既表现在与世界万物的交往过程中，也表现于与他人的交往以及与自我的交往过程中。我以感迎接万物，万物则以其性味迎接人的到来，"有味的人"与"有味之物""合"，如此形成了充满意味的中国思想文化世界。

1. 羞与味

① 性之羞与味之羞

在中国思想世界中，"羞"被视作深度自我的呈现，是面对所得时产生的反思性感受。孟子将羞规定为人之为人的必要条件，并将之理解为自我尊严的守护者。由羞心而怕羞、害羞、羞愧，羞在生命的完整历程中展开，一直被当作迎接世界与他人的重要方式。因此，羞不仅是一种鲜明的在世态度，也是一种充满意味的在世方式。

中国哲人重视"羞"，特别是孟子，他以先天的"羞"等"四端"分别作为仁义等美德超越的根据，将"羞恶之心"发掘出来作为"义"的源泉与起点。羞在生命之流中展开，以羞迎接世界与他人，从而守护、成就醇厚的德性。人由羞而有情味、意味、道味，这条道路塑造了一个极具人情味的人伦世界，并进而建构了一个有意味的灵性世界。本节即针对孟子这一路向做一检讨，揭示这一路向的双重意义：一方面，重视"羞"有益于美德的培养、品位的提升；另一方面，强化"由自己负责"及"对自己负责"的心性结构难以彰显出"他人"维度，难以使规范、法则走向社会层面而获得更高的普遍性。

说起"羞"，大家可能首先想到的是男女两性意义上的"性羞感"。"羞"与"性"确实存在着密切的联系。比如，在德语中，"Scham"既有羞耻、羞惭、羞愧、害羞等含义，同时这个词也指人的阴部、人的外生殖器。羞与人的生殖器不仅在词义上有显著的关联，在思想上两者的关联也十分密切。德语出现的时间相对较晚，对"羞"的这个看法受《圣经》传统影响深刻。《圣经》对性与羞有经典表述，如《创世记》所说"因为神知道，你们吃的日子眼睛就明亮了，你们便如神能知道善恶"，"他们二人的眼睛就明亮了，才知道自己赤身裸体，便拿无花果样的叶子，为自己编作裙子"。舍勒曾对此段神话的意义做过精辟的概括："就道德谱系学而言，《旧约》神话在对一个普遍真理的图画式描述中透出深沉的智慧。它显明羞感反应是善恶知识的起源。"[1] 羞感，首先是性羞感，是善恶知识的起源，是良知的起源。性羞感在这个神话中被提升到羞感的开端与源泉，它也因此成为其他羞感的原型与尺度。

毋庸置疑，性羞感是羞感领域比较普遍、比较强烈的一种。但是，性羞感的普遍性与强烈性并不意味着它具有普世的本源性。在汉语思想传统中，我们可以清楚地看到，羞首先与"味（食）"密切相关，并且占据着首要的位置，发挥着重要的作用。在先秦典籍中"羞"的这种词义被广泛使用：

> 可荐于鬼神，可羞于王公。（《左传·隐公三年》）
> 惟羞刑暴德之人同于厥邦。（《尚书·立政》）
> 雍巫有宠于卫共姬，因寺人貂以荐羞于公。（《左传·僖公十七年》）
> 羞鼎。（《礼记·聘礼》）羞笾。（《周礼·天官·笾人》）羞燔。（《仪礼·特牲馈食礼》）羞膳。（《仪礼·燕礼》）羞服。（《周礼·天官·大宰》）羞以含桃，先荐寝庙。（《礼记·月令》）包羞。（《易·否·六三》）
> 父母虽没，将为善，思贻父母令名，必果；将为不善，

---

[1] 马克斯·舍勒：《价值的颠覆》，生活·读书·新知三联书店，1997年，第265页。

> 思贻父母羞辱[1],必不果。(《礼记·内则》)

以上典籍中的"羞"既有"进献"意义,如"羞刑",也有"美味(食物)"之义,如"包羞""荐羞",也有兼两者含义的,如"可羞于王公"(进献食物)。所以,"羞"既可作动词,也可作名词。《说文解字》说:"羞,进献也。从羊,羊,所进也;从丑。"许慎将"羞"理解为"进献"显然缩小了"羞"的意义,不过,他揭示"羞"与"羊""丑"两义之间的相关性,无疑也触及了"羞"的丰富含义。羊的价值首先在于其甘美的滋味,所以,羞首先涉及的是有滋味的食物。所谓的"丑"不是与"美"相对的丑陋的意思,它表示的是"手"或手的动作"举手"。《说文解字·丑部》曰:"丑,纽也。十二月,万物动,用事。象手之形。时加丑,亦举手也。"与此相应,作为动词的"羞"则指把自己最美好的东西进献出来。

美味意义上的"羞"何时转化为"羞耻""羞辱"意义上的"羞"?首先值得我们关注的是《易·恒·九三》及后世对它的阐释。《易·恒》曰:"不恒其德,或承之羞。"正如《易·否·六三》"包羞"之"羞"指熟肉,《易·恒·九三》"或承之羞"之"羞"首先指"饮食"。来知德在《周易集注》中恰当地指出:"长女为长男之妇,不恒其德而改节,则失其妇之职矣。既失其职,则夫不能容,而妇被黜矣。'或'者,外人也。'承'者,进也。'羞'者,致滋味也。变坎有饮食之象,'羞'之象也。因妇见黜,外人与夫进其羞也。……若依旧注'羞'作羞耻,则下

---

[1] 辱由"辰""寸"构成,"辰"表示时令、农时、耕时,"寸"表示法度,即关于农时的法度。失农时而遭法令的处罚即为"辱"。《说文解字·辰部》曰:"辱,耻也。从寸在辰下。失耕时,于封疆上戮之也。辰者,农之时也。"杨树达则说"辱"字象手持磨锐之蜃器芸除秽草,是耨的本字。两种解释尽管不同,但都透露出"辱"与农耕及味的密切关联。

'吝'字重言羞矣。"¹ 人们对《易·恒》意义的争论似乎已经注意到"羞"的这种意义转换。

究此转换之源头，我们不能不提《论语》。大家都熟悉先秦思想家习惯引用权威典籍来表达自己的思想，成功的引用不求引用与被引用之间的完全符合，而追求所引用的章句与所面对的情境之间恰当的近似、部分的贴近。在这方面孔子、孟子、庄子都做得得心应手。在《论语·子路》中，孔子引用《易·恒·九三》来表述自己重德的思想，同时把它放入其道德体系之中，由此把"羞"转换、确定为"羞耻""羞辱"。这无疑是一次关键的转换：将美味意义上的"羞"转换为"羞耻"意义上的"羞"。至此，"羞"具有了"羞耻""羞辱"之意义。"羞"有了新的意义，不过，它还是首先与美味紧密结合在一起。

　　奸仁为佻，奸礼为羞，奸勇为贼。²
　　父母虽没，将为善，思贻父母令名，必果；将为不善，思贻父母羞辱，必不果。（《礼记·内则》）

饮食之美味意义上的"羞"如何能转化为"羞耻"意义上的"羞"呢？让我们再回到"羞"字本身。前面我们说"羞"由"羊"与"丑"构成。《考工记》解释："羊，善也。"《说文解字》曰："羊，祥也。""羊"是善、吉祥的象征。它之所以能成为"善""吉祥"的象征，一方面可能是出于其温顺的形象，另一方面与其甘美的滋味有关。《说文解字》："美，甘也。从羊，从大。羊在六畜主给膳也。美与善同意。"与此相关的说法是"羊大则

---

1 《周易集注》，第385页。
2 《国语》卷二。旧传《国语》为春秋时左丘明撰，现一般认为是先秦史家编纂各国史料而成。在《鲁语》中有对孔子的记述，因此，其成书当在孔子之后。从时间看，其中的《周语》早于孔子，但《周语》的写作、流传可能在孔子之后。

美"与"羊人为美"[1]。就字源上看,"善"也与"羊"有关。《说文解字·誩部》:"善,吉也。从誩、从羊,此与义、美同意。""善"和"膳"也可相通。《说文解字·肉部》:"膳,具食也。"郑注《周礼》:"膳之言善也。"我们还可注意的是"义"字,古"义"字为"義",也与"羊"有关。《说文解字·我部》曰:"義,己之威仪也。从我、羊。"徐铉注曰:"此与善同意,故从羊。""羞"与"羊"这种美味的事物相关,与善、美、义等正的价值相关。广而言之,"羞"与一切有价值的东西相关。相关点就在"丑"义上:这些有价值的东西呈现在手上,而且要进承于他人。那么,对于有德的人(或追求德性的人)来说就需要敏锐地感受、思考诸多问题:这些有价值的东西与我有何关系?它是我的吗?我该不该拿呢?"羞"字展示的就是这种以手举羊、欲抓未抓时游移不定的神态,引申为面对羊等美好的、有价值的东西时有所感,有所想。"有羞"表现的正是良心动荡的情态,或者说是良心呈现、发生作用的情态。我们在孔子所说的"见得思义"[2] 思想中也能揣摩到这种感想。如上面所示,"義"的字面意思是自己拿自己的羊,自己取得属于自己的东西,引申为做自己该做的事情,或者以正当的方式行事。做到这一点的前提是能够在面对所得时考虑该不该获取,以何种方式获取,这样做的意义是什么,等等,简言之,有"义"的前提就是有羞。

从以上的分析我们只想指出,汉语思想世界中"羞"与食物、美味具有十分亲密的关系。在词源上的亲密关系却表明:汉语世界中的羞首要的含义不是"性羞感",而是饮食美味意义上的"羞"。尽管后来"馐"从"羞"中分掉其"食物"的含义,

---

1 参见李泽厚、刘纲纪主编:《中国美学史》,中国社会科学出版社,1984年,第79—81页脚注。
2 孔子"见得思义"与"羞"的意义转换之间的关联为我们上文对"羞"的意义之转换时期的论证提供了部分印证。"见得思义"正是从饮食美味意义上的"羞"转换为羞耻意义上的"羞"的思想根源。

但词义的分化说明思想在分化、细化,但分化并不能抹杀两者在源头上的亲缘关系:既是词义上的亲缘,也是思想上的亲缘。饮食道德占据源头,成为其他道德(比如性道德)的根源与起点[1]。

② 羞感的作用:从羞到义

与孔子重内在的"仁"与外在的"礼"不同,孟子则重内在的"仁"与"义"。对于内德之"仁"与"义",孟子分别以内在本具的"四端"作为其超越的根据,特别是将"羞恶之心"发掘出来作为"义"的源泉与起点,并将"羞"定位为先天的根据,从而开启了一个非常重要的心性领域。如果说"羞"在孔子时代还是一个不大重要的道德范畴,到孟子这里,作为一个道德范畴的羞之地位与作用被大大提高,甚而被当作本善之性的一个极其重要的源泉,被当作良知的根源,乃至被当作人之为人的主要依据。他说:

> 人皆有不忍人之心。……无恻隐之心,非人也;无羞恶之心,非人也;无辞让之心;非人也;无是非之心,非人也。恻隐之心,仁之端也;羞恶之心,义之端也;辞让之心,礼之端也;是非之心,智之端也。人之有是四端也,犹其有四体也。有是四端而自谓不能者,自贼者也;谓其君不能者,贼其君者也。凡有四端于我者,知皆扩而充之矣,若火之始然,泉之始达。苟能充之,足以保四海;苟不充之,不足以事父母。(《孟子·公孙丑上》)

---

1 舍勒则根据天主教传统得出以下结论:"各种占统治地位的性道德根本不只是当时实行的道德的一部分,或其他像多数道德系谱学家迄今为止所认为的那样,只是为了实现非性的价值而设想,并让人承担的一系列标准,它们反而是一切道德及当时占统治地位的其余道德规范的根源和起点,可以说是组成一切道德价值观念的独立的变种。"(《价值的颠覆》,第266页)

现代哲学研究者一直批评说，单纯从逻辑上说，"四心"不能充当"人"的充要条件。不过，这段在逻辑上存在颇多问题的论证其实向我们表明的是，没有羞恶之心的人不成其为人，起码不成其为道德人，不具备成为道德人的资格。用今天的话说即是，羞恶之心是"道德人"的必要前提。"道德人"需要知道"应该"（"义"），也需要将"应该"放在心里。"羞恶之心，义之端也"，强调的正是"应该"与人性之间的内在一致性。这里的"义"既指人内在德性之目的"义"，即人所拥有的一贯而稳定的品格，也可指以外在性为存在形态的规范。先天的"端"不仅是德性的前提、始点、根据，也是普遍道德规范的前提、始点、根据。或者说，只有建立在"端"之上的德性、规范才具有真实性与现实的可能性。

什么是"羞恶"呢？朱熹曰："羞，耻己之不善也；恶，憎人之不善也。"[1] 朱熹之后的王夫之完全承袭了这个解释[2]。按照这个解释，"羞"与"恶"分别指向不同的主体：羞对着自己之不善而发，恶对着他人之不善而发。"耻己之不善"，这里的"不善"既指行动招致的不善后果，还可以指"不善的动机"。前者是指对客观规范、原则的违背，是已成的事实；后者则指尚未形于迹，却已在心灵中展开了的行为与规范之间冲突的预演。"羞"既可以为"不善"而发，更会因"未尽善"而起。"未尽善"不必"不善"，"可羞"之事未必"可耻"、未必"可恶"。所以，"所羞"所辖制的区域更广，它的道德意义较之"耻""恶"更弱。

羞之所起，不尽是因为已经触犯、违反道德规范，也不尽是因为做得不对而自责，它尤其偏向"未发"，即偏向对种种可能性的评价，随时担心自己做得不好，担忧尊严之潜在的失落。因

---

[1] 《四书章句集注》，第237页。
[2] "羞，耻己之不善也；恶，憎人之不善也。"（《船山全书》，第八卷，第214页）

此,羞首先表现为精神有意识的自我防护。对于有"羞"者来说,自己知道何者更好、最好,或本来可以做得更好、最好,但没有尽力去做,因此,虽然没有触犯、违背明文规定的规范,但不尽心或消极地做而导致更好的状况无法实现,羞亦会呈现。故羞与价值等级、秩序有关。能实现更高价值而实际上落于低级价值或满足于低级价值都属于"可羞"之列。

羞起于自我价值可能的沉沦,"羞"当然是精神性的,但身体也会成为羞的缘起。身体的缺陷、身体举止之失当都可能引发羞的涌现。逐渐萌现自我的儿童会因身体的暴露(比如性器官)而羞涩,同样会因自我的暴露,比如言行不当而羞赧。"无羞恶之心,非人也。""羞"因担心自我的失落而起,故羞可以阻止人向"非人"的沉沦,但"羞"何以能阻止人沉沦?"羞"到底能发挥多大的作用?

"羞恶之心"首先表现为"怕羞"。有"羞"的人"怕羞",是担心"羞人的"结果出现,所怕的多属可能发生而未必发生者。所怕一旦发生,会直接"害羞",会出现"羞感"。"怕羞"使人谨慎,使人有所顾忌,有所不为。做有违规范或未及人们对自己期待的事而能害羞,一方面表明羞者有自尊,对规范、对他人的期待、他人的注视具有敏锐感受;另一方面,由在乎自尊,担心有失尊严而改正失误、错误。拥有确定社会角色的人都拥有相对确定的社会期待,包括自我、家庭、社会对此人能力、身份、德性的期待。拥有某一身份,该身份同时对拥有者有所要求,包括要求此人以何种方式视、听、言、动,也就是说,不仅要求他做得"对",而且要求他视、听、言、动都要做得"好"。

以"好"(乃至"最好")为标尺,故"所羞者"包含负价值,也包含中性价值。所以,《国语》以"礼"作为"羞"的参照系:"奸仁为佻,奸礼为羞,奸勇为贼。"(《国语》卷二)有"礼"之视、听、言、动不仅是"对的",而且是"好的"、优雅的,因此,礼所塑造的是"对"之上的品位。正是由于这个原因，与"礼"相对的"羞"所涉及或辖制的是距离"恶"相对遥远的中性区域。这个中性区域之内可能不一定是"好的"，但却都是"对的"。这些"羞于做"的区域缓冲着与"恶"的接近，而由于"羞于做"而不为无疑使人远离"恶"。所以，不管是由于做了"羞于做"的事而害羞，还是由于"羞于做"而不为，能够"羞"的人总是拥有向善的更大可能。

如孟子所示，"行仁义"（"对"）还称不上"德性"，真正的德性需要"由仁义行"（"好"）。由仁义行即自觉行仁义，自觉有所为固然重要，但所为总是有限的，而"不为"却指向无限，自觉地不为"不义"更深刻地体现行为者的自觉性。故孟子认为，真正有"义"之德的人是由"不为"而至于"为"的："人皆有所不为，达之于其所为，义也。"（《孟子·尽心下》）之所以"不为"，是因为明白"为"会陷于"不义"。"自好者不为。"（《孟子·万章上》）自好自爱者时时刻刻的担心所指的并不是实际的"恶"，而是可能的"恶"。这种对"不义"的忧虑阻止不义之行，因此，有所不为。

为什么通达"所为"的道路要由"所不为"铺设？"羞"与"恶"如何筑就通达"所为"的道路？"恶"是对"不义"的反感、厌恶，发自内心的反感、厌恶能保障人不做"不义之事"吗？孔子说："唯仁者能爱人，能恶人。"（《论语·里仁》）"恶"是以自我为中心、标准与出发点的情感，一般人的情感往往局限于自我，只有真正的仁者才能做到情与理的统一（"从心所欲不逾矩"），个体的爱恶与普遍的规范和原理相协调。好与恶具有鲜明的个体特征，《大学》说：真正的德性"如好好色，如恶恶臭"。"恶"是衡量主体道德水平的一个尺度，"能恶"标志着主体道德品性的确立。但"恶"首先指向他人之不善，而指向自身担当起建构、守护主体自身品性的却是"羞"。

　　孟子曰："人皆有所不忍，达之于其所忍，仁也；人皆有所不为，达之于其所为，义也。人能充无欲害人之心，而仁不可胜用也；人能充无穿逾之心，而义不可胜用也。人能充无受尔汝之实，无所往而不为义也。士未可以言而言，是以言餂之也；可以言而不言，是以不言餂之也，是皆穿逾之类也。"（《孟子·尽心下》）

如何扩充羞恶之心至义？孟子以为，从"不为"到达"为"可以把羞恶之心扩充为义。"不为"首先指向不当为，即为规范禁止之行，也包括不可为、不愿为，即能力所不及与意志所不愿之行。不当为而为产生的后果是他人对"为者"的指责、蔑视。为者一方面接受他者对自己的轻贱，更重要的是要面对自己良心的审判。"不愿为"不仅自觉不当为而为的后果，而且能自觉专著、自愿坚守善德。羞之展开于人便"如临深渊，如履薄冰"，鲜明地拒斥着不义而守护着大义。

不过，"保护""守护"对于德性培养来说只是消极的，羞还具有宝贵的积极价值。正如我们前文所述，"羞"是"进献"，是进献"美味"，是将有价值的东西呈现出来。对于人来说，就是将自己的内在价值——"味"——涌现出来。这种由内而外的进献无疑首先基于深度的内在价值。孟子认为四端就是每个人先天具有的深度价值。"端"是价值的开始，也是价值的源头。《孟子·离娄下》曰：

> 原泉混混，不舍昼夜。盈科而后进，放乎四海。有本者如是，是之取尔。

价值之泉正如山中之泉，在没有小体、物欲阻塞的情况下就会不舍昼夜地涌现。但是这个价值之源却不是现成地呈现，它需要坚持不懈地发掘，孟子喻之为"掘井"："有为者辟若掘井，掘井九轫而不及泉，犹为弃井也。"（《孟子·尽心上》）不自暴不自弃，深入发掘自己的本善之心，发现自己的本善之心，呈现出自己的善端，为尊严夯实基础。找到价值之源、尊严之源还需要进一步使它顺畅地涌现，孟子说："凡有四端于我者，知皆扩而充之矣，若火之始然，泉之始达。"（《孟子·公孙丑上》）四端呈现如火然泉达，有"羞"之人会以敏锐的感受方式一次次将自我领回本善之端，将每一个念头、每一个行为、每一个事件带回先天的价值之源。而一旦涌现中断、终止，泉源就无法显现出来，便会害羞，会涌现羞感。羞会打通中断泉源之物、之心，从而使内德外形，自由顺畅。在这个意义上，"羞"与"义"体现为同质的价值，所以，孟子在《告子上》说："羞恶之心，义也。"他在这里直接将两者等同起来而不仅仅将"羞恶之心"看作"义"的"端"。

　　正如舍勒所论，羞源自人的精神存在与身体要求之间的不平衡和不和谐[1]。在孟子哲学中，羞则起于"大体"（"义"）与"小体"（"生"）之间的冲突、对立。"生，亦我所欲也；义，亦我所欲也，二者不可得兼，舍生而取义者也。"（《孟子·告子上》）"可欲"（善）为多，而不是一。在特定社会历史系统中，多种可欲有其层级、秩序；对于特定个人来说，也有多种可欲及其多个层级、秩序。这些价值层级、秩序体现在个人身上会有差异，但对社会全体成员来说仍有一些公共尺度：其底线是有羞恶之心，其终极则指向"舍生取义"。有意义的人生就是由底线向终极目标不断地运动、趋近。羞实际上产生于反向过程，即由高级价值向低级价值的堕落。羞感的作用就在于阻止堕落的发生，维护高级价值。有羞才可能有义，此即孟子所谓"羞恶之心，义之端也"。

　　在孟子看来，小体随生命之开展而展开，人因之随时会有堕入"非人"的危险。儒者在以礼养欲、以礼养小体的过程中，时

---

[1] 参见舍勒：《论害羞与羞感》，引自《价值的颠覆》，第167页。

时刻刻让大体充溢,让至大至刚的浩然之气驱散邪恶之气、暴戾之气,保护大体,使其免受邪恶侵蚀。让充实的内在价值照亮、润泽每个小体,使大体的尊严通过小体显现出来。《孟子·尽心上》曰:"仁义礼智根于心,其生色也,睟然见于面。盎于背,施于四体,四体不言而喻。"身体之羞与精神之羞的差异在身体精神化之后逐渐弥合。当人"羞得无地自容",不仅会面红耳赤,目光不知落在何处,且背部如有刀剑般的目光刺着,手足无所措。大地虽阔远,人却由于"羞"而失去所有立足之地。所以,身体可以有羞,可以因为身体的缘故而羞起来,身体同样也承载着精神之羞,渗透着精神之羞。

因此,羞对精神的保护就体现在"羞于做某事",即做某事之前就会思考所为的意义,"羞于"表明精神富有高度自觉性。"由仁义行",强调的不是做了错事而羞,更重要的是对"所羞"的预感。当然,羞感、羞心随时显发,事前"羞于做",事中、事后能为之羞,同样可以保护先天的价值。所以,有羞感、羞心,"义"才能成为"内在的品性",它才有意义。

比较而言,"义"属于理性的、普遍的规范与德性,"羞恶之心"则属于个人的具体存在,属于个人的情感。孟子把两者打通的意义,一方面在于为普遍的形式规范奠定了个体存在的基础;另一方面,不同于孔子将外在形式(礼)与内在实质(仁)的结合,孟子更注重理性形式(仁、义)与情感实质(恻隐之心、羞恶之心)的结合。

③ 羞感的结构:无须他人的自我

日常生活中常出现这样的情形:做了不得当、不得体的事情之后会担心别人看见,他人的目光会使人羞愧难当,而环顾四周,发现没有人在场时,往往会松一口气。似乎羞就建立在他人之存在的前提下。比如,萨特就说:

> 羞耻是对以下三维的统一领会:我在他人面前对我感到

羞耻。如果这三维中之一维消失了,羞耻也就消失了[1]。

羞耻是"我对我自身"的羞耻,主语"我"是指当前反身而思并有感的我,后一个"我"是指所发言行之主。我反身而思,判断言行当否,并会有相应的情绪反应。反身而思的参照系是"他人"吗?他人的注视、他人的存在确实可以督促我反思自身,但他人能够充当羞耻发生的必要条件吗?在无人注视下,当我发现我没有坚持最起码的道义,当我说出一贯为自己所不容的话,做出连自己都感觉不成体统的事,这时我独自一人依然会产生羞耻感。在许多时候,"亏心事"是在无人在场的情况下做出的,即做出了"亏心事"而别人又不见、不知。他人不在场,他人不会注视,但我自身却清楚我的言行之意义,自己之言行有违于普遍的规范,这个普遍规范在外(他人了解、掌握),亦在内(自己了解、掌握)。所谓"平生不做亏心事,半夜不怕鬼敲门","鬼"的到来是随自心而来,即因做了有违规范之事而自我评价、自我审判。他人不知,他人不在场,自我也会害羞,甚而产生羞耻。因此,"有羞耻"未必如萨特所论能够证明"他人"的存在,毋宁说,"有羞耻"只能证明"良心"的存在,证明"对规范、法则敬畏之情"的存在,也证明了规范、法则("义")的存在。他人的存在、他人的目光只是规范、法则的体现。我们因此也就不难理解"羞耻"与"敬长""义"的关联。

当然,我们也会说"为某人害羞"。害羞者之羞由他人引起,但害羞的主体是"我",是我觉得某人之所作所为达不到某人之应该作为。"为某人害羞"其实是说:这个某人在此情境下应该像个有尊严的人一样"害羞",所应羞的是这个"某人"而不应该是"替代者"。羞的前提是有个有尊严的自我,替他人害羞无疑是对这个有尊严自我的否定,这等于说,你是个没有尊严的

---

1 萨特:《存在与虚无》,安徽文艺出版社,1998年,第380页。

人，要是你有尊严，你应当害羞。所以，"替某人害羞"这种说法表达的是自己对某种情境下某种作为与应该的作为的一种态度。比如，《孟子·离娄下》载齐人乞食而骄妻妾之典故，孟子批评说："由君子观之，则人之所以求富贵利达者，其妻妾不羞也而不相泣者，几希矣！"齐人以枉曲之道求富贵损害的是自己的尊严，故齐人自己应当起羞。其妻妾之羞的内容与原因是遇人不良而不是以枉曲之道求富贵。因此，齐人妻妾之羞针对的是自己而不是替齐人"害羞"。真正的"羞"是他人替代不了的，正如不可能替别人快乐、替别人伤心一样，替别人害羞虽由他人而起，但羞者还是自己而不是他人。我们在孟子对伯夷、柳下惠的一段批评中可以较清楚地发现"羞"的这个特征：

> 伯夷，非其君不事，非其友不友。不立于恶人之朝，不与恶人言。立于恶人之朝，与恶人言，如以朝衣朝冠坐于涂炭。推恶恶之心，思与乡人立，其冠不正，望望然去之，若将浼焉。是故诸侯虽有善其辞命而至者，不受也。不受也者，是亦不屑就已。柳下惠，不羞污君，不卑小官。进不隐贤，必以其道。遗佚而不怨，厄穷而不悯。故曰："尔为尔，我为我，虽袒裼裸裎于我侧，尔焉能浼我哉？"故由由然与之偕而不自失焉，援而止之而止者，是亦不屑去已。孟子曰：伯夷隘，柳下惠不恭。隘与不恭，君子不由也。（《孟子·公孙丑上》）

如上所述，羞所对的是自我，柳下惠不羞污君，原因即在于羞的自我性质，尔羞是尔羞，我羞是我羞。在他看来，他人袒裼裸裎于我侧时，该羞的是他人（尔），而不是我。如果说柳下惠的做法有问题，那么，他的问题在于将羞的自我性贯彻到了极端，由此，只注重"修己"而无涉于"安人""安百姓"，对于"义"缺乏实现于天下的热情。就"羞恶之心"说，缺少了仁性的关爱、润泽时，"穷""达"都能由"羞"而"独善其身"，但却不能"兼济天下"。孔子谓柳下惠"降志辱身"，但"言中伦，行中虑"（《论语·微子》）。身心受辱而不羞，原因就在于"羞"是我对自身的羞，自守不失故不羞，恶亦如是。由于针对自身而起，"羞"及"所羞"之中对他人的关怀及注意都被悬置起来。所谓"隘"与"不恭"都涉及爱心、"恻隐之心"的缺位，涉及"他人"的缺位。对于柳下惠来说，他人袒裼裸裎涉及的是他人的羞，而不是自身的羞。

我们还应当区分"羞他人"与"为他人害羞"。前者是指我唤醒他人的羞心，他人应当为自己而羞。而"为他人害羞"，其实是以自己一颗"善羞"的心来为"他人自己"害羞。因此，"为他人害羞"所涉及的依然是"他人自己"而不是"他人"之外的人。柳下惠"不羞污君"指的是不为与污君相处而羞，污在君而不在我故也。然而，羞如果只对自己负责，羞恶之心如何能导向"义"呢？"义"指每个人之"应该"、每个人应该遵循的道路。作为父亲应该"慈"，作为儿子应该"孝"……自己的不同身份而不是他人的身份决定了"义"的具体内涵。他人缺位，"义"没有具体展开但仍在，因此，孟子主张"由仁义行"，而反对由他人的脸色、他人的目光而行。这种意义上的"义"侧重的是自身的"应该"，而不是权利与义务的对等或平衡。个人对"规范"或"义务"自身尊敬、负责，个人通过"修己"工夫将"义"内化为"良心"，在有德性的人身上，对规范的尊敬、负责就体现为我与自己良心的关系。

儒家一向追求、推重的是"为己之学"，"为己"是建构自身、确立自身，即确立有尊严的"我"。这个"我"只对自身负责，对绝对的规范、原理（义、天）负责。"其为气也，至大至刚，充塞于天地之间。""爱人不亲，反其仁；治人不治，反其智；礼人不答，反其敬——行有不得者皆反求诸己，其身正而天下归之。"（《孟子·离娄上》）行为没有达到预料的效果首先要反求诸己，审视自身作为。需要随时接受良心的指导与调适。"羞耻"表明了自身对待既有事实的态度，也同时昭示了未来的态度。"羞耻"不是做给他人看的，是由内而外的涌现。

儒家的"慎独"理论对自我一人状态的意义有着深刻的阐述。"莫见乎隐，莫显乎微，故君子慎其独也。"（《中庸》）朱熹注曰："言幽暗之中，细微之事，迹虽未形而几则已动，人虽不知而己独知之，则是天下之事无有著见明显而过于此者。是以君子既常戒惧，而于此尤加谨焉，所以遏人欲于将萌，而不使其滋长于隐微之中，以至离道之远也。"[1] "隐"是另一种"显"，即无人注视情形下的对自我的"显现"；"微"是另一种形态的"著"，即自己昭然明觉意义上的"著"。这两者是他人所不见、所不知的幽暗之处，也就是说，他人出场与否并不影响自我良知的活动，不影响我对"义"的感知。在此意义上，"慎独"彰显了自我之自足义。

把"羞恶之心"当作四端之一，注重"羞"的作用，而把内在心性规定为终极的根据，《孟子》对于"羞"的看法无疑与慎独说有其一贯之处。"人之所不学而能者，其良能也。所不虑而知者，其良知也。孩提之童，无不知爱其亲者，及其长也，无不知敬其兄也。亲亲，仁也。敬长，义也。无他，达之天下也。"（《孟子·尽心上》）"义"是"仁"的自然生长、延伸，或者说，"义"的根据、基础就在"亲亲之仁"上。尽管如此，两者也还不能等同。"义之端"之"羞恶之心"是与"仁之端"之"恻隐之心"平行的开端。羞、能羞的前提是知"是非"、知"辞让"，因此，羞恶之心可以涵盖辞让之心、是非之心。如果说"亲亲"之"亲"是自然发生的情感的话，那么，内含"羞恶之心""辞让之心""是非之心"的"敬"则可以说是建立在尊卑秩序基础上的理性情感。有尊卑、有秩序、有伦有理，故它可以区别于与

---

[1] 《四书章句集注》，第18页。

动相对的"宁静"以及与污浊相对的"洁净"。有羞耻的人敬己，敬己而尊己（有自尊），敬人的人人敬之。以此为根据，宋儒以"敬"取代佛家的"净"与道家的"静"作为最重要的心性修养工夫。

④ 有羞之心与有羞之在

道德修习要求羞心持续一贯地涌动，而不会出现只有羞心而无羞的涌动的时刻，不像舍勒、萨特所理解的羞感那样，只有被他人注视情况下才会害羞。因此，设定羞心的存在，设定羞心"不舍昼夜"地涌动，这使羞获得了体与用两个方面的规定与保证。仅就活动说，羞的出现可能仅是突如其来的"事件"，可能是蓦然回首的发现。舍勒说："在羞感一词的某种意义上，羞感是对我们自己的感觉的一种形式，因此属于自我感觉的范围，这是羞感的实质。因为在任何羞感里都有一个事件发生，我想称之为'转回自我'。"[1] "'害羞'始终是为了某事而害羞，它与某个事实相关，这个事实自发地'要求'害羞，这与我们的个体的'我'之状态毫无关系。"[2] 舍勒、萨特在原罪论传统下无法承认人有先天的善性，也无法承认"恻隐之心，人皆有之；羞恶之心，人皆有之"。舍勒说："灵魂的羞涩感以精神的个人之存在为前提，所以，身体的羞感极其普遍地存在于人身上和人的发展的任何时间之内……相反，灵魂的羞涩感肯定不是人的普遍属性，更不会出现在个体发展和民族发展的每个阶段。"[3] 没有羞之体与用的架构，羞就成为在个体发展与民族发展过程中偶然出现的个别事件，因此，舍勒对羞有"转回自我"之说。相反，在儒家，羞是体用一源的，此即如牟宗三所概括，两者是"即实体即活动"。儒家很早就确定了一个"原泉混混，不舍昼夜"的羞之"体"，有了这个"体"，才可能"行己有耻"（孔子）、"常惺惺"

---

1 《价值的颠覆》，第179—180页。
2 同上，第184页。
3 同上，第197—198页。

（宋明理学），也就是说，羞可以也应该在个体发展的任何时间、任何情境展开。在羞心基础上，怕羞、害羞与羞愧三者展现为统一的过程与形态，有羞心的人担心自我尊严的失落，担心自我价值的沉沦，因而"怕羞"。由于怕羞而有所不为，有所敬畏，因此，怕羞属于未来。自我尊严在失落的当儿，自我价值在沉沦的当儿，深切感受到自我当下的状况、所为冲击积极的自我感受，自我受挫，即感受而感应，因而"害羞"。自我尊严的失落、自我价值的沉沦，此种事实会持续对羞恶之心产生作用，自我回味、反思，愧对过去所期待的深层价值，愧对羞恶之心，由此而"羞愧"。羞与在一道展开，怕羞、害羞、羞愧三者分别对应着存在者的三个维度：未来、现在与过去。由羞愧经验而担心自我尊严再次受伤害，由担心羞愧而怕羞，由怕羞而害羞……羞恶之心是体，不舍昼夜地发为持续不已的作用。

孟子把"羞"当作尊严、价值的最重要的源泉之一，"羞"把人塑造成道德人、有尊严的人；没有羞恶之心，人就会向自然人甚至向禽兽堕落。由此，我们可以更好地理解"无羞恶之心，非人也"的深层意蕴。由于有了这样的源泉，人们自重、自守、自尊，就能够抵制向自然人的堕落，从而拉开与"生之谓性"论的距离。孟子以"羞"作为价值之源、存在之根，其提供的价值秩序即是现实羞感的内容，其普遍意义则在于将羞作为人存在的灵性根源与现实方式。

从存在论上说，"羞"不仅是自我展开的最重要的方式之一，也是自我与世界打交道的最重要的方式之一：以此感受世界、感应世界。万物、他人都被拉到我的内在之心面前，万物、他人首先是作为对我具有某种意义的存在者、能够对我造成某种作用的存在者[1]。我们的经验、理性都基于这一种存在方式，换言之，

---

[1] 当然，在儒家思想架构中，万物他人之所以能成为有意味的存在，这与恻隐之心的感通作用同样密切相关。

这种存在方式相应塑造了一种奠基于"羞"的特殊的经验方式与特殊的思想方式。以"羞"接物，"羞"的自我性质决定人们关注的物首先不是客观自存的"实体"，而是与人发生关联并对人产生作用的物，是成为"事"的物。以羞接物使物成为"事"，"物犹事也"这一经典的诠释正体现了这种经验方式与理性思想方式的特殊关注。正如前文所论，这个世界是有味的世界，这样的世界只能以"羞"等感受、感应方式来把握，在理性层次上则以"味"与"感"等方式来把握。

儒家趋向于人伦道德的自守，从而突出羞心的作用，并由此塑造出体用一源的存在：有羞之在。对于亦十分注重心性自守的道家来说，羞也被当作守护心性的重要关隘。在《庄子》外篇、杂篇中，羞被多次托孔子之口使用，其意义与儒家所使用的羞的意义亦不乏一致之处，如：

> 其于佞人也，羞闻其言，而况亲见其身乎！而何以为存！（《庄子·则阳》）

> 夫为人父者，必能诏其子；为人兄者，必能教其弟。若父不能诏其子，兄不能教其弟，则无贵父子兄弟之亲矣。今先生，世之才士也，弟为盗跖，为天下害，而弗能教也，丘窃为先生羞之。（《庄子·盗跖》）

不难发现，道家之所羞与孟子等儒家心目中之所羞类似，不过，道家强调自守其"素朴"之心性，他们以有损于素朴本性的言行、事物为羞，以失去素朴本性为羞。有羞而有诸多不为之言行，这样才能自守不失。《庄子》中北人无择将见舜视为丧失原则之事，将之视为自守的底线，因而"羞见之"，为躲避一见而自投清泠之渊。[1]《庄子·天地》中抱瓮者知道机械的效率，亦

---

[1] 参见《庄子·让王》。

知机械会带来机事，机事会产生机心，故而对机械"羞而不为"。"羞"成为素朴本性的守卫者，"所羞"是自守的底线。因而，羞对于道家式心性的修养亦至关重要。因此，可以说，在道家，由有羞之心而至于有羞之在无疑也是一条通达大道的思想之路与存在之路。

当然，道家凝道成德，以德载道，道德所现示之味以恬淡为特征[1]而区别于具有浓厚人道意味的儒家之仁爱。但正如"无为"是一种"为"的方式，"无味""恬淡"亦是一味，它亦需要以"味"的方式来展开，此即《老子》所言："味无味。"（《老子》第六十三章）。

2. 移情与感情

① 情何以可移？

人以"味""感"的方式与万物交互作用，"感"既产生了关注对象意味的"知"，也涌现出与对象相互给予的"意"与"情"。因此，作为思想方式与存在方式的"感"不仅贯穿于今人划分的认知、道德修养领域，而且同样体现在审美态度之中，成为中国审美精神的基本样态。本章对移情与感情的形而上基础的比较考察即指向中国审美精神的特殊机制。

"移情"说与"人为世界立法"说一样，基于世界无情人有情的西方思想传统。在此传统中，情被理解为主体自身自足的内在力量，世界万物则需要人为之"移-情"。中国思想传统中，"情"被理解为万物与人固有的存在方式，人与万物相"感"而人情、物情俱起。人情产生的前提是对他者的应会，乃至"师

---

[1] 《庄子·缮性》："古之治道者，以恬养知；知生而无以知为也，谓之以知养恬。知与恬交相养，而和理出其性。"王弼亦曰："以恬淡为味。"（《老子道德经注校释》，第164页）"恬淡"不在"五味"之中，故可说"无味"，但恬淡亦是一"味"，故需要"味之"。

法"。物情不是人移过去的,但物情亦通过与人情的相感而兴起。

20世纪著名美学家沃林格曾感慨地说:"西方人总是为移情冲动寻找地盘。"[1] 其实,不仅西方人,中国学人也总是为移情作用寻找地盘,似乎"移情"乃是普世的在世态度,是普世艺术的唯一标志。但中国思想世界中有"情"可"移"吗?此"情"又来自何方?当我们将此问题追问至形而上就会发现,"移-情"如同理性"为自然立法"一样,只是一种特定形态的形而上学的表达,其在西方形而上学中有根基,质言之,它乃是西方形而上学的一个子命题。在中国思想世界中,情则由"感"而兴,且"物情"与"人情"共起,而不是由"人"移向"物"。

"移情说"虽然直到19世纪后半期才在美学领域里取得主导的地位[2],但其形而上根基却远在西方哲学的源头——古希腊那里就扎下了根。柏拉图以"相"(Idea)的世界为最真实、最完善的世界,现实世界万物的真实性低于"相"的世界,而且世间万物的真实性源于"相"。宇宙的灵魂是造物者安置过来的,被安置进来的灵魂是宇宙间"身体"的主人和统治者。[3] 灵魂是万物及人的本质,灵魂的内涵是"理性":"灵魂内涵了理性和和谐。"[4] 人的情(感)与灵魂也不无关系,在《理想国》中,"激情"被规定为灵魂中理性、欲望之外的"第三者"。"正如国家由三等人组成一样,在灵魂里也这样地有一个第三者即激情(它是理智的天然辅助者,如果不被坏教育所败坏的话)。"[5] 激情虽是理智的天然辅助者,但由于坏教育等缘由,激情总与灵魂中的最大部分即欲望[6]参合,使灵魂与肉体紧密结合而使灵魂不得平

---

1 W·沃林格:《抽象与移情》,辽宁人民出版社,1987年,第16页。
2 朱光潜:《西方美学史》,人民文学出版社,1964年,第626页。
3 《蒂迈欧篇》,第31页。
4 《蒂迈欧篇》,第32页。
5 柏拉图:《理想国》,商务印书馆,1995年,167页。
6 《理想国》,第169页。

静，而且还会使灵魂陷入虚假的世界。"每一个人的灵魂如果受到了强烈的快乐或痛苦，就一定觉得引起他这种情感的东西非常亲切，非常真实。其实并不是的……每一种快乐或痛苦就像钉子似的把灵魂和肉体钉上又铆上，使灵魂带上了躯体。因此，凡是肉体认为是真实的，灵魂也认为真实。灵魂和肉体有相同的信念和喜好，就不由自主，也和肉体有同样的习惯、同样的生活方法了。"[1] 基于情感的肉体性质，柏拉图主张，应当以音乐之和谐与韵律陶冶激情，使之变得温和平稳而文明，或者干脆摒除欢乐、痛苦等情感，坚持以理智主导人生。现实世界需要从外部灌注生命（包含理智、勇敢、和谐等内容的灵魂），艺术模仿现实存在，艺术世界中万物的生命直接源于现实世界中的万物，根源则在"相"。这个世界在存在论意义上是缺乏生命的，要使之获得生命，就需要从外部灌注。当然，由于情感会污染灵魂，因而只具有负价值。相应地，在生命灌注过程中，情感更多地表现为肉体的伴生物、欲望的参合者，而远离纯粹的"相"。

亚里士多德同样把情感规定为灵魂的三要素之一，他说："在灵魂中有三种东西生成，这就是感受、潜能和品质……所谓感受，我说的是欲望、愤怒、恐惧、自信、嫉妒、喜悦、友爱、憎恨、期望、骄傲、怜悯等，总之它们与快乐和痛苦相伴随。"[2] 这里的"感受"（pathe）通常译为"情感"或"感情"。古希腊的观念中，"感受出于受难，他们把喜怒哀乐都看成是种受难"[3]。情感不是人的自足的内在意识，更不是主体随意强加给对象的尺度。情感是"受动"的结果，按照亚里士多德的话说就是"在感受方面，我们说是被运动"[4]。"被运动"的情感是他者对自身作用之反应，对于追求灵魂之纯净与宁静的人来说，情感

---

1 《斐多》，第48页。
2 亚里士多德：《尼各马科伦理学》，中国社会科学出版社，1999年，第34页。
3 参看苗力田的述要，《尼各马科伦理学》，第34页。
4 《尼各马科伦理学》，第34页。

确实不是人的"德性",而只是"受-难"。柏拉图、亚里士多德虽然在情感与灵魂关系上对情感采取消极态度,但他们在情感与外物关系上却也为希腊及以后的西方思想世界创建了一套独特的思维模式。在亚里士多德的"四因"说框架中,有生命者皆有灵魂,灵魂是有生命者的形式、本质。身体被理解为被动的质料,理解为有待获得本质的东西;灵魂被理解为身体的"形式"。情感是灵魂的一个要素,尽管它没有理性的地位重要,但显然也打开了通达本质的道路。

近现代以来,主体性哲学高度膨胀,主体被确立为自然的尺度,主体的各个维度分别被赋予立法者的地位。主体逐渐获得柏拉图的"相"、亚里士多德的"形式"所拥有的本质性、根源性,它能够赋予形式以质料、以世界万物,能够为世界赋予规则、秩序、情感、意志。康德说:"自然界的最高立法必须是在我们心中,即在我们的理智中。"[1] 人的主体地位一旦确立,人一旦成为自然的本质、尺度,不仅理智,而且人的欲望、意志、情感成为本质也成为西方哲学自然的推论。人为自然立法命题之逻辑展开就包含人为世界万物移情、移意(意志)。特别是随着帕斯卡、斯宾诺莎、卢梭等人的努力,情感在认识、伦理等领域中的积极作用得到正视,其在价值论中的地位不断得以匡正,由此情感也就如同理智一样成为人的本质的一部分。相应地,情感如同理智一样成为"人为自然立法"的内涵之一。

当然,主体性哲学在高扬主体的作用的同时,客体的地位、作用与之成反比地沉沦。当主体成为"形式因",客体相应成为"质料因",即成为杂乱无秩序、无价值意味、无合目的性的存在。近现代以来价值与事实的区分、划界为自然之祛魅提供了理论支持,自然被规定为无价值、无意味的质料、事实,自然之活动遵循的是纯粹的客观必然性。将此"科学的"态度、眼光贯穿

---

[1] 康德:《未来形而上学导论》,商务印书馆,1982年,第92页。

于世界、人生、自然,它们就成为同质的存在,即事实,它们表现为无价值、堕落、机械、需要征服的对象。自然"科学化"的结果就是自然成为无"法"而需要理性为之立法,无"情"(价值意味)而需要为之移情,无"意"(目的性)而需要赋"意"的自然。承担起为自然"立法""移情""赋意"的责任自然而"合乎逻辑性"地又落到主体的肩上。于是,主体心安理得地对之采取不信任态度,继而征服、占有、支配它。诸神远逝之后,主体接替诸神成为自然生命的给予者,"移情"则是主体对被征服者既合规律又合目的的双重安置。

② 移-情:有情可"移"

移情的内涵是将"人"的"情"迁移到客体,其前提有二:(一)主体有情;(二)客体无情。就前提(一)说,"情"是主体内在、自足的能量,是永不枯竭的泉源。就前提(二)说,"情"与客体自身无涉,无情的客体注定需要接受、承受主体之"情"。作为能量之一种,"情"从"有情之源"流向"无情者"体现了客观规律,这个流向,即从主体到客体,是单向的,不存在"逆向"流动的可能。让我们以"移情说"的代表里普斯为例,具体看看移-情的特征。

在里普斯看来,审美欣赏的对象也就是移情的对象是"客体",是与自我相对、与自我不同的另一个存在者。唯有这个对象以"感性形式"出现在自我的知觉中,它才能成为"审美的对象"。这样对象的存在可以"引起"我的情感。他说:"审美的欣赏是一种愉快或欣喜的情感……这种情感是由看到对象所产生的……在一个美的对象前面我感到一种欣喜的情感,这句话就等于说,我感到这种情感,是由于看到那美的对象所直接呈现于我的感性知觉或意象。我感到这种情感,是当我观看这个对象,也就是对它注意得很清楚而把它一眼摄进知觉里的时候。但是在审美的观照里,只有审美对象的感性形式才是被注意到的。只有这感性形状才是审美欣赏的'对象'(客体);只有它才和我'对立'，显得是和我自己不同的一种东西。"[1] 这个不同于自我的对象能够"引起"我的情感，但我的情感的涌现促使我进行审美欣赏的原因却不是对象，而是我自己："审美欣赏的'对象'是一个问题，审美欣赏的原因却另是一个问题。美的事物的感性形状当然是审美欣赏的对象，但也当然不是审美欣赏的原因。毋宁说，审美欣赏的原因就在我自己，或自我，也就是'看到''对立的'对象而感到欢乐或愉快的那个自我。"[2] 审美欣赏的原因是自我，这不仅是说，审美由自我发动，更重要的是说，自我才是情感的泉源。情感属于"自我"而不属于对象。情感（如欣喜）涉及对象，但对象不是情感的"根由"。

但审美过程需要一个"对象"，需要一个可以承受自我的情感的客体，这个客体的存在可以使自我的"情"得以"移"出去。这种向外移情的活动又被具体化为"灌注生命"等等。里普斯说："这种向我们周围的现实灌注生命的一切活动之所以发生，而且能以独特的方式发生，都因为我们把亲身经历的东西、我们的力量感觉、我们的努力、起意志、主动或被动的感觉，移置到外在于我们的事物里去，移置到在这种事物身上发生的或和它一起发生的事件里去。这种向内移置的活动使事物更接近我们，更亲切，因而显得更易理解。"[3] 在移情论者的视野中，外在事物是没有生命、意志、情感的，这在移情说另一代表伏尔盖特那里也有明确的表述[4]。情感属于自我，不仅岩石没有情感生命，人

---

[1] 里普斯：《论移情作用》，转引自《古典文艺理论译丛》（八），人民文学出版社，1964年，第43页。
[2] 《论移情作用》，转引自《古典文艺理论译丛》（八），第43页。
[3] 《论移情作用》，转引自《古典文艺理论译丛》（八），第40页。
[4] 伏尔盖特说："无论是米开朗琪罗的《摩西》，还是丢勒的《苦闷》，无论是埃费尔丁的某一风景画中的岩石，还是任意一块真正的岩石自身都不会具备灵魂、情绪和感情。只有欣赏者，只有他们才能从自己的内心出发赋予这些没有生命的形象以生命的光彩。因此我们也会由此看到，这些审美对象得以存在的前提就是欣赏者的同情心的巨大作用。我们所见到的这种在表（**转下页**）

之外的生物都没有灵魂、情绪和感情。正由于情感生命属于自我,所以,对象身上表现出来的"性质"属于自我而不属于对象。我可以将这些性质(如强壮、自由、活动、努力、挣扎、成功等)投射于任何对象,因此,"这些性质可以说属于任何物质对象"[1]。它们有情感生命的前提是自我的给予。换言之,对象的情感生命属于自我,人对对象的欣赏实际上是对自我的欣赏。所以,里普斯说:

> 从一方面说,审美的快感可以说简直没有对象,审美的欣赏并非对于一个对象的欣赏,而是对于一个自我的欣赏。它是一种位于人自己身上的直接的价值感觉;而不是一种涉及对象的感觉。毋宁说,审美欣赏的特征在于,在它里面,我的感到愉快的自我和使我感到愉快的对象并不是分割开来成为两回事,这两方面都是同一个自我,即直接经验到的自我。[2]
>
> 审美快感的特征就在于此:它是对于一个对象的欣赏,这个对象就其为欣赏的对象来说,却不是一个对象而是我自己。或则换个方式说,它是对于自我的欣赏,这个自我就其受到审美的欣赏来说,却不是我自己,而是客观的自我。[3]

经过移情的对象已经不再是纯粹的客观事实,而是被我的情感生命所统摄、所笼罩,被我的情感所同化了的价值存在。对象与自我不再是异质的两类存在,而是同质同类:对象就是我自

(接上页)面上看起来是表现审美对象的内容,实际上是我们的同情心积极参与的结果。"(伏尔盖特:《美学体系》第一章,转引自《十九世纪西方美学名著选》,复旦大学出版社,1990年,第589页)
1 《论移情作用》,转引自《古典文艺理论译丛》(八),第46页。
2 《论移情作用》,转引自《古典文艺理论译丛》(八),第44页。
3 《论移情作用》,转引自《古典文艺理论译丛》(八),第45页。

己,我自己也就是对象。就对象与我的状态看,我就在对象里面:"在对美的对象进行审美的观照之中,我感到精力旺盛、活泼、轻松自由或自豪。但是我感到这些,并不是面对着对象或和对象对立,而是自己就在对象里面。……这种活动的感觉也不是我的欣赏的对象……它不是对象的(客观的),即不是和我对立的一种东西。正如我感到活动并不是对着对象而是就在对象里面,我感到欣赏,也不是对着我的活动,而是就在我的活动里面。"[1] 物为我,我为物,物我冥合无间,按照学界通常的说法,此即国人所说的"天人合一"。就结果看,移情确实达到了主客一体。"另一个人"在做"我"的动作,旁人的活动代替了自己的活动。移情自我则成为一个只"观照"而不行动的"观念性(理想)的自我"。"移情之自我已非现实之自我,而是内在地摆脱此我的自我,这就是说,凡是脱离了对形式观照的自我,都不是移情之自我,移情之自我,只是指这种理想的自我,观照的自我。"[2] 如后文所论,就摆脱自我来说,移情同于抽象。就移情自我的特性来说,它是观照自我,是对形式观照的自我。这个独特的自我与中国文化中以"感""味"为特征的自我显然不同。

正如柏拉图要求以理智的眼睛(心眼)来观照"相",正如康德将柏拉图的做法一分为三而追求不掺杂经验的纯粹理性活动、不掺杂实际考虑的实践理性活动、无功利的判断力活动一样,里普斯对移情的"观念性(理想)的自我"采取了种种净化措施。他指出,审美的移情不同于一般的移情。一般的移情作用中,自我与对象的对立依然存在,自我带着目的、欲念进行活动,将自我情感生命投射到对象里去,这种实在的自我在如此投射时仍然能够清楚地分辨"对象"与"我"的动作、活动。审美

---

[1] 《论移情作用》,转引自《古典文艺理论译丛》(八),第43—44页。
[2] 《论移情作用》,转引自《古典文艺理论译丛》(八),第45页。

的移情作用中，自我从实践活动中抽身而退，排除了种种实际的考虑、欲念，聚精会神地观照，而且除了观照，不再考虑，也不再意识到实际发出的动作，自我完全被"对象"占领，除了观照，不再有其他动作。自我排除了身体及其动作，就成为纯粹的理想的自我。从感觉来说，身体被悬置，身体器官的经验感觉也就无从得起。在里普斯看来，器官经验都是客观的经验，也就是与身体状况相关联的经验，它的存在会使自我难以感觉到与对象的同一。因为身体是与对象不同质的存在，身体的介入只能造成两者的隔阂。意识中身体状况、器官经验的消失则是审美观照得以进行的前提。

③"抽象"：反向移情

如前所述，移情作用的前提是主客体的区分与分离。主体、客体都是有"个"有"体"的存在。主体先天有"情"，它主动地施与；客体先天无"情"，它只能被动地接受。这些个体因有"个"有"体"而相互分离，而且"体"保持着相互不可入性。移情说将移情作用理解为对客体感性形式的观照，这实际是说，主体之施与（移情）只能影响客体的影像、现象层面，而无法进入客体之"体"；主体之"情"不能成为客体的"体"，而只能成为客体的"现象"。所以，主客体在实质层面仍然是分离的而不是同一的。同样是基于这种分离，美学中的"抽象"说描述了主体审美感受的另一方向，即与移情作用相反的抽象活动。

德国美学家 W·沃林格从艺术史研究出发，指出了里普斯为代表的移情说对整个艺术品风格解释的不力。他认为这种由移情概念出发的美学是与浩瀚的艺术史不相符合的，在移情倾向之外还存在着一种与移情恰恰相反的抽象冲动："我们注意到了这样一种美学，这种美学并不是从人的移情冲动出发，而是从人的抽象冲动出发的。就像移情冲动作为审美体验的前提条件是在有机的美中获得满足一样，抽象冲动是在非生命的无机的美中，在结晶质的美中获得满足的，一般地说，它是在抽象的合规律和必然性中获得满足的。"[1] 移情作用是自我将情感生命移植到对象中去，在外物中玩味自身，在外物中自我也就获得了存在。在移情中，人与世界不复对立，自我以情感生命统一了世界。正如为世界立法的理性一样，移情是人统治世界的一种方式。沃林格说："在这种有机的美那里，人和世界不复对立，人们怀着对外在现象真实性的信念，达到了一个对世界表象的无所不在的感性——精神的统治。所有希腊哲学……都是从观察、思考的人这个中心出发，对可见世界之表象的一种改造。"[2] 移情使自我在外物中获得了存在，使自我作为独立的"个体"得以最大限度地保存。

与此相反，抽象冲动则是以作为独立"个体"的客体的独立存在为旨归的，它的前提是对客体失去独立状态的恐惧。"移情冲动是以人与外在世界的那种圆满的具有泛神论色彩的密切关联为条件的，而抽象冲动则是人由外在世界引起的巨大内心不安的产物，而且抽象冲动还具有宗教色彩地表现出对一切表象世界的明显的超验倾向，我们把这种情形称为对空间的一种极大的心理恐惧。"[3] 空间既是个体存在展开之条件，它也是个体之"个"得以保存的巨大威胁。因为"空间正是这样一种东西，它使诸物彼此发生关联，并使宇宙万物具有相对性，再加上空间本身又不容被分化成个体，因此，感觉对象如果还依赖于空间，它就不会向我们展现其材料上独立的特性，这样一来，所有艺术创作活动的目的就在于获得那种被从空间中拯救出来的单个形式"[4]。"抽象"就是拯救个体的活动，为此在艺术表现中，一方面需要消除指向深度的三维立体空间以及可能使个体导向其他依赖物、从属物的时间演化，代之以平面表现、静态表现为主；另一方面，需

---

[1]《抽象与移情》，第4—5页。
[2]《抽象与移情》，第16页。
[3]《抽象与移情》，第16页。
[4]《抽象与移情》，第22—23页。

要摆脱"自我",摆脱人类存在的偶然性等可能使个体变动不居的因素,从而把个体从变幻不定的存在中抽离出来,获得永恒。沃林格论述道:"在抽象冲动中,摆脱自我的要求是相当强烈和不可动摇的,这种摆脱自我的要求,在此并没有像在移情需要那里一样表现为一种摆脱个体存在的冲动,而是表现为一种对必然和永恒的观照中根本摆脱人类存在的偶然性,即摆脱所有有机存在外表上的变动不居的冲动,这种变动不居的有机存在就被视为对审美享受的骚扰。"[1] 自我不再像在移情作用中向客体投射情感生命,因为所投射的情感生命会使客体成为与人一样的有限物,后者被当作可能破坏客体个体独立性而被要求终止、撤除。

在沃林格看来,艺术创作者在抽象冲动役使下,净化一切依赖于生命的事物,净化一切变化无常的事物,把外物从其自然的关联中,从无限地变幻不定的存在中抽离出来,从而使之永恒并合乎必然,使之接近其绝对的价值。在这样的艺术中,客体摆脱了主体而成为自身,成为有"个"有"体"的永恒存在。在这样具有永恒性质的客体中,人们可以安身立命,可以将生命托付于它。在这个意义上,我们可以说,客体占领了主体,对象统一、统治了自我。无情客体战胜有情主体,情感的转移、投射也就失去了前提条件。

3. 感—情

① 一体与感—情:情非单向投射

移情说以自我对世界的感性-精神统治为特征,抽象说以保全客体为特征,两者共同的特征是主客体之间的分离与斗争。主客间统一是单向度的统一,是主体统一客体,或客体统一主体。就"情"来说,两者共同前提是主体有情,客体无情。移情是把

---

[1]《抽象与移情》,第24页。

主体先天固有的"情"投入客体；抽象则是将主体的"情"自觉收回。就"体"说，移情说与抽象说有着共同的形而上学基础：两者都基于多"体"论，从关系层面分为主体与客体，从数量看体为"多"而不是"一"。

但在中国万物一体思想传统下，"主体有情，客体无情"这个存在论前提颇成问题。如本书第二章第二节"以事解物与万物一体"所论，我与物不是二体，而是"一体"，这是中国传统思想的基本品格。以"一体"为旨，中国思想世界中主体与客体亦没有挺立起来[1]。诚然，我们有"主"与"客"之分，但基于"礼"的两者不是二体（主体与客体），而是一体。我们以礼待客，与客之间以敬意、情为纽带，以"不见外"即消除隔阂为目标。"客"与"主"不是对立之"体"。宾客受主礼，也应之以礼，所谓"礼尚往来"，"来而不往非礼也"。"宾至如归"是待客的目标，其内涵是使"客"融于"主"，成为"主"的一分子，成为"一体"（一家）。

"主体"既没有挺立，作为"体"之具体内涵的情感因此也不像西方思想世界中所认为的那样先天自足。人的"情"既不是先天自足，那它是如何产生的呢？《礼记·乐记》曰："人生而静，天之性也；感于物而动，性之欲也。"人生而静之"静"与"动"对，就是不会向他者单向施与"情"。将"静"理解为"天之性也"，其表达的就是"情"的不完满性质。换言之，就天之性来说，人自身无完满自足的"情"可投射出去，无情可"移"。人没有也不应当拥有完满自足的情，人之情来源于"感"，即与万物的交感、交互作用，简言之，感而生情。物的到来是好恶之情发生的前提与根由，而物之所以能够到来，是因为在中国古典

---

[1] 就中国思想史进程看，尽管多有"长恨此身非我有"之叹，但对有"个"有"体"之"个体"的塑造只是在西学进入中国之后才自觉展开，如将权利与责任（"体"）的承担者赋予个人（"个"），直接以"个"作为形上之"体"（如金岳霖之《论道》）。

思想世界中，物与人本是一体，一体之内的两者保持着开放的姿态特征，两者之间可以相互进入。人之"动"源于与物之"感"，而且与物"感"乃是人性的要求（性之欲）。在此意义上，我们可以理解人情的"不学性"。"何谓人情？喜、怒、哀、惧、爱、恶、欲，七者弗学而能。"（《礼记·礼运》）所谓"弗学而能"是指人生而秉有接受并反应外物的基质，即我们今天所说"感受"的能力[1]。如孟子以恻隐、羞恶等道德心为"不学而能"的先天本原一样，"不学而能"的恻隐等情显然不是先天自足且可对万物投射、使万物皆恻隐的移情，而是一种对万物开放的对待万物的态度。正如王阳明所说，良心的"不学性"是指感受、感应的自然性，"见父自然知孝，见兄自然知弟，见孺子入井自然知恻隐"[2]。"见父"可与"父"感，"不见"则无法相感，"孝"情故不发。"孝""弟""恻隐"也不是给予对方而使之亦"孝""弟""恻隐"（移情说中二情是同一的），而只是一方的受与应，对方如有应则当是"慈"（与"孝"对）、"友"（与"弟"对）等情。一旦所感之对方退隐，双方之感停止，此情也相应退隐。孔子以"不迁怒，不贰过"（《论语·雍也》）称赞其得意弟子颜渊，所谓"不迁怒"就是不将应此之情转移到他者。宋儒程颢则曰："夫天地之常，以其心普万物而无心；圣人之常，以其情顺万物而无情。故君子之学，莫若廓然而大公，物来而顺应。……圣人之喜，以物之当喜；圣人之怒，以物之当怒。是圣人之喜怒，不系于心而系于物也。是则圣人岂不应于物哉？乌得以从外者为非，而更求在内者为是也。"[3]"情"不系于心而系于物，实

---

[1] 以"感受"说"情"的典型代表是现代大儒唐君毅。唐氏以"感"说西方之"知、情、意"，认为"知"是"感通"，"意"是"感应"，"情"是"感受"（《生命存在与心灵境界》，第9页）。在"感"的基础上重新统合精神的各个维度，实乃解决现代精神分裂之良方，于此亦可见中国传统思想对于现代社会之价值。

[2] 《王文成公全书》，第8页。

[3] 《二程集》，第460—461页。

是强调"情"的相感性。与物感而知何当喜、何当怒，无感则无情，以内在先入之情应物则情失其真矣。

移情之不可能的更重要的原因是，物本身并不像西方哲学那样在形而上层面被规定为纯粹被动的、无本质性的"质料"，在伦理学上被规定为中性甚至负性价值的无情者[1]。在中国思想世界中，万物亦有其"情"。这个"情"是什么呢？

很多论者都已注意到"情"的本字是"青"，后加上"心"旁[2]，表示人的精神状况。但我们更应当注意，即使加上心旁之后，情字仍然被广泛地应用于"物"。我们在中国传统经典中常见以情说物的情况，如"观其所感（恒、聚），而万物之情可见矣"（《易·咸［恒、萃］·象辞》），"古者包牺氏之王天下也……始作八卦，以通神明之德，以类万物之情"（《系辞下》）。我们今天一般都倾向以"情实""情质"来解这里的"情"字。不过，"情实""情质"之"情"，亦如"青"字所示，表达的是万物充满生机的状况。在先秦思想世界中，"五色"之"青"在方位与"东"相应，在"五味"与"酸"相应，在四时与"春"对应，如《黄帝内经·金匮真言论》曰："东方青色。"《说文》曰："青，东方色也。"这里的"青"是指生机勃勃之开始。万物皆有"开始"，故皆有"情"。《性自命出》（竹简编号325）："（道）司（始）于青（情），青（情）生于眚（性）。司（始）者近青（情），终者近义。""情"与"始"的含义有一致之处，春草般生机勃勃的开始是万物生命（"性"）的直接展示，也是万物本性的最好展示。孟子将恻隐、羞恶、是非、辞让四种"情"

---

1 对于与人相对的"客体"，万物、自然、世界的形而上地位及伦理意义大体相当。西方文化史上的"自然"观念有不同类型，但其中一以贯之的是，自然是理性征服的对象，都需要理性为之立法。自然无价值意义，或具有否定价值，因此，在存在论上它是陌生人、敌人，而不是朋友。这一点在科学文化中亦有反映。马克斯·舍勒深刻地指出，科学知识包含着"对世界的怨恨"。（马克斯·舍勒：《舍勒选集》，上海三联书店，1999年，第31页）。

2 郭店竹简心旁在下，后演变为心旁放在左侧。

理解为人的"四端",所谓"端"即开端、开始。庄子将万物之端始理解为万物之"天","天"即万物之"情",因此主张"中纯实而反乎情……反其性情而复其初"(《庄子·缮性》),"常因自然而不益生"(《庄子·德充符》)。"情"即其"初",因自然而人情物情皆不可益损,所谓"人之有所不得与,皆物之情也"(《庄子·大宗师》)。让人与物按照其始(端、初)之情展开并得其"终",此"终"即为"情"之充分展开,为"情"之实现、完成,也即是最恰当、最理所当然的"仁义"。孟庄(及《性自命出》作者)虽然对"情"的内涵理解有所异,但由"情"而"仁义"的思想道路显然有相通之处。

情既是开始,也是最实质性的特征与倾向。在此意义上,人之情如物之情是指个人生命的直接展现,尽管加上"心"旁,但情显然不限于我们今天意义上的内在意识,而是指内外一致、身心一致的整个生命的直接展现。以"情实"解物之情的"情"固然不错,但更根本的是,"情实"之"情"与人之情是同质的,人之情不是纯粹内在的主观意识,物之情也不是死板的属性。此是以"情"说"物"的根据。我们今天只知道物情之"情"是"情实"之"情",而遗忘了此情与人情的历史的亲缘。我们要注意的是,今天区分情感、情态、情实的根据是将情规定为纯粹的内在意识,是可以向万物单向投射的能量,其直接表现就是我们上文所说"万物无情(感)人有情(感)"。实际上,中国传统思想世界中,"情"首先是包括物与人在内的存在的一种情态、一种存在方式或与他者交往的方式。人情与物情一样都是在与他者交感过程中表现出来的感-应性,现代汉语"感情"与"情感"二词恰恰表达了情与感的关联。

儒者追求与万物同体,求道者追求与万物为一,因此,"主体"之"体"皆不立。相应,与人相对之他者(物及他人)都被纳入一体而"客体"之"体"亦不立。有"主"有"客"而无独立自足的"主体"与"客体",在这样的架构中,主客都不是现实自足的本原，主客间也不存在彼此不可突破的、封闭的疆界。"情"发生于此无"体"之"主""客"间，此情不像移情活动那样谋求对世界的统治，与物交往也不像"光"[1]一样是一种完满自足的能量之"源"，更不会像光一样自然向他者放射。

② 感情、交情：情之双向给予

一体论拒绝了单向移情，人有情，物亦有情，两情相感而互相给予，使物情中有人情而成就新的"物情"，人情中有物情而生长出新的人情。所谓"感而生情"之"情"非旧情而是新情，"生"则指新情之生生不已。人之情与万物之情相互交换的前提是物有情，人有情，"无情者"是无法与他者相感的，当然也感受不了人情物情。所谓"以林泉之心临之则价高，以骄侈之目临之则价低"[2]，我们领受不了万物之情是因为我们无"林泉之心"。

如上文所论，情是万物（包括人）生命的直接展现。因此，万物皆有情，皆可感。万物之生源于天地之感，万物之成长成就亦需要万物之感。感如何促成万物的开端与生长，如何使人与物呈现出勃勃生机，或者感如何能够成为万物的动力因？

对于"感"的展开方式，《易传》有经典的表述："一阴一阳之谓道。"（《系辞上》）生生不已的宇宙万象源于阴阳两种势力之间不断攻取，借用西方哲学的话来说，阴阳乃是世界万物得以存在、发展的"动力因"。阴阳两种势力贯穿于一物之内、两物之间，乃至万物、天地中。由阴阳之攻取而有"生"，而有不已之"生生"，而有富有之万物及日新之人。阴阳之相感构成了世界万物的真实存在形态。《易·咸·彖》曰："天地感而万物化

---

[1] "光"在西方文化中具有极其重要的思想意义。目光、意识之光的投射是认识的基本特征，在康德，思想之光还担当为"自然"立法的使命；在移情说中，情感活动同样是按照"光"的投射来设计的。

[2] 郭思撰，储玲玲整理：《林泉高致集·山水训》，大象出版社，2019年，第6页。

生。"《系辞上》则曰:"天地氤氲,万物化醇。男女构精,万物化生。"万物化生的前提是天地之相感,万物之间的相感("男女构精")则是生生不已的万物存在之自然展开状态。"观其所感而天地万物之情可见矣。"(《易·咸·象》)"天地万物之情"于其感中呈现,二端之交感、交互作用而彼此相互给予、接受,相互交融而相通,由相通而成就生生不已的一体之"宇宙"。

人与宇宙万物之间无须臾之不感。就人之身体说,一呼一吸无时不在与天地之本原(气)交通。但人皆有心,人之身行往往受心主导,人之感也莫能例外。有心感还是无心感,以何种方式去"感",甚至感还是不感,凡诸等等皆由"心"来决定。按照儒家、道家的理论,"心"大体可分为私心(以我、欲、利为实质)与公心(以公、道、义为心)。前者以我、欲、利为趋向,使之从原本自然交通的大化之流中独立出来,拒绝与他物、他人的相互交通而停留于自身。拒绝相互感应,停留在自身之内无法通达他者,更无法了解相感万物之真实存在。儒家、道家为此发明许多方法破除私心之蔽。孔子有"四毋"说:"毋意,毋必,毋固,毋我。"(《论语·子罕》)按照朱熹的注解,"意"即"私意","必"为"期必",即以己意加诸人或物,期许其按照自己意志存在。"固"为"执滞"。"我"即"私己"。[1]"四毋"皆旨在拒斥私意对万物的强加,而保持与万物正常的感通。《老子》主张"无心"亦类此:"圣人常无心,以百姓心为心……为天下浑其心,圣人皆孩之。"(《老子》第四十九章)"无心""无"的是儒家的仁义礼智之心、普通人的功名利禄之心,这两者都可归结为自我之心,因此,所"无"的是自我之心,而非不用心。"以百姓心为心"并不是说"百姓心"就是圣人所用之心。实际上"以百姓心为心"只是"无心"的一个环节。"百姓心"还需要进一步提升,"浑""孩"就是提升的具体措施。百姓心也以某

---

[1] 《四书章句集注》,第110页。

个"我"为中心,对人、我、世界万物进行分别、计较、谋划,所谓"浑""孩"就是敉平这种以"我"为中心的分别、计较、谋划,而使物我之间的交通自然而然地展开。

物我之相感,情随物而起,具有一定的受动性,在某种意义上可以说是物的给予。但相感是交互的,相感过程中,物亦不断获得人的给予。"色声味之授我也以道,吾之受之也以性。吾授色声味也以性,色声味之受我也各以其道。"[1] 在性与色声味相互授受的过程中,人之性与物之色声味逐渐生成。"天道"与我性的相互授受使物不再是纯粹的客观之物自身,而是含有人之情性的物。人与天地参,万物得以成就。"是故大人举礼乐,则天地将为昭焉。天地欣合,阴阳相得,煦妪覆育万物,然后草木茂,区萌达,羽翼奋,角觡生,蛰虫昭苏,羽者妪伏,毛者孕鬻,胎生者不殰,而卵生者不殈。"(《礼记·乐记》)礼乐兴,仁智成,则物得以成就、完成。"能尽人之性,则能尽物之性。能尽物之性,则可以赞天地之化育。可以赞天地之化育,则可以与天地参矣。"(《中庸》)礼乐兴、仁智成是尽人之性,尽人之性则能尽物之性。所以,人的"赞"与"参"才能使万物更顺利地完成、成就。

如果说"与天地参"更多表达传统儒家思想的话,道家"师法自然"说则更直接拒绝了主体(姑且称之)向客体(姑且称之)的移情。"人法地,地法天,天法道,道法自然。"(《老子》第二十五章)地、天、道、自然皆为人师,它们不仅提供恰当的存在方式,也为人提供了恰当的生存态度,包括提供恰当的情感方式:"天地不仁,以万物为刍狗。圣人不仁,以百姓为刍狗。"(《老子》第五章)"不仁"是拒绝儒家式的"仁爱"而不是拒绝任何情感态度。庄子对此说得更明确:"自虞氏招仁义以挠天下也,天下莫不奔命于仁义,是非以仁义易其性与?"(《庄子·骈

---

[1] 《船山全书》,第二册,第409页。

拇》)以仁义易他者之性对他者来说就是失性,这样非但不能使自我与万物为一,而且还会造成是非之争,造成彼此之间的对立与割裂。只有停止以己情强加于他者,乃至克服自我与他者之间的界限、忘记自我,才能与万物为一、与天地并生。从万物来说,理想的状态也如自我的悬置一样,各臧其德、各任其性命之情、各自闻、各自见,而不能以一"个"强加于另一"个"。"形莫若缘,情莫若率。"(《庄子·山木》)真情率而起,是自身天性的自然流露,是发自本性的涌现:"真悲无声而哀,真怒未发而威,真亲未笑而和。……真者,所以受于天也,自然不可易也。故圣人法天贵真,不拘于俗。愚者反此。"(《庄子·渔父》)真情随境而起,触物而发,同样随境而去,物往而情止(颜回"不迁怒、不贰过"同此)。《老子》将含德之厚者比作赤子:"终日号而不嗄,和之至也。"(《老子》第五十五章)庄子则曰:"凄然似秋,暖然似春,喜怒通四时,与物有宜而莫知其极。"(《庄子·大宗师》)情通四时则情不藏于内,不私于己。暮去朝来,花开花落,情与物感而生,亦随感消而止。因此,真情内不伤己,外不指向物,不会强加于物,更不会伤物,所谓"天与人不相胜也"[1]。

性与天道相互授受,人给予物以人之情,物也给予人以物之情;物接受了人的情,同时人也接受物之情,这在中国传统文化中俯拾皆是。中国士人称梅兰竹菊为"四君子",它们之为"四君子"乃在于梅之"高洁""典雅"、兰之君子式"无人自芳"、竹之"刚直有节"、菊"傲霜枝"之"傲骨"等等。这些物以此感人,也不断给予人以"高洁""典雅"等人所期待的情操、情谊。它们不仅能够滋润、滋生、滋养人,还能伴人行居,给人慰藉,成为人的良师益友。人们接受、模仿乃至"师法"万物生长

---

[1] 《庄子·大宗师》。在《应帝王》中,庄子说至人"能胜物而不伤":"至人之用心若镜,不将不迎,应而不藏,故能胜物而不伤。""能"是一种可能,而非现实,事实上,不将不迎、应而不藏之镜心是无所谓"胜"与"不胜"的。

之"道",领受万物所给予的情,从而获得挚挚"新情"。"新情"所得愈多,德性愈高,境界愈高,人之性也就能够不断完善与成就。王夫之说人之性情"日生日成",其"成"即是不断给予,也不断接受万物之情性而成。

有情之物到来,人则以情与之相接相感。"人之情,耳目应感动,心志知忧乐……所以与物接也。"(《淮南子·俶真训》)对人来说,接物、感物的不是以客观性为特征的眼睛或理智的眼睛(心眼),而是包括触觉、味觉、身心一体的完整存在。与移情活动不同,感的活动既不排除身体,也不排除身体经验。"诗者,志之所之也。在心为志,发言为诗,情动于中而形于言。言之不足故嗟叹之,嗟叹之不足故永歌之,永歌之不足,不知手之舞之、足之蹈之也。"(《毛诗序》)"气之动物,物之感人,故摇荡性情,形诸舞咏。"[1] 手足发肤等器官参与与物相感不仅不会使精神陷入纯粹的感性经验,而且足以承担、演绎极度的激情,而不致破坏物我的一体状态。身体与万物之间不仅没有封闭的界限,身体与万物的相感反而会使自我更深地契入世界。人与万物相感过程中,身心为物所动,情随之而"起"。人的精神与身体一道参与与万物的相接、交感。内里的"心志"形而为外在的言、嗟叹、咏歌、手舞、足蹈,"目应"而"心会",舞咏与性情相互贯通。

当然,由于情与物之间的亲近、交互给予,所起之情易随物而失人之性或人之节,由此使起情者物于物而丧己。"物至知知,然后好恶形焉。好恶无节于内,知诱于外,不能反躬,天理灭矣。夫物之感人无穷,而人之好恶无节,则是物至而人化物也。人化物也者,灭天理而穷人欲也。"(《礼记·乐记》)这种担忧并非空穴来风。物无穷地到来,情随物而易随物流荡不返,物我一体就成为无分别的、绝对的"同一"。绝对的"同一"使万物

---

[1] 钟嵘撰,李子广评注:《诗品》,中华书局,2019年,第1页。

失去了相感之对立性,"天地感而万物化生"(《易·咸·彖》),万物不感则万物不生,万物不生则天地之理灭。为应对情感过度无节所带来的弊病,思想家们采取了许多措施以规范情、养情。孔子以"哀而不伤,乐而不淫"(《论语·八佾》)为理想的情,而反对情感的过度释放。情应当"节制",应当以"性"(理)驾驭情。但"性其情"不是"灭情",如程颢所论,"无情"所"无"的是"先在之情""先入之情","无"掉这些情之后,心胸廓然大公。以这种心胸迎接物的到来并与之相感,其无情是不以己情强加于物,是顺应万物之情;其有情是以物情为人情。

在美学研究方面,人们常将刘勰"登山则情满于山,观海则意溢于海"(《文心雕龙·神思》)当作"移情"说最恰当的注脚。实际上,它表述的仍然是"感一情"。虽然就观的活动看是"物以情观",但此情的根源仍在与物相感,即"情以物兴"(《文心雕龙·诠赋》),"情以物迁"(《文心雕龙·物色》)。因此,"登山则情满于山"不是将自己的"情"移到、投射到山海等物那里,因为物我相感之前,情虽"有"而不"兴",情之"有"只算是潜在的"有",情之兴需与山感而兴。情需山而起,在此意义上可说,登山之前人本无情可移,只有对兴致的期待。若情已自足,登山即成多余。人之情在与物交互作用过程中"以物兴""以物迁"而焕发出崭新的姿态。物感人,人感物,交感而彼情与此情交换,而使物情涌现、人情焕发,使人得以"成"、物得以"成"。同样道理,烟云连绵的春山之所以能令人"欣欣",明净摇落的秋山之所以能令人肃肃,其原因就在于一方面,"以林泉之心临之则价高",诗人以其情感物;另一方面,物也以其情感人。二情相和而起,既是人情之起,也是物情之起。万物有情有味。有情味故能进入人,故能感人。"登山则情满于山",是人情唤起(兴)了物情,不是人情移置、灌注于山海。人情是有限的,不是无限的,其无限是因为与万物并、天地一。"并""一"恰恰拒绝了人情的单向投射。

人情不是独立自足的，它不仅需要所感者，更需要所感者之情。特定的鸟兽草木为人情所截取、选择，是因为两者之相似，不仅是形式之相似，更重要的是情的内涵的契合。两情相契，故他物能引起人的兴-趣，能使人情由潜而显，由淡到浓，逐渐积聚、爆发、升腾。《关雎》兴乎鸟，因雎鸠"雌雄不乖居"；《鹿鸣》兴乎兽，因鹿"见食而相呼之"。以鸟兽草木起发人情关键在于人与他者之"感"或"触"。鸟兽草木之所以能使人情动在于这些物在人眼中是"有情者"，而且拥有与此人情相应契的"情"。有情人以情观、以情听、以情触，物我之接，人情动物情，物情动人情，物我之情皆因相触而"起"：由内而外地涌现、由混沌而获得明确的样态或形式。这个样态由"触"而生，即由鸟兽草木的情态给予。"触物以起情"，原来此情即是如此，也应该如此。所以，"起头者"以其情而为人情提供了一个样态，也为人情提供了一个原型、一个值得人情取法的"师"。鸟兽草木之情使人情由静而动，并给予人情一个得以起而"立"的原型。这种人情显然不是纯粹由人先天自生、无涉外物的、主体自足的能力或能量。它由物情而起，双方授受不已，而不会单向度由人及物。

③ 感—情与兴、味

与西方原子论传统强调"体"之"不可分""不可入"不同，在"一体"论传统中，人与物、道都在一体"之内"，这在原则上承认了人、万物的相互开放性：物与人可以相互进入。在方法论上，由主张"体"之"不可入"而发展出强调距离性、客观性的视觉思维，由主张万物间相互开放而发展出味觉思维、感觉思维[1]。在中国传统美学中，"兴""味"方法的广泛自觉的应用、持续不断的讨论与深化无疑是味觉思维的具体体现。

---

[1] 不是近代以来知识论哲学中与理性相对的感性，而是包括身感与心感的、没有被降低为感性认识的"感觉"，具体可参见本书相关各章。味觉思维与感觉思维是一致的，可参见本书第三章。

就字义说，"兴"的基本含义是"起"，如《尔雅·释言》："兴，起也。"刘勰《文心雕龙·比兴》："'比'者，附也；'兴'者，起也。""起"的内容是什么呢？按照刘勰的用法，"起"与"情"相连，即"起情"："附理者，切类以起事；起情者，依微以拟议。"（《文心雕龙·比兴》）刘勰这一思想为后世不少论家继承，比如"比兴等六义，本乎情思"[1]，"索物以托情谓之比，情附物者也；触物以起情谓之兴，物动情者也"[2]。"起情"不是单指人情之"起"，而是亦涉及己情、人情之外的他物。"比者，以彼物比此物也。"[3] "兴者，先言他物以引起所咏之词也。"[4] 朱熹对比兴的这个著名的解释诚然注意到了比兴所涉及的形式结构，即比兴涉及"彼"和"此"两物。不过，他却将"起"的最实质的内涵——情解释失掉了。按照这种解释，他物与所咏主题无实在的关系，或者说，他物只是无意义的、纯粹的"起头"。既然他物与所咏之词是彼此不相干、互相隔绝的两者，他物存在的必要性立刻就成为问题。事实上，"起头"之"起"即是"起情"之"起"，而且此"起"不仅是人情之"起"，也是物情之"起"，是两者之"共起"。

物何以能兴人？或人情何以能随物而起？对这个问题，中国哲学的基本看法是"同声相应，同气相求"（《易·乾·文言》）。"物情"与人的喜怒哀乐之情是相通的、一致的。物情人情之相通在宇宙论、本体论上都有表述。比如，在中国传统比较典型亦比较成熟的"气论"中，气不仅构成了有形体的万物，而且构成了无形的魂魄、性情。《说文解字》云："性，人之阳气。性善者也。"又曰："情，人之阴气。有欲者。"人由阴阳二气聚合而成，

---

[1] 皎然：《诗式》，引自何文焕《历代诗话》，中华书局，2004年，第35页。
[2] 李仲蒙这一说法见于胡寅：《与李叔易书》，参见胡寅《斐然集》，岳麓书社，2009年，第358页。
[3] 朱熹：《诗集传》，中华书局，2017年，第7页。
[4] 《诗集传》，第2页。

故有性有情。万物皆由阴阳二气聚合而成,故万物亦皆有性有情。在气的层面上,人与物之感与应属于同类的两种"性"(阳气)、"情"(阴气)之间的感应,即所谓"同气相求"。在这个意义上,喜怒哀乐之情与世界万物是相通的。庄子曰:"喜怒通四时。"(《庄子·大宗师》)董仲舒则将人之情与四时相通做了详细阐发:

> 天有寒有暑,夫喜怒哀乐之发,与清暖寒暑其实一贯也,喜气为暖而当春,怒气为清而当秋,乐气为太阳而当夏,哀气为太阴而当冬,四气者,天与人所同有也……人生于天,而取化于天,喜气取诸春,乐气取诸夏,怒气取诸秋,哀气取诸冬,四气之心也。(《春秋繁露·王道通》)

人取化于天,人情之喜气、乐气、怒气、哀气取诸春夏秋冬,春夏秋冬之气与人之情同质:

> 春气爱,秋气严,夏气乐,冬气哀;爱气以生物,严气以成功,乐气以养生,哀气以丧终,天之志也。是故春气暖者,天之所以爱而生之;秋气清者,天之所以严以成之;夏气温者,天之所以乐而养之;冬气寒者,天之所以哀而藏之……春之为言犹偆偆也,秋之为言犹湫湫也。偆偆者,喜乐之貌也;湫湫者,忧悲之状也。是故春喜、夏乐、秋忧、冬悲……喜则为暑气,而有养长也;怒则为寒气,而有闭塞也。(《春秋繁露·王道通》)
>
> 春,喜气也,故生;秋,怒气也,故杀;夏,乐气也,故养;冬,哀气也,故藏;四者,天人同有之,有其理而一用之,与天同者大治,与天异者大乱。(《春秋繁露·阴阳义》)

董仲舒"天人相副"论尽管在宇宙论上被斥为虚妄，但其对人情与物情相通性的表述却对传统文人骚客的观世态度乃至一般人审美态度的生成有着巨大的影响[1]。人情物情相通，故物可使人情兴，人情可随物情共起。

以"性"为阳气、"情"为阴气的观念贯穿于其他层面。成书于秦汉之际的《黄帝内经》对于"味"有类似看法："阳为气，阴为味。"（《素问·阴阳应象大论》）在气的层面上味与情都归于"阴"，属于同质的存在。"阳生阴成"，"阳散阴聚"，阴气聚则成形，故《素问·阴阳应象大论》曰："阳化气，阴成形。""味""情"皆属于有形可见、有象可感者。尽管这是将两者都放在了宇宙论层面说，但两者之相通无疑也打开了通往本体论的道路。受"气一元论"影响，自《神农本草经》始，中医即将"味"视作药物的本质特征，即物之为物者，一物有"一味"，"一味"即一物。"味"成为物之可以直接作用于人的本质，或可说是人可感受到的物的本质[2]。秦汉对"情"与"味"的如上看法造成魏晋以来影响深远的"以味论道""以味论诗""以味论乐""以味论人"等立体文化结构。于"情"亦然，不仅"情"有味，而且"味"成为"有情""无情"及"真情""虚情"划分的主要标准。特别是在艺术作品中，有"味"的"情"才能够感染人、吸引人。当然，"味"是两者之"合"，体味、解味特定种类的"情"都需要体味者有相应的情感境界准备，此即"臭味相投"。

---

1 可参看邓乔彬《董仲舒天人感应论对文学的积极影响》："董仲舒的天人感应论为自然意义的天加上了道德属性，交通天人……天人感应所促生的生命哲学在三方面影响了文学：抒情性、对主客体关系的重视、'同类相动'之说。"（载于《文艺理论研究》2004年第2期）

2 这与西方古希腊以来的思想传统不同，柏拉图认为形式性的"相"是世界万物的本质，亚里士多德四因说将"形式因"规定为本质因，本质在这个世界是不显现的，显现的只是它的表象、现象，康德"现象"与"物自身"的区分亦根源于此传统。以"味"为本质则彰显了本质的可感性。

"味"可"尝味"而不可拉开距离、客观地观看，对于有"情味"的存在，把握它亦需要以情"味"之。传统诗论、文论中广泛提及的尝味、体味、品味、玩味、解味、味道、味象等方式无疑都属于这种特殊的人文方法论。王夫之曾对"味"的结构进行精微的剖析。他认为，"味"是"五行"与人之"合"。五味之生与人欲之动相关联，故其"现"（见）又充满人欲特征，即充满主观性。人的感官与外物动以合之，此乃"味觉思维"的基本特征。康德对味觉的结构、特性进行了很好的揭示，并形象而深刻地称之为"化学性感觉"。所谓"化学作用"是指人与物之间相互作用、相互改变、相互契合。

对于艺术欣赏过程来说，既需要"兴"来起情，以引导欣赏者进入拥有特定情态的世界，亦需要以情味情，将自身之情融入艺术作品中，与其中所包含的情相互给予、相互激发、相互融合，以期产生"化学作用"。鸟兽草木之情给予、激发欣赏者特定色彩之"情"，欣赏者的情随鸟兽草木的情而起，而不是由人随意地向鸟兽草木"移情"。人情参与物情而知"味"，人得物情而称作"得味"。实际上，"味"是人情、物情之"合"，因此，得味之众寡取决于人情与物情感触、契合的深度而不是人移情的力度。当然，对于欣赏者来说，其所进入的世界不仅有物情，还有人情。欣赏者既需要去契合物情，也需要契合人情。与物情的感触、契合不仅是欣赏者起头之情，更重要的是以之打开有情世界，为之定向、定调，将之引导至作者所开创的物情人情交融的世界。诚然，相感之际，欣赏者拥有主动性，即他会主动去"玩味""品味""体味"，作品不可主动来但可以其"味"吸引、召唤欣赏者的到来，即以其自身"以待情会"。此两者之遇或聚使物"味"成为人性化的"意味"。但这些"味"的活动不是将价值意味由外而内地灌注给自然，而是寻求与自身域相融合的情味，寻求与自身情味相交融的可能存在。在这个意义上，欣赏者不仅期待被对方接受，更期待对方的给予，期待与对方"交-

情"。

"移情"说与"人为世界立法"说一样，基于世界无情人有情的思想传统。在此传统中，情被理解为主体自身自足的内在力量，世界万物则需要人为之"移-情"，需要自外而内地索要"情"。"抽象"说将抽象理解为移情的反向运动，理解为人情的撤离，亦基于以上的理解。中国思想传统中，"情"被理解为万物与人固有的存在方式，但个体不是情的泉源，人与万物相"感"而人情、物情俱起。人情产生的前提是对他者的应会，乃至"师法"。物情不是人移过去的，不是征服之后的施舍，不是纯粹的给予，它本身就有情，但物情亦通过与人情的相感而兴起。人因感物而生情，物因感人而生情。"感情""情感""交情"等词都反映了这一点。

五 味与象
——味、感的范畴表达

在近现代中国哲学中,"对象"是人们最熟悉也是使用最多的一个范畴。人们往往以"对象"一词来代替"客体"或"所指"。对象这个词相当于英文中的"object"。这个词尽管与"object"本义有出入,不过它却实实在在透露出中国哲学所关注的东西——所对的是"象",而不是其他东西。同样如此,对于"现象""想象""表象""意象""抽象",人们关注的是"所现""所想""所表""所意""所抽"的"象"而不是其他东西。关注(所"对"的)"象"是中国哲学的一个极其重要的特征,它在相当程度上决定了中国哲学的思维取向。中国哲学的基本范畴或者直接取自象,或者保持着与象相一致的内在结构。因此,弄清楚象的特征、结构以及它的产生机制对于我们理解中国古代人的思想及其存在方式都大有裨益。

在中国思想世界中有个奇特的现象,即"象"既是思想范畴,也是存在,是思想与存在的统一体。这既是西方论者贬低中国哲学的理由（如黑格尔），也是今日学界质疑中国哲学合法性的根据。作为存在，它展示的是空间时间一体性存在，是形与质一体的存在。作为思想范畴，它既表述空间性质，也表述时间性质；既表述"形"，也表述"质"。作为思想与存在的统一体，思想的超越性被降低，思想缺乏思辨的纯粹性。这也是"象"思维的重要特征。对于"象"思维的具体特征，国内学者多有撰述[1]，兹不赘述。论者感兴趣的是，"象"思维的根据何在；为什么会产生"象"思维。

1. "象"义辨析：从大象到物象、心象

汉字"象"的本义是兽名，指陆地上现存最大的哺乳动物：大象。甲骨文和早期金文的象字，是大象的侧视图形。𤉢、𤉣（甲骨文），𤉤（金文），𤉥（小篆）。这些如画一样的"象"字逼真地刻画出大象的神态，这表明"象"之初义即指这种特定的动物——大象。

但我们今天所见的"象"之含义异常丰富，比如中国人常说"宇宙万象""万象更新"，宇宙万物何以都会有其"象"呢？很多学者认为，"象"的意思是"形状"，但其义如何从动物之名到"形状"的呢？

许多学者都注意到《吕氏春秋·古乐篇》的一段文字："商人服象，为虐于东夷，周公遂以师逐之，至于江南。""商人服象"不仅反映在战争活动中，还广泛体现于商代社会的各个层面。甲骨文不仅有象字，而且有使用象和以象为族徽的记载。殷墟出土卜辞中有"宾贞以象侑祖乙"（甲骨文合集8983）的记载，说明"象"曾是殷人的祭祀用物。《礼记·玉藻》有"笏，

---

1 代表性成果如王树人：《回归原创之思："象思维"视野下的中国智慧》，江苏人民出版社，2005年。

天子以球玉，诸侯以象"的记述，也反映了殷商以来有将象牙制作礼器的做法。在金沙遗址，广汉三星堆出土数以千计的象牙似乎表明"象"的非凡地位[1]。商人与"象"的亲密关系多有表现。商人最高远祖"舜"有"服象"之说：

传书言舜葬于苍梧下，象为之耕。(《论衡·书虚》)
世谓舜之在下也，田于历山，象为之耕，鸟为之耘。[2]

象不仅为舜耕，而且据专家考证，舜所居之历山在妫水之滨，或传帝舜姓妫。"妫"本字即"为"，甲骨文是以手牵象之形。罗振玉曰："象为南越大兽……古代则黄河南北亦有之。为字从手牵象，则象为寻常服用之物。"[3] 徐中舒诠释"爲"字"从又牵象"，意即"以手牵象"[4]。而且，他又考释出"豫"字为"象邑"之合文，得出"殷代河南实为产象之区"的结论，此"实为殷人服象之证"。象在舜-商文化系统中为寻常服用之物，又是非常的神圣之物。象常被殷王用来祭祀先王，还有殷王以象为号[5]，殷人以象名器[6]。有学者据此认为殷人将大象作为最重要的神圣动物之一加以崇拜[7]，似有一定道理。神圣属于崇高的

---

1 以上参见黄剑华《金沙遗址出土象牙的由来》，载《成都理工大学学报》（社会科学版）2004年第3期。
2 陆龟蒙：《象耕鸟耘辨》，引自《唐甫里先生文集》，凤凰出版社，2015年，第1031页。
3 罗振玉：《殷墟书契考释三种》，中华书局，2006年，第172页。
4 徐中舒：《殷人服象及象之南迁》，《"中央研究院"历史语言研究所集刊》第2本1分，1930年；又见《甲骨文编》，中华书局，1965年，第109—110页。
5 郭沫若：《卜辞通纂》，《郭沫若全集》，第二卷，科学出版社，1983年，第276—277页。
6 如"象尊"，最典型如湖南醴陵出土商代青铜象尊，陕西宝鸡斗鸡台出土有商代后期青铜象尊，三星堆出土的青铜雕像将大象的形态铸在青铜器上，都充分表现了古人对象的尊崇，等等。可参见黄剑华《金沙遗址出土象牙的由来》，载《成都理工大学学报》（社会科学版）2004年第3期。
7 汪裕雄：《意象探源》，安徽教育出版社，1996年，第36页。

天，也属于至尊的人："建中元年，道茂请城奉天为王者居，列象龟。"[1] "为王者"可与"象龟"同列，其攀附正基于"象"的神圣性。"象物"一词也表明"象"的神圣地位。"六变而致象物及天神。"（《周礼·春官·大司乐》）郑玄注："象物，有象在天，所谓四灵者。天地之神，四灵之知，非德至和则不至。"[2] 将"四灵"称作"象物"，有"象"在天能否成为理由颇成疑问，更有可能的是，"象"本身已经被"神圣化"，成为与天神同等神圣的存在。

确实，当"象"被理解为神圣性的存在，乃至神圣性的标志，万物与"象"的关联也就有了可理解的环节。《易·系辞》曰："在天成象，在地成形。"《老子》第四十一章曰："大象无形。""象"属于"天"，属于"道"，属于这些崇高者。"天""道"都具有伟大的"创生性"，所谓"博厚，所以载物也。高明，所以覆物也……博厚配地。高明配天"（《中庸》），"道生之，德畜之"（《老子》第五十一章）。万物与人乃这些崇高者所创生，故他们也如"象"一样具有神圣性，具有"象"一般的力量、生命力，成为生生不已的宇宙"万象"。"道之为物，惟恍惟惚。惚兮恍兮，其中有象。恍兮惚兮，其中有物。"（《老子》第二十一章）"恍""惚"是"道"的存在形式，也是"道"生化万物万象的方式。这里的"物"与"象"处于同一序列，而低于作为"大象"的"道"。由秉承大象之生机言，"物"有其"象"，"象"成其"物"，简言之，"物"即"象"，"象"即"物"。万物有其象，乃可说宇宙万象，乃可说万象更新。

---

[1] 康骈：《剧谈录·桑道茂》，引自刘世珩辑校，郑玲校点《贵池唐人集》，黄山书社，2013年，第63页。
[2] 孙诒让撰，王文锦、陈玉霞点校：《周礼正义》，中华书局，2013年，第1753页。

2. 象与形

"形"字古文从"开"与"彡",《说文解字》:"形,象形也。从彡,开声。""形"义从"彡",按照《说文》,"彡"义即"毛饰画文也"。徐灏注曰:"毛饰画文者,谓凡毛及饰画之文。"《广韵·衔韵》曰:"彡,毛长。""毛饰画文"即用羽毛装饰或刻画出来的文彩、纹理,对物体来说,毛饰画文指"外"而不及"内"。《说文》曰:"开,平也,象二干对构,上平也。""开"音同"见",与"彡"合义即指与"质""生""体""神"相对待的、平列着的毛饰画文,即事物外露、可见的装饰部分。从字义上说,"形"与"质""生""神"相对,古语多将形与这些字对举使用,多取其毛饰画文义[1]。

如上述,"象"首先并不指物体之"形状",而是指涉物自身,当然,任何物都有其毛饰画文,都有其"形"。但"象"不仅有"形"义,它还包含与"形"相对的"质""生""神"等实质内涵。"象"不仅是空间性的(形式),而且是时间性的秩序、绵延(四象)。故"象"不仅可"观",还可"想"(想象)、可"意"(意象)、可"表"(表象)、可"味"(澄怀味象)。

就构成方面说,物与象都根源于气。

> 通天下一气。(《庄子·知北游》)
>
> 精气为物,游魂为变,是故知鬼神之情状。(《系辞

---

[1] 庄子对"形"有种界定:"物成生理谓之形。"(《庄子·天地》)"形"是既成者的纹理、架子,所谓"理"是指纹理、架子,故《庄子·庚桑楚》以"形"与"生"对举:"夫全其形生之人,藏其身也。"《荀子·非相》以"形"与"心"对举:"相形不如论心。"《礼记·月令》以"形"与"性"对举:"君子斋戒……安形性。"《史记·太史公自序》以"形"与"神"对举:"凡人所生者神也,所托者形也。"后世蔚为大观的"形神之辩"无疑正基于形对心、生、性、神的相对独立性质。

上》）

> 有气方有象，虽未形，不害象在其中矣。[1]
> 凡可状，皆有也；凡有，皆象也；凡象，皆气也。[2]
> 所谓气也者，非待其蒸郁凝聚，接于目而后知之；苟健顺、动止、浩然、湛然之得言，皆可名之象尔。然则象若非气，指何为象？时若非象，指何为时？[3]

气聚散而有物之生灭成毁，气"蒸郁凝聚"而物得以成形，人之目得以"接"。"象"亦根源于"气"，但"象"不必"形"，即不必有确定的形状。"象"的存在形态是"现"而"未形"。"兆见曰象。"[4] "象"以"兆"的方式呈现（"见"），不是已成而不变者。"象"的这种状态，张载称之为"几"："几者，象见而未形也。"[5] 在《系辞》中，"几"是指仅有少许呈现但却能透露整体状况的情态："知几其神乎！几者，动之微，吉之先见者也。"（《系辞下》）未形是因为几"动之微"，还没有完全定型。象不是既成，而是更代似续不已。"象，能变化者也。形器，不能变化者也。形器以成既济言，象以变通言。……《象传》不言器而言象，则谓屯方变通，以取新之义言也。"[6] 能变化，故"象"不是确定、固定的东西，不是已然、已成的东西。有些哲学家更以"幽"与"明"、"显"与"隐"、"聚"与"散"来说明"象"的未形性质。完整的物象是幽明、显隐一体。

"幽"与"明"、"见"与"不见"主要是依据视觉而言的，

---

1 张载：《张载集》，中华书局，1978年，第231页。
2 《张载集》，第63页。
3 《张载集》，第16页。
4 引自王弼：《周易注》，中华书局，2011年，第357页。
5 《张载集》，第18页。
6 焦循：《易学三书》之《易通释》，九州出版社，2003年，第340—541页。

这使"象"具有了"形"[1]的意义。"见乃谓之象，形乃谓之器。"(《系辞上》)"见"(现)与"形"不同，"形"对着视觉开放，"见"对着"感"开放。"象也者，像也。"[2]"象也者，像此者也。"(《系辞下》)"象"总与"像"联系在一起，"像"[3] 义透露出"象"的另一层内涵。

《说文解字》："像，似也。"段注："古书多假象为像……全书凡言象某形者，其字皆当作像……《系辞》曰：象也者，像也。此谓古周易象字即像字之假借……似古有象无像，然像字未制以前，想象之义已起，故周易用象为想象之义。"[4]"像"义乃"象"之中分化出来的"形式""形状"义，以象释像才能见像之本。像之从人乃是"人"法地、法天、法道、法自然的结果。从"象"到"像"与人的"意想"有关，韩非子对此有个很好的解释。"人希见其生象也，而得死象之骨，案其图以想其生也，故诸人之所以意想者皆谓之象也。"(《韩非子·解老》)韩非子的解释透露出生死象与意想之象的关系，以死象之骨拼成象之图，象之图虽是死象，但却被当作"生"象。换言之，死象虽是"图"，但却被指称为"生象"。此象究其实由人而作，故从人从象。事实上，"立象"之"象"皆为人所作，皆属于"像"，但

---

[1] 关于"形"与"象"内涵的差异，《天问》有："上下未形，何由考之？……冯翼惟象，何以识之？"《淮南子·天文训》有："古未有天地之时，惟像无形。"钱锺书论道："'象'不如'形'之明备，语意了然。物不论轻清、重浊，固即象即形，然始事之雏形与终事之定形，划然有别。'形'者，完成之定状；'象'者，未定形前沿革之暂貌……终'象'为'形'，初'形'为'象'。"(钱锺书：《管锥篇》，第二册，中华书局，1999年，第611—612页)钱氏以始终、定未定来建立"象"与"形"的联系有一定道理，但其求两者之同却有敉平两者之嫌。"象"之为"象"乃在于其幽明之一体，此为一确定之态，中国文化执之为确定的理想而不是将之执为"始"，毋宁说，"象"即是"终"。

[2] 《系辞下》。

[3] "像"曾是"象"的繁体字，但自1986年10月《简化字总表》重新公布以后，"像"已经恢复使用。

[4] 段玉裁：《说文解字注》，中州古籍出版社，2006年，第459页。

"像"亦从"象",乃根植于万物。故动词"象"强调"似",这个"似"不仅是指形式性的相似,而且是"神似"。"神似"不是仅仅与它相像,而是神(特质、生命)的嗣续。"《彖》之言遁也,《象》之言似也。似者,嗣也。遁者,退也。此退而彼进,即嗣续不已之义。"[1] "象"指实质上的、生命上的一致,"象"的"取法""效法"义就根基于此观念。

> 象以典刑,流宥无刑。(《尚书·舜典》)
> 今灭德立违,而实其赂器于大庙,以明示百官,百官象之。(《左传·桓公二年》)
> 故象天地,效鬼神,参物序,制人纪。(《文心雕龙·宗经》)
> 有威而可畏,谓之威;有仪而可象,谓之仪。(《左传·襄公三十一年》)

"象"既有名词"法"义,也有动词"取法""效法"义,是"法"才值得"效法",二义实一。效法什么呢?我们来看看典籍的使用情况:

> 化于阴阳、象形而发谓之生;化穷数尽谓之死。(《大戴礼记·本命》)
> 昔夏之方有德也,远方图物,贡金九牧,铸鼎象物,百物为之备,使民知神奸。(《左传·宣公三年》)
> 百官象物而动,军政不戒而备。(《左传·宣公十二年》)
> 辨说也者,心之象道也。(《荀子·正名》)
> 琬圭九寸而缫以象德。(《周礼·考工记·玉人》)

---

[1] 焦循:《易学三书》之《易章句》,九州出版社,2003年,第313页。

然则先王之为乐也，以法治也，善则行象德矣。（《礼记·乐记》）

"道""物""德"之可"象"在于其有价值，"形"之可"象"也在于其与"生死"联系在一起，而不是纯粹的空架子。"圣人有以见天下之赜，而拟诸形容，象其物宜，是故谓之象。""道""德""物"有其所宜，"象"即是"象其物宜"，所以，"象"虽有"像"，但"物宜"却构成了"像"的核心。

3. 感与象：从物象到意象、心象

以象称物源于特定的物的观念，在精神层面，我们看到的是将象作为范畴，以象表达意义、意味，乃至"道""神"[1] 等普遍性观念。

《系辞上》曰："子曰'书不尽言，言不尽意。'然则圣人之意，其不可见乎？子曰：'圣人立象以尽意，设卦以尽情伪，系辞焉以尽其言。'圣人有以见天下之赜，而拟诸形容，象其物宜，是故谓之象。圣人有以见天下之动，而观其会通，以行其典礼，系辞焉以断其吉凶，是故谓之爻。""言"与"书"不能完全达意就借助"象"。"象"是什么？它是所感的一种特殊结构，"立象"是为了"尽意"。"立象"之"象"乃是我们所说的范畴。这种用法先秦已有，如：

公问名于申繻，对曰：名有五，有信，有义，有象，有假，有类……以类命为象；取于物为假，取于父为类。（《左传·桓公六年》）

---

[1] 以象表达"道""神"的用法如通行本《老子》第三十五章："执大象，天下往。"河上公注："象，道也。"刘勰则说："神用象通。"（《文心雕龙·神思》）

"以类命为象",换言之,"象"是表达"类"的,是个类概念。王夫之亦曰:"汇象以成易,举易而皆象,象即易也。"[1] "象"范畴系统构成了《易》,"象"乃是《易》的本质特征。我们这里要弄清楚的是,"象"范畴形成的经验基础是什么。

"象"的神圣性、幽明显隐一体性使万象无法对视觉完全呈现,象本身由"感"而生,它也只对"感"呈现。

就物象说,它由感而生。"气本之虚则湛无形,感而生则聚而有象。有象斯有对。"[2] 象由感而生,"感"如何生象呢?《咸·象》曰:"柔上而刚下,二气感应以相与……天地感而万物化生。"《系辞》认为,"一阴一阳之谓道"。感皆有"对":阴与阳、柔与刚、天与地,每对相互攻取应和,即张载所谓"絪缊二端":"天大无外,其为感者,絪缊二端而已。"[3] 二端相磨相荡,所成之象亦含有阴阳、显隐、幽明维度。象中的阴阳、刚柔、天地等成对出现、相互作用使象难以测度而成就其"妙"与"神"。"物之所以相感者,利用出入,莫知其乡,一万物之妙者与!"[4] 比如,"天象"即是阴阳同体者:"天象者,阳中之阴;风霆者,阴中之阳。"[5] 天象如此,地象、人象亦如此:"一物而两体,其太极之谓与!阴阳天道,象之成也;刚柔地道,法之效也;仁义人道,性之立也。"[6] 地道之刚柔、人道之仁义皆是"一物"之"两体",天、地、人之象皆是"絪缊二端"相感而成。所成之象之显隐、幽明因此互为根据:"盈天地之间者,法象而已矣;文理之察,非离不相睹也。方其形也,有以知幽之故;方其不形也,有以知明之故。"[7] 显隐、幽明相互倚靠,故由形而可知幽,

---

1 《船山全书》,第一册,第1039页。
2 《张载集》,第10页。
3 《张载集》,第10页。
4 《张载集》,第10页。
5 《张载集》,第12页。
6 《张载集》,第48页。
7 《张载集》,第8页。

由不形而可知明。

用"象"来表达"意""道""神"等普遍观念最重要的原因是中国思想世界中精神观念的结构与象的结构之间具有一致性。"一阴一阳之谓道",道、理等普遍性观念都蕴涵着"阴阳"两造相反相成势力,阴阳之间以"感"的方式相互作用。

自在的物象由二端相感而神妙无方,人达意则需要自觉地"立象[1]"。从自在之物象到自觉的意象、心象为什么需要"立",如何"立"呢?"立"有"兴[2]"义、起义,即从自在到自觉的站立、挺立。物"象"之兴需要人(圣人)使之兴、使之起。"立象"之"立"与"己欲立而立人"之"立"一样,都是按照自己的方式确立他者。结果即是己与人、物一起在象中挺立:我立于物之中,物立于我之中,物载着我,我游化于物。物即我,我即物,物我交感成一"象"。在这个意义上,"象"所示即我之意,"象"所说即我所说,"象"为我表意,乃至可"尽意"。在此我们就可以理解为什么"立象"可以"尽意"。当然,"象"不仅可以尽我之"意"——我的意味,它也可以尽物之"意"——物的意义,即物的生意及物之理。

象之中有物,有我。因有我,故需要"修己",修己才能保证我与他人相通,才能保证所立之象的普遍性。因此,普遍性也涉及"立人",使人、我、物共同融合在"象"中。《系辞》把

---

[1] 在《系辞上》中,"立象者"指的是"圣人"。基于此,崔憬、吴澄解"立象"为创立八卦之象,朱熹解"立象"为立奇偶二画(参见李光地《周易折中》,九州出版社,2002年,第834页)。本书对"立象"的诠释不限于《易》,而指向一般意义上的"象"思维,故对"立"的考察指向一般存在论。

[2] "兴"即比兴之兴。《文心雕龙·比兴篇》:"兴者,起也。……起情,故兴体以立。"兴,起也,不仅指起情,在存在论上更指人与世界万物相感应,共同舞动。对于"象"与"兴"之间的关系,王夫之、章学诚多有论述:"《诗》之比、兴,《书》之政事,《春秋》之名分,《礼》之仪,《乐》之律,莫非象也,而《易》统会其理。"(《船山全书》,第一册,第1039页)"《易》象虽包《六艺》,与《诗》之比兴,尤为表里……战国之文深于比兴,即其深于取象者也。"(《文史通义》,中华书局,2000年,第19页)

"圣人"理解为"立象者",也就指明了修己的方向与标准。另一些思想家为避免使象走向纯粹的主观性,自觉地以器来规定象,主宰象,如王夫之说:"故《易》有象,象者,像器者也。"[1] 章学诚则说:"人心营构之象,有吉有凶,宜察天地自然之象,而衷之以理。"[2] 把象理解为器之象、天地自然之象是为了避免滑向纯粹的主观性,实际上,察天地自然之象而衷之以理这样的"道问学"努力与修己之"尊德性"一样指向象的普遍性追求,尽管这样的意图仍然备受质疑[3]。

如前文所述,立象之"立"有"兴"义,从哲学层面看"立"还包含"感"义。张载曾富有启发地论述过感与象的关系:"气本之虚则湛无形,感而生则聚而有象。有象斯有对。"[4] "天包载万物于内,所感所性,乾坤、阴阳二端而已。……若圣人,则不专以闻见为心,故能不专以闻见为用。无所不感者,虚也;感即合也,咸也。以万物本一,故一能合异;以其能合异,故谓之感;若非有异,则无合。天性,乾坤、阴阳也,二端,故有感;本一,故能合。天地生万物,所受虽不同,皆无须臾之不感,所谓性即天道也。感者,性之神;性者,感之体。"[5] 天地万物皆无须臾之不感,立象者必须以"感"进入万象。"感"不能以"私心"、以有限的闻见之心为用,必须以"性"为"体",这样的"感"才显其神妙。

其次,人可以名辞立象,人则象、取象的工具是符号,其中最主要的是语言,即以辞生象。言辞可以指示客观存在,也可以

---

1 《船山全书》,第一册,第1028页。
2 《文史通义》,第19页。
3 王弼"得意忘象"之说担心的则是"象"对"意"的遮蔽:"故言者所以明象,得象而忘言;象者,所以存意,得意而忘象。"(《周易注》,第414页)"象"只是被看作"意指",而被取消"象"之所"是",从而在存在论上成为多余。
4 《张载集》,第10页。
5 《张载集》,第63页。

无实指地独立营造主观意象。基于此，一些思想家自觉地以道、气、器来规定象，主宰象，以避免使象走向虚幻浮夸。王夫之说："故《易》有象，象者，像器者也。"[1] 把象理解为器之象可以避免滑向虚幻浮夸，但显然会把近取诸身的许多象遗漏。章学诚虽然承认近取诸身之象，但也畏惧其象之凶而有疏远它的倾向："人心营构之象，有吉有凶，宜察天地自然之象，而衷之以理。"[2] 章学诚也注意到，天地自然之象与人性之理有间隔，取天地自然之象必须把两者的关联弄清楚。实际上，察天地自然之象而衷之以理的功夫并不少于疏导与规范人心营构之象的功夫，传统思想中"道问学"与"尊德性"之争无疑已展示了这一点。尽管把象理解为器之象、侧重取天地自然之象并不能真正保证象的完全客观性，但其意图却历历昭然，即通过强调、强化与道、气、器的关联而增强象的客观性。正因为象是道的呈现，而且与气、器密切关联，所以，人们才会把象当作认识与实践之所对（对象），当作主体之所对（现象、表象、意象）。

人们立象的目的是"尽意"，强调"神用象通"的必要性。但立象同时存在种种危险。《周易正义》区分了"实象"与"假象"："或有实象，或有假象。实象者，若地上有水，地中生木也，皆非虚言，故言实也。假象者，若天在山中，风自火出，如此之类，实无此象，假而为义，故谓之假也。"危险的根源就在于象是人立的，人假无实有的假象阐述己意，"象"就随时有坠入人心营构之象的可能，而远离"物象"与"人意"。基于后者，人们一再质疑"象"的必要性，"得意忘象"的呼声一再响起。王弼担心"意"被"象"所遮蔽，故王弼欲存意而忘象："故言者所以明象，得象而忘言；象者，所以存意，得意而忘象……是故触类可为其象，合义可为其征。义苟在健，何必马乎？类苟在

---

[1]《船山全书》，第一册，第1028页。
[2]《文史通义》，第19页。

顺，何必牛乎？"[1] "象"只是被看作"意指"，而取消"象"之所"是"。王弼在此突出了象的意指功能。所谓"忘象"，一方面，忘掉象之所是；另一方面，也舍弃了象，取消了象。忘象使象成为纯粹的而又任意的符号，此即"祛魅"，即祛"象"之意味。

但舍弃象之后，"意"如何"存"与"达"，如何通向主体间？这成为问题。得意者如何传达？不能传达，此意如何去私意之嫌，又如何证实此意？

实际上，"象"既"定彼"，又"出意"。就"定彼"说，象"是"且"意指"；就"出意"说，象亦"是"且"意指"。王弼扫象功在突出其意指的工具性，而失却其目的性（"是"）。《易》象使用的符号是系统的符号，而不是任意的符号，这是与修辞学之"寓意"或"象征"最大之不同。《易》之取象（卦名）又经过符号化，两者组成"象"，故象既"是"（远取诸物，近取诸身）又"意指"（符号），此与修辞学之"象征"（特别是浪漫派）既"是"又"意指"显然不同。

张载为"大心"而忘象，他说：

> 由象识心，徇象丧心。知象者心。存象之心，亦象而已，谓之心可乎？[2]

心与象非一，按照张载的想法，象为心之载体，而不是心自身。心以象为载体，若以象为鹄的则心为象限而止于闻见，心同于象则为有限的闻见之小体，而难以成为"德性之性"，无法至于"天之至处"。斩断象与意的关联往往会降低"象"的作用与意义。他说：

---

1 《周易注》，第414—415页。
2 《张载集》，第24页。

> 形而上者，得意斯得名，得名斯得象……故语道至于不能象，则名言亡矣。[1]
>
> 散殊而可象为气，清通不可象为神。[2]

这里意在区分"气"与"神"，基于两者差异"象"被限止在物质性"气"之"实象"，于是神就成为"不可象者"。名言与象以"可象"为界限，"不可象"者如"神""形而上者"似乎都在"象外"。但张载显然没有王弼决绝，他亦注意到精神性之"气"以及人心假而为义所营构之"假象"的妙用。所以，他又认为"形而上者，得辞斯得象矣"[3]。象对于心、性等形而上者之传达，又是必要的，形而上者可借辞象而得。

象由感所立，感所具有的特征充分地显现于"象"上。"感"由阴阳、乾坤、天地等两者相合，而呈现出动态时空一体的特征。在典籍中，我们常见以"时""历"解释"象"的例子，如：《系辞上》："两仪生四象，四象生八卦。"按照虞翻的注，"四象"即"四时"[4]。张载也有类似表述："时若非象，指何为时？"[5]"象"表征的是具体的存在，所以，象之中包含生命存在的时与位的样态，即存在展开意义上的时间与存在彰显意义上的空间统一体。四时之交替会产生各种事物（八卦为其中最基本的八种），这些事物体现出四时之在而呈现出时空一体的特征。所以，每一个卦象虽都是不变易的符号，但却表现的是生生不已的、流动的生命存在。《系辞上》说："圣人设卦观象，系辞焉而明吉凶。刚柔相推而生变化。是故吉凶者，失得之象也。悔吝者，忧虞之象也。

---

1 《张载集》，第15页。
2 《张载集》，第7页。
3 《张载集》，第17页。
4 引自李鼎祚：《周易集解》，中华书局，2016年，第435页。
5 《张载集》，第16页。

变化者，进退之象也。刚柔者，昼夜之象也。……是故君子居则观其象而玩其辞，动则观其变而玩其占，是以自天佑之，吉无不利。"卦象之间随着生命存在位序的变化，也不停地运动、变化。

制器者以象为法，以象为根据，使象合乎人之用而成形、成器。"服牛乘马，引重致远，以利天下，盖取诸《随》。"（《系辞下》）法象即取诸象，即根据象的时位变化之道利用厚生。服牛乘马，引重致远，人类之所作大致都如此。制器者尚其象，但象不仅与制器活动有关，而且还与人们进德修身有关。"《履》，德之基也；《谦》，德之柄也；《复》，德之本也；《恒》，德之固也；《损》，德之修也；《益》，德之裕也；《困》，德之辨也；《井》，德之地也；《巽》，德之制也。"（《系辞下》）因此，象之形既可为器，也可为德。人们根据象可以涵养进德，德以这些象为基础与根据才不致归于虚幻浮夸。

关于象与象之间的逻辑关联，《易传·序卦》说："有天地，然后万物生焉。盈天地之间者唯万物，故受之以《屯》。《屯》者，盈也。屯者，物之始生也。物生必蒙，故受之以《蒙》。《蒙》者，蒙也，物之稚也。物稚不可不养也，故受之以《需》。《需》者，饮食之道也。饮食必有讼，故受之以《讼》。讼必有众起，故受之以《师》……"可以看出，卦象之间的逻辑顺序并非内涵或外延大小顺序，也不是种属顺序，而是生命存在的相因相生之道，是对生命存在的感悟与感推。尽管我们今天不能完全赞同这些感悟与感推，但它们却一直影响着我们的逻辑观念。"否极泰来"与"天将降大任于斯人也，必先苦其心志，劳其筋骨"等等无疑首先是对生命存在的相因相生之道的感悟与感推。

前文已经论及，道、理等范畴皆有"味"，因而这些范畴都属于形质一体、时空一体的"象"范畴。王夫之说"天下无象外之道"[1] 正断示了"道""理"等范畴与"象"的一致性。

---

[1] 王夫之，《周易外传》，中华书局，1977年，第212页。

诚然,"道""理"等范畴不是卦象,而是"类""故""理"意义上的"象"。《左传·桓公六年》说:"以类名为象。"换言之,"象"是表达"类"的,是个类概念,卦象因其表达"类"而成为"象"。那么,这些"名"如何"成象"呢?

朱熹曰:"盖有如是之理,便有如是之象。"[1] 具体说来,象与理是体用关系,理为体,象为用。"至微者,理也;至著者,象也。体用一原,显微无间。"[2] "理"以"象"的方式呈现、显现,即"理"呈现、显现于事事物物。理"至当不移",具有确定性,不过此确定性是"当然"之"当","不移"是"当然""应然"之"不移"。"理"显现于"象"实际上包含"象"以"当然"面貌呈现,这即是前文所说之"理味"。

"道"或"理"与"象"的关系不是我们通常说的本质与现象等"两层"的关系,也不是父与子等"两个"的关系。王夫之对此有精彩论述:"天下无象外之道,何也?有外则相与为两,即甚亲而亦如父之于子也。无外则相与为一,虽有异名而亦若耳目之于聪明也。父生子而各自有形,父死而子继,不曰道生象而各自为体,道逝而象留。然则象外无道,欲详道而略象,奚可哉?"[3] 父子虽亲,但是"两",是相互为"外"。"象"与"道"(或"理")则是"相与为一"的。故他说:"象者,理之所自著也。"[4] "理"(或"道")显于"象","象"中有"理",两者名二实一。"由理之固然者而言,则阴阳交易之理而成象……象成而阴阳交易之理在焉。"[5] "阴阳变通而成象,则有体,体立而事物之理著焉,则可因其德而为之名。"[6] "象"是一个"整体",

---

1 《朱子语类》,1662页。
2 《朱子语类》,第1653页。
3 《周易外传》,第212—213页。
4 《船山全书》,第一册,第586页。
5 《船山全书》,第一册,第586页。
6 《船山全书》,第一册,第600页。

是一个包含阴阳交易、阴阳变通的"体",阴阳交易、阴阳变通即是"理"。"道"(或"理")与"象"是"一",因其内容及呈现方式而被称为"象"之"理"。"象"表明的是,"理"不是脱离生命、脱离质料的空架子。

"道""理"何以以"象"的方式呈示?其原因亦在于,"象"有"取法""效法"义。我们前文说过,"象形""象物""象道""象德"之所"象"在于其有价值。"道""德""物"有其"所宜","象"即是"象其所宜",所以,"象"虽有"像",但"所宜"却构成了"像"的核心。

"象"是一个类范畴。"象即类也。……变谓阳变为阴,化谓阴变为阳。变则旁通矣,化则类聚矣。类聚以成象矣,群分以成形矣。见犹显也,显犹代也。谓变化而更代似续之也。"[1] "类聚以成象",反过来说,类不聚的话,一只是一,这这那那只是这这那那。对这这那那可以有印象、影像而不能成为范畴"象"。亚里士多德说:"形式所表示的是这类,而不是这个。"[2] 我们也同样可以说类聚以成象之"象"表示的是"这类",而不是"这个"。

象不是形似,是神似;神似不是仅仅与它相像,而是神(特质、生命)的嗣续。"《彖》之言遁也,《象》之言似也。似者,嗣也。遁者,退也。此退而彼进,即嗣续不已之义。"[3] "象"是类,也是"种"。今天我们说"种类"这个词,在古代"类"即"种","种"即"类"。这些类概念("象")就如种子一样,它包含着"如何存在"的生命可能性(潜能)。"法象"就如播种,使这样的生命得以延伸、延续,引用"象"就如子嗣延续父辈的生命存在。所以,立象不是"模仿",也不是"反映",而是取其

---

[1] 焦循:《易学三书》之《易章句》,九州出版社,2003年,第308页。
[2] 亚里士多德:《亚里士多德全集》第七卷,中国人民大学出版社,1997年,第167页。
[3] 焦循:《易学三书》之《易章句》,第313页。

"法",是"法象",是如所立之象一样生化,是接着此象生化,是把自身存在与万物存在相互融通,以融入一阴一阳变化不已的大道。所以,立象不是抽身而退,不是拉开距离静观,而是融入、参与。立象也不同于西方美学中的"移情","移情"主要是心理(精神)的介入,是人为对象"立法(情)";立象则强调人这个存在者整体去融入、去存在,法象是象(道)为我"立法(包括立情)"。

如上所述,"象"不是既成的,而是更代似续不已的。"象"能变化,故不是确定、固定的东西,不是已然、已成的东西。变化有共时性变化,有历时性变化。共时性变化是历时性变化的前提,不承认共时性变化必然否定历时性变化。而承认共时性变化的前提就是承认事物或者概念内部对立性质的存在。所以,尽管我们从亚里士多德那里也能读到"变化"这样的字眼,但我们却找不到能变化的"范畴"。"实体的最突出的标志似乎是,在保持数量上的同一性的同时,实体却能够容许有相反的性质。"[1] 从这个规定中似乎能够得出结论说,实体以及把握实体的范畴(包括言语和意见)具有变化。但亚里士多德这里对实体包含变化的看法与中国传统哲学的范畴(象)的变易特征情形迥异。实体的变化是"有先有后"的变化,即相反的性质只存在于不同时间的同一实体之中:"实体乃是由于本身变化才容许有相反的性质。正是由于本身变化,先前是热的东西现在变冷的,因为这个东西已进入一种不同的状态。同样,通过一种变化的过程,先前是白的东西现在变成黑的,先前是坏的现在变成好的,同样地在所有其他的场合也都是由于变化,实体才能够容许有相反的性质。反之,话和意见本身却在各方面都维持不变,只是由于实际情况事实上改变了,才使得它们具有相反的性质。"[2] "有先有后的变

---

1 亚里士多德:《范畴篇 解释篇》,商务印书馆,1997年,第17页。
2 《范畴篇 解释篇》,第18页。

化"是"已变化",是实现了的变化,是"明显的变化"。实际上,在任一时间点,实体是不能"同时"容许有相反的性质的。这可以从以下几点得到进一步揭示:第一,话、意见与实体是对应的,它们本身是不变的;第二,实体就其词性来说是一个名词,而名词是一个没有时间的符号。"所谓一个名词,我们的意思是指一个由于习惯而有其意义的声音,它是没有时间性的。"[1] 名词中时间的抽离并不意味着古希腊人不重视时间,实际上,它只是把时间抽离出来而给予动词:"一个词在其本身意义之外尚带着时间的概念者,称为动词。""动词标志现在的时间,而动词的时式标志那些除开现在以外的时间。"[2] 动词带有时间,但它与名词是有质的差别的[3]。名词与动词的区分过程把时间明确地划给了动词,这就使存在者失去了时间维度,失去了变化特征。这使得像"'时间'不占时间""'动'不动"这样的说法在西方哲学中成为常识。中国哲学中的"象"范畴由感而得,而感皆是二端之间的相互作用,所以,"象"由变易、交易而成就不易[4]。

如果以《易传》的"形而上""形而下"标准看,能变化的"象"无疑应属于"道",起码它应与"道"一起属于"形而上

---

[1] 《范畴篇 解释篇》,第55页。
[2] 同上,第56、57页。
[3] 《解释篇》第3条有这样令人迷惑的话:"动词本身是名词,并且代表和意味着某种东西,因为说话者在用这样用语时,自己的思想活动暂时停顿一下,而听者(的精神)也停顿一下。"动词本身是名词,反过来说并不成立,即名词本身不是动词。而且,动词名词化之后也使其中时间性隐去。这个差别的意义重大,特别是在伟大的开端,其影响已经开出一个文明的方向。
[4] "易,象也";"象,易也"。而易、象皆以感为根据。《世说新语·文学》有一段对话有助于理解这个判断:"殷荆州(殷仲堪)曾问远公(慧远):'易以何为体?'答曰:'易以感为体。'殷曰:'铜山西崩,灵钟东应,便是易耶?'远公笑而不答。"(《世说新语校笺》,第132页)这里值得注意的是慧远的身份,作为一个佛教徒,他从另一个传统出发对《易》的理解更意味深长。"易以感为体",这里的"感"是世界万物交感意义上的"感"。"感"本是人的一种机能,就此意义说,它只是"基础存在论"范畴;把它扩展为世界中两个存在者之间的作用,它就上升为一般存在论范畴。

者"。《老子》以"大象"来称谓"道"("执大象,天下往""大象无形")也把"象"作为"道"的最好的表达工具或载体。当人们不再关注"存在着的"事物,不再追求变动不居而难以确定的"道"的时候,人们似乎也有理由抛掉"象"。中国哲学史的演进也正表明了这一点。朱熹等人以"象数"与"巫术"难以区分为理由而抛弃"象",更重要的原因似乎是"理"(条理、定理)较之"道"与"象"更加确定、变化更少,朱熹、王阳明频频使用"定理"范畴正表明他们对世界确定性的欲望。[1] 在变化不定的"现象"中找出确定的、不变的"条理"与"定理"是思维走向严密化、精确化的必然要求,但如何在精确、严密的"不变、确定的思维"之中保持"变易、交易的、存在着的世界的"思想却是我们必须面临与承担的使命。

4. 形之上下与象之内外

就外延看,"形"只指有形,"象"既可指有形,也包含无形。从实质层面看,形是既成而不能变化者,象是能变化者。形偏于"形状"义而不及内在之生机、生命、精神,或者说,形之内无"对",形只与形之外的他者相对,形的动因往往被理解为形之"上"者、形之"前"者。象皆有"对",即内含相反相成之"对",故而"象"既指外形,也指内在之质、生机、生命、精神。形与视觉对应,象则对感呈现。了然形与象的这些差异,我们就会明白为什么会有"形而上""形而下"的提法了。

《系辞上》曰:"形而上者谓之道,形而下者谓之器。"后世蔚为大观的"道器"之辩基本上围绕着对"形"的理解展开。我们亦根据对"形"的理解来看看几种影响较大的诠释。

---

[1] 当然,对确定性的追求需要工具的支持,首先需要身体性的经验基础,需要客观性经验——"看"的训练。

最常见是将"形而上"之"道"理解为"无形","形而下"之"器"理解为"有形",如:

> 道是无体之名,形是有质之称。[1]
>
> 形而上者,超乎形器之上……形而下者,则囿于形器之下,有色有象,止于形而已。[2]
>
> 形而上者,无形者也,故谓之道。形而下者,有形者也,故谓之器。[3]

戴震则进一步以"形以前""形以后"来解释"形而上""形而下":

> 形谓已成形质,形而上犹曰形以前,形而下犹曰形以后。阴阳之未成形质,是谓形而上者也……有质可见,固形而下也。[4]
>
> "形而上"者,当其未形而隐然有不可逾之天则,天以之化,而人以为心之作用,形之所自生,隐而未见者也。及其形之既成而形可见,形之所可用以效其当然之能者……"形而下",即形之已成乎物而可见可循者也。[5]

以无形、无体、超乎形器之上、未成形质等诠释"形而上",形而上就成为与"形"分离、与"形"异质,乃至与"形"不同世界的存在,这种二元论倾向为许多思想家所警觉,如王夫之带几

---

[1] 孔颖达:《周易正义》,九州出版社,2004年,第654页。
[2] 《周易集注》,第652页。
[3] 李道平:《周易集解纂疏》,中华书局,2006年,第612页。
[4] 戴震:《戴震全书》卷六,黄山书社,1995年,第176页。
[5] 《船山全书》,第一册,第568页。

分自我批判性质地反省道[1]：

> 形而上者，非无形之谓。既有形矣，有形而后有形而上。无形之上，亘古今，通万变，穷天穷地，穷人穷物，皆所未有者也……器而后有形，形而后有上。无形无下，人所言也。[2]

陈梦雷亦说：

> 道超乎形而非离乎形，故不曰有形无形，而曰形上形下也。[3]

形之所以有"上""下"之分，乃在于形自身指向确定的形状，而不包括内在的生、质、神，后者恰恰是主导形体者，即我们所说的法则、道。"形乃谓之器。"（《系辞上》）器乃定形者，乃是被确定者，所谓"形而下"之"下"就是指"器"的这种被确定、被主导的性质。相应地，所谓"形而上"之"上"指的即是"形"之主导者，即主导"形"之动因、法则。王夫之、陈梦雷反对的是将形而上与形而下撕裂为隔绝的两层世界，事实上，他们所论并没有逸出无"对"之形，也就是说，他们只能在形之上设置一个道来主导"形"。所以，以形论物或论道总难以摆脱

---

[1] 《周易内传》与《周易外传》对"形而上""形而下"的诠释明显有变化，即明确了"未形"与"无形"的差异，未形而形自生之类的表述让位于以"有形"立论，以"治"而论"上""下"。比如："圣人者，善治器而已矣。自其治而言之，而上之名立焉，而下之名亦立焉。"（《船山全书》，第一册，第1028页）当然，以"治"论"上""下"其实还是将"形"的动因置于形之外的他者（人）。

[2] 《船山全书》，第一册，第1028—1029页。

[3] 《周易浅述》，第405页。

上下贯通的问题[1]。

"象"自身拥有内在的生命特性及主导变易的动因、法则、道。故象不存在"上""下"者。在此意义上，我们也能更好地理解为什么"制器者"会"尚其象"（《系辞上》）。通行本《老子》第三十五章："执大象，天下往。"河上公注："象，道也。"成玄英疏："大象，犹大道之法象也。"[2] 故刘勰也说："神用象通。"（《文心雕龙·神思》）"道"与"象"的关系不是我们通常说的本质与现象等"两层"的关系，也不是具有上下关系的父与子等"两个"的关系。王夫之对此有精彩论述："天下无象外之道，何也？有外则相与为两，即甚亲而亦如父之于子也。无外则相与为一，虽有异名而亦若耳目之于聪明也。父生子而各自有形，父死而子继，不曰道生象而各自为体，道逝而象留。"[3] 父子虽亲，但是"两"，是相互为"外"的。论"形"，则父子相与为"二"而有各自之形。"象"与"道"（或"理"）则是"相与为一"的。故他说："象者，理之所自著也。"[4] "理"（或"道"）显于"象"，"象"中有"理"，两者名二实一。"由理之固然者而言，则阴阳交易之理而成象……象成而阴阳交易之理在焉。"[5] "阴阳变通而成象则有体，体立而事物之理著焉，则可因其德而为之名。"[6] "象"是一个包含阴阳交易、阴阳变通的"体"，阴阳交易、阴阳变通即是"理"。"道"（或"理"）与"象"是"一"，因其内容及呈现方式而被称为"象"之"理"。"象"内有"道"（"形而上"），故它不是脱离生命、脱离质料的

---

[1] 尽管形会带来"上""下"问题，但"形"与确定性追寻相关，这也许是人们一直津津乐道于"形"的原因。
[2] 河上公、成玄英注疏，引自陈鼓应：《老子注译及评介》，中华书局，2001年，第203页。
[3] 《船山全书》，第一册，第1038页。
[4] 《船山全书》，第一册，第586页。
[5] 《船山全书》，第一册，第586页。
[6] 《船山全书》，第一册，第600页。

空架子。执有"象",即执有"道""神",也就无往不利了。

"无象外之理""无象外之道"正显示了"道""理"等范畴与"象"的一致性。不过,"象"有"万"而不止"一",每一"象"皆有自身之"道"、之"神"、之"因",故"象"无"象而上""象而下"之分。每一"象"与"象"之间是"通而为一"的,对"象外之象"的追寻是为了"通象",即从象内到象外,从一象到另一象,最终通达为整体与无限之大象[1]。

5. 象与启发

象建立在感的基础之上,是为了表达感与意而生成的。象取自身与物,但其意义却非限于身物,它指向身物之外的意。身物是为了指引意,而入象的身物本身并不是无意义的,它们具有特定的意味,具有可感可亲的人性。天地山川、水火雷电、芳草美玉这些事物之道与人之性相互吸取融合,事物之道融入人性,人性也融入事物之道中。它们之间的关联使人们可以从事物中被唤起,感受到自己的趣味、情怀、理想与追求,睹物思人,缘物起情。反过来,人们会在有感有情意时,特别是在语言表达不畅时,把自己的所感所思交付给这些"有情之物",让"有情之物"在其存在展开过程中绵延不绝地呈现作者的感与思。在这个意义上,取象与中国传统"文学"中的比兴是一致的。

比兴是以生动可感的象来指引、兴起情意,启发教育亦有相似的结构,即借助于象(已成或将成)来说明、引导至于道(一般的原理)。前文已说过,中国思想家不是优先关注外物是什么,而是优先关注外物对于自己的意义,即所感。儒家或道家虽都以道为最高的、最普遍的规律与规范,但也都认为道不远人。对于

---

[1] "象外之象",引自祖保泉、陶礼天:《司空表圣诗文集笺校》,安徽大学出版社,2002年,第215页。

个体来说，身修则道立。因此，认识道、把握道就要借助载道的自身，认识自身存在的意义，对其要有高度的自觉。道不远人，一方面是说每个人都可以成道，另一方面是说修道的方式、途径具有个性化特征。因此，孔子对学生问仁的回答常不同。但个性化教育的目标又是一致的，即成仁或成人。"仁"是一个普遍性范畴，但显然又不是我们今天所讲的抽象范畴。每个人在家庭、社会、宇宙中的位置是不同的，在每个位置上他都有不同的"应该"。孔子或以每个学生切己的性情气质开导，或以他们每人切身的事物起譬，其意图或目的当然不是就事论事，而是取这些切身的身物为象，以一个典型的"象"来显示每个人在不同位置、不同情境下的"应该"。启者，起也，即比兴之兴与起，不难发现启发式教育与《易》之象、《诗》之兴的类似结构。

  儒家在使用启发方式时还时常引经据典，如孔子对"仁"的答问。对于孔子来说，"仁"不是"未受定性的"（黑格尔语），而是实有诸己的意或义。先有了意或义，然后明之以物象。随意或义取象是孔子常用的策略。孔子不断引用《诗》《书》等经典文辞，一方面表明他对古代文化的尊重，另一个重要原因是从《诗》《书》等经典文辞立象、取象，借助于这些象来达意。立象、取象的目的是指向一理，指向最普遍的规范、最一般的原理，即获得普遍性的范畴。《诗》能提供象这一点大家都很熟悉，因为作为艺术，它的特征就在于以言立象。不过，引用象也是一种"取象"活动，因为原来的象所要表达的情意与当下情境所要传达的情意会有很大差别，引用象是对原来的象的一种创造性拓展。《书》亦取象[1]，不过，《论语》等著作引用《书》更类似于《庄子》所说的"重言"，即借助于古人之言立象。当然，引用是为了指引人达意，真正的得意是要"能近取譬"，所谓"能近取譬，可谓行仁之方也"（《论语·雍也》）。"能近取譬"从知上说

---

[1] 章学诚认为，象通于《书》，见《文史通义》，第18页。

是能够举一反三，能够将心比心，推近及远，就是以自己为象（近取诸身），把自己的所感推及他人，使之成为主体间普遍适用的原理。这种由近及远、由感之最切推至于宇宙中的万物的理路在《中庸》中得到集中阐发。"极高明而道中庸"，日用事物的意义不在日用事物自身，而在承载着道的象。以日用事物而入道，就是取日用事物为象而引导至于普遍性的大道（极高明）。

不管是启发式、引用经典，还是"能近取譬"，都涉及一与多、特殊与普遍的问题。显然，先秦思想家对此问题的思考大致仅停留在"知类"的阶段。不过，以取象尽意方式"知类"大体奠定了对"故"与"理"思考的方式，魏晋发展起来的"体用不二"（明故）、宋代发展起来的"理一分殊"（明理）这两种独特的思考方式正是对取象尽意方式的推进。限于篇幅，关于三者的逻辑及历史演进的分析只能留待他文讨论。

事实上，"取象"这种思想方式缘起于思想家对语言表达限度的自觉。不仅儒家在使用比兴、启发这些取象方式，道家对语言的表达极限也有清醒的认识，而且非常自觉寻求突破逻辑语言表达丰富的内在感思。"道可道，非常道；名可名，非常名。"（《老子》第一章）正面直接的道说无法把握住"道"，《老子》便以"正言若反"的方式来达意。言是固定的、静止的、有限的，事物、内在感受、道等是具体的、变化的、无限的，因此，靠正常的"言"（逻辑语言）无法把握这些具体变化的事物，只有借助于"卮言""重言"与"寓言"才行。"以卮言为曼衍，以重言为真，以寓言为广。"（《庄子·天下》）"卮言"是"因物随变，唯彼之从"[1]，就是立足个体的自性，以之为自足的标准来应对各种言辞。"辞以显象，象以生辞。"[2] 在《庄子》这里，三种言都很好地塑造出各种思想之象。"卮言"以所从之言立象；"重

---

[1] 郭象注，成玄英疏：《南华真经注疏》，中华书局，1998年，第538页。
[2] 《船山全书》，第一册，第569页。

言"是引用,即以古人、老人等有分量或权威的言立象;"寓言"则以故事立象。以言生象、立象,象并不是作者的目的或意图,把它们理解为作者的目的或意图则这些言辞就都会成为庄子所自嘲的"谬悠之说,荒唐之言,无端崖之辞"(《庄子·天下》)。事实上是,象以显意,意以象显。

通过以上的考察,我们不难发现,中国哲学中的"象"范畴与中国哲学重"感"相对应。它表述的是具体存在者其存在之时与位的总特征,因而可以传达存在者丰富的生存感受(意)。象尽管取之而成,但思想家们大都自觉地把象理解为道的呈现,并积极建立象与气、器的关联,从而使象成为实践之所对及认识之所对。对"象"的特征的深入思考无疑有助于我们认识古代中国人的思考方式与存在方式,也为时下哲学中国化的思考提供了深厚的根据。

六　味：普遍性与实证

在"主观/客观"架构中被视为主观性多于客观性的味觉与味，其普遍性及可证实性备受质疑。考虑到普遍性、实证等观念的视觉性特征，这样的看法并不让人意外。但正如将"（意）味"理解为存在的基本特征，将"味（道）"理解为通达存在的基本方法一样，在味觉组织系统下，普遍性及实证观念也展现出独立的特征。

1. 相与抽象

在西方传统哲学中，抽象性通常被当作普遍性的前提与标准，由此，抽象（性）就被当作知识乃至一般哲学的唯一标准。在客观方面抽象与具体相分离、对立，在主体方面则与经验相对立。抽象的才是普遍的，几何学、数学、逻辑学就被推崇为最抽象、最普遍的学科，也是其他知识与学科的榜样。逻辑概念被理解为纯粹形式[1]，纯粹形式是最抽象、最本质的思想，它拥有最高的普遍性。这种观念在 20 世纪传入中国，至今一些人仍执之为真理。与此相应，对普遍性的实证以形式性、客观性、外在性为特征。

抽象在英语中为"abstract"（形容词、动词），"abstraction"（名词）意思为抽取、析取、分离。作者认为，抽取、分离只是获得普遍性的诸多方式中的一种，而且相应于它的普遍性只是诸多普遍性中的一种。更值得注意的是，中国哲学中的"象"不是由抽取、分离而得，但同样达到了普遍性，对普遍性的证实相应以自证为根本特征。

在西方古典哲学中，抽象性与普遍性处于同一序列，它含有确定、明白、对所有人适用等意思。古希腊哲学以几何学为模本寻求哲学观念的确定性，笛卡尔解析几何把数与形沟通起来，以之为标准而确立起近代哲学的取向。19 世纪末至 20 世纪初发展起来的数理逻辑又把数与理（逻辑概念）打通，西方哲学由此在一定意义上实现了古希腊以来的哲学理想：追求哲学概念与几何图形一样清楚明白。这条路线清晰地显示出西方哲学在生存论上重"看"的特征，在思考取向与方式上自觉地模拟"看"（思考所看并像看一样思考）而形成了一套完善的"沉思"方式，客观性、普遍性则是其外在特征。

大家都熟知柏拉图的相论[2]。柏拉图认为，人们把握事物靠的是两种看：肉眼的看与理智的看。肉眼的看所把握的是事物的形状，但对于这些形状之所本即"相"来说，视觉经验又是不可

---

[1] 具体形式是指人的感官可以把握到的东西，纯粹形式则指人的思维、思想所把握到的形相。
[2] "相"的翻译取自陈康。参见柏拉图著，陈康译：《巴曼尼得斯篇》，商务印书馆，1997 年，第 41 页。eidos 出于动词 idein，它的意义是"看"。由它所产生出的名词即指所看的。所看的是形状，但这只是外形，由此复转指内部的性质。中文里的字可译这外表形状的是"形"或"相"。但"形"太偏于几何形状，"相"即无此弊病；又"形"的意义太板，不易流动，"相"无这毛病。

信任的。"相"的世界对于视觉经验来说是"不可见世界",需要借助"理智的看"才行。"要探求任何事物的真相,我们得甩掉肉体,全靠灵魂用心眼儿去观看。"[1] 普通视觉的观看就是"透过肉体的看",灵魂用心眼的观看是摆脱肉体诱惑的"自由观看"[2]。心眼观看事物用的是概念,概念是抽象的而不是具体的,因此它不会变化,不会受肉体的干扰。心眼所把握的真相或本质或"相"是一种"永恒的普遍形式"。它虽对于视觉不可见,但却同可见事物的形状一样是明确、清晰的。形式即本质的观念在亚里士多德四因说中得到继承与加强,在他那里,形式因始终被理解为目的因与动力因,即被理解为能动的、本质性的因素。相应于此,质料因则被当作惰性的、被决定的因素。形式等同于本质的观念在欧洲思想中根深蒂固。康德将形式等同于先验与本质正体现了这个传统,并以其在近代哲学中的权威地位加强了这种传统。黑格尔称绝对理念为"概念的纯形式"。"绝对理念……本身就是概念的纯形式。"[3] 如前所说"形式"与视觉相对应,当然,把握这些理性的"形式"只能借助"心眼"(理智的眼睛)。胡塞尔以"范畴直观""本质直观""本质的看"来把握范畴、本质这个理性世界正是对这个传统的继承。

就相与个体事物的关系说,相是模本,是型,个体事物是摹出来的实。然而个体事物与相发生的关系并不仅此一种,个体事物有各种特征,这些特征也有相应的相作为其根据。所以,个体又是"相的集体"。"相"与个体事物大体有三种关系:"(一)'同名的''相'和个别事物的对立;(二)'相'和个别事物的分离;(三)个别事物对'相'的分有。""'相'为树立在自然里的模型;个别事物乃是'相'的仿本;所谓分有只是个别事物'被

---

[1] 《斐多》,第16—17页。
[2] 同上,第47页。
[3] 黑格尔:《小逻辑》,商务印书馆,1995年,第237节。

制造得类似相'。"[1] "类似"是形似，因为在西方哲学中形式即是本质。个体既然是"相的集体"，那么，求得共相只要分解个体即可得，抽象活动就是分解、分离"相的集体"而获得一个个的"相"。对于"相"，柏拉图有个基本看法，即"相"不具有动、静以及一切感性特征，比如"'红'不红""'动'不动"等。"相"都是独立自存的，它们之间无对立。"相"之中无对立、差异，因而是确定的。

按照通常的看法，抽象作用包括概括作用（generalizing）与组合作用（compounding）等具体过程。概括作用就是在多个事物之间舍异存同，获得共同的特征或性质。不断借助分离作用，把差异除去就可获得抽象的（共同）观念或共性、共相。所以，概括作用与组合作用同样预设了个体是诸多性质（相）的集合。贝克莱说，概括作用"一面有共同的、相似的东西，一面又有一些特殊的东西来分别它们；因此，心灵又单独思考拣出所谓共同的东西，把它作成最抽象的观念"[2]。不过，贝克莱明确反对概括能得到最抽象的观念。

对抽象的这种理解在西方传统思想中根深蒂固，影响深远。比如，在科学领域，归纳往往被理解为科学的抽象活动与过程。培根说："真正归纳法的第一步工作（就着发现法式来说）乃是要把那在某个事例中所与性质不出现而它出现的性质，或者那在某个事例中所与性质出现而它不出现的性质，或者那在某个事例中所与性质减少而它增加的性质，或者那在某个事例中所与性质增加而它减少的性质，一概加以排拒或排除。真的，当这项排拒或排除工作恰当地做过之后，在一切轻浮意见都化烟散尽之余，到底就将剩下一个坚实的、真确的、界定得当的正面法式。"[3] 所谓

---

1 《巴曼尼得斯篇》，第53、77页。
2 参见乔治·贝克莱：《人类知识原理》，商务印书馆，1973年，第5—6页。
3 《新工具》，第145页。

"排拒或排除"就是从性质复合体的个体中分离出它们所共同具有的东西,即分离出"共相"。但大家都知道,通过归纳之所以能找到这个"共相"同样是因为有个体是"相的集体"这个预设,即相信个体是由多个同质的"相"构成的,分离开多个同质的"相"就可获得结构、属性、规律这些事物"固有"的东西。在西方,知识在某种意义上被归结为判断。按照主词与系词之间的关系,判断又可以分为分析判断与综合判断。分析判断是指宾词与主词具有同一性的判断,综合判断则指两者不具有同一性的判断。对于两者能否获得普遍性的结论尽管有诸多争论,但值得注意的是,两者与柏拉图关于个体是"相的集体"的思想都具有一致性,或者说,两者都自觉不自觉地把柏拉图的这个思想当作其存在论前提。分析判断之中宾词蕴涵在主词(实体)里,可以通过一定的规则把宾词(即某些性质、属性)从主词(实体)中析取出来。综合判断则通过一定的规则建立、合成一个对象,或把对象的部分或属性、结构等该种的不同的属弄清楚。尽管有怀疑、有争论,但西方哲学从两种判断中寻求必然性、普遍性的倾向却一直没有变,在此意义上说西方哲学都是柏拉图的注脚亦不为过[1]。

当然,西方这个主流传统并不是没有人怀疑过,许多人,比如贝克莱、休谟,对这种抽象都存有异议。休谟认为:"不管怎样,有一件事情是确定的,就是当我们应用任何一般名词时,我们所形成的是个体的观念;就是,我们很少或绝不会把这些个体全部审察穷尽;而那些余留下来的观念,只是通过那种习惯而被表象,只要当前有任何需要时,我们就可以借这种习惯唤起这些观念来。这就是我们抽象观念和一般名词的本性。"[2] 人类无能力把个体的全部归纳进去,只有借助习惯才能把特殊观念转换

---

[1] 怀特海说:"欧洲哲学传统最可信赖的一般特征是,它是由柏拉图的一系列注脚所构成的。"(《过程与实在》,中国城市出版社,2003年,第70页)
[2] 休谟:《人性论》,商务印书馆,1996年,第34—35页。

成一般的观念。事实是习惯弄出了抽象观念,而并不像通常所理解的那样人类具有从个别中"归纳"出一般的"抽象能力"。通过知觉经验无法获得普遍性,康德在这一点上亦赞同休谟的主张,不过康德却认为,理性自身可以保证知识观念的普遍性、必然性。在康德的批判哲学中,概括、组合、抽象能力都被理解为主体的先天的知性,知性范畴被理解为普遍必然的知识的先天条件。先天、普遍、必然、本质、形式被赋予了知性范畴,这只不过是把柏拉图客观的"相"移入人的内心而已。康德认为,时空等感性范畴以及因果性等知性范畴就是联结经验的形式规则,它们把经验所给予的材料结合起来,由于它们是必然普遍的,这就保证了判断的必然普遍性。表面看来,康德似乎回应了休谟、贝克莱对人类抽象能力及抽象观念的质疑,实质上却强化了柏拉图以来的抽象方式而掩盖了其他达到普遍的方式。

贝克莱则温和地提出不同于概括与组合作用的新的抽象方式。"我们将会承认本身被认为个别的一个观念,所以能成为普遍的,只是因为我们用它来表示同类的一切其他个别的观念。……假如一个几何学家来证明分一线为两等段的方法,而且他画了一条一寸长的黑线,则这条线本身虽是一条个别的线,可是它的含义是普遍的,因为人在那里所以用它,正是表示一切个别的线的。因此,在这条线方面所做的证明,也就是一切线方面的证明,换言之,也就是一条概括的线方面的证明。那条个别的线之变为普遍的,就是因为它变为一个标记,因此,'线'这一名称在其本身虽是个别的,可是它既变成了一个标记,那它就成了普遍的。线之成为普遍的,既然不是因为它是抽象的或普遍的观念的标记,而是因为它是一切能存在的个别直线的标记,因此,'线'这一名称所以能成为普遍的,也一定是由于同一的原因,也一定是由于它能无分别地标记各种个别的线。"[1] "所谓普

---

[1] 《人类知识原理》,第9—10页。

遍性并不在于任何事物的绝对的、积极的本性（或概念），只在于它和它所表象的那许多个别事物所有的关系。通过这种途径，本性原为个别的各种事物、名称或概念，就被变成了普遍的。"[1] 贝克莱这里所揭示的"抽象"方式在我们的日常生活中较为常见，20世纪中国哲学家金岳霖精练地将这种抽象方式概括为"执一以范多，执型以范实"[2]。他们都表明：分解、分离并不是通达普遍的唯一方式。

2. 象与立象

与西方哲学视觉优先而发展起来"沉思"不同，中国哲学则优先发展了一条以"感"为基础的"感思"之路[3]。"感"不是以眼耳等某一个特定的器官，而是以身体、精神相统一的"整个的人"为承担者。张载说："圣人则不专以闻见为心，故能不专以闻见为用……天地生万物，所受虽不同，皆无须臾之不感……感者性之神，性者感之体。"[4] "感者性之神，性者感之体"之"感"以人之性为体，反过来，"感"又是最能体现人之性的功能作用（神）。"性"是指"整个的人"，身体发肤皆可感也："一身皆感焉……四体百骸，自拇而上，自舌而下，无往而非感焉。"[5] 由"感"而思，所思的不是对象确定的、如实的"所是"，而是对象对于自己意味着什么。像"孝""悌""仁""义""礼""智""信""耻""忠""道"这些概念都建立在切己的生存感受基础之上。"本立而道生"，这些概念的成立不仅不能摆脱经验与具体，而且依靠个体的经验、体验这些"本"才能实现、成立。因此，

---

[1] 《人类知识原理》，第12页。
[2] 金岳霖：《知识论》，商务印书馆，1996年，第229页。
[3] 贡华南：《感思与沉思》，《中国哲学史》2004年3期。
[4] 《张载集》，第63页。
[5] 《周易集注》，第74页。

建立在"感"基础上的"感思"并不要求思者在思的活动中消隐,而是促使思者自觉丰富"感"、健全"感",并以有感之我为基础展开思的活动。有"感"就可"通天下之故",就可以"通古今之变",也可以"究天人之际"。

"感者性之神",儒家教化的一个重要的任务就是"健全感受",就是把这个"神"发挥出来。材质不同,但经过教化可以变化气质,过者抑制之,不及者张扬之,其目标都是健全、丰富人之感。有了健全的"感",才可能协调、平衡人的行为,做到文质彬彬。只有具备良好的气质,才会产生合适的"感"。所以,儒家非常强调做修养工夫,强调"正心",但正心的目的不是使人无感无心,而是使其感其心合乎各自的标准("得其正")。在孔子看来,所谓"正"(即规范)与人心自然之感是一致的,健全的家庭、社会生活能够培养出自然的感,这样的"感"即能合乎其正。在批评宰我的那段著名的言辞中,孔子直截道出了健全生活与自然之感的关联。"予之不仁也!子生三年,然后免于父母之怀。夫三年之丧,天下之通丧也。予也,有三年之爱于其父母乎?"(《论语·阳货》)健全的家庭生活完全可以培养起健全的感,像宰我这样父母之丧时能安于"食夫稻,衣夫锦"的人孔子只能怀疑他是否享受过健全的家庭生活了(是否有三年之爱于其父母)。

与重感相应,中国哲学追求普遍性、真理性的道路与西方哲学也不同。感而言,感而书,在概念层次上则是感化为"象"。如第五章所述,以"感"为基础的范畴在中国哲学中被称之为"象",其词其义取自《易传·系辞上》[1]:"圣人立象以尽意。"中国哲人关注所感即"意",即是把握、表达展开于时与位之中

---

[1] 《易传》在时间上晚于孔孟老庄诸子,思想上则是他们的总结。本书认为,"象"范畴就是其总结发挥诸子而创造出来的概念,中国思想注疏式的写作传统使"象"成为之后大部分中国哲学家自己的范畴,而且哲学家们不断超出《易传》所取的原象而使"象"凝结了深厚的意蕴。限于篇幅,本书对"象"的论述大都以《易传》为根据。

的生命存在，相应于此，把握它、传达它的方式必须是这种能体现展开着的生命的东西。在《易传》中，"象"就是这种能够把握、传达意的方式。"象"都是由两种对立的要素——阳爻与阴爻或两个本卦——构成，所以在每个"象"之中以及"象"与"象"之间都充满了差异、对立与转换、运动变化。因此，这些"象"可以表述具体的存在，也可以表达随具体存在不断变化的感与意。建立在"感"之上的范畴不同于建立在"看"之上的范畴（即"相"），其中最不同的一点是"相"通过"抽象"而成，强调在范畴中抽离出时间、空间及人的存在要素；而以"感"为基础的范畴通过"立象""取象"而成，它自觉赋予范畴以时间、空间特征及人的存在要素的介入。

就范畴与个体的关系来说，"象"与"相"不同。"象"与个体事物之间不对立、不分离、不分有，"象也者，像此者也"（《系辞下》）。"象"表述的就是个体事物本身的生成、变化与成就。个体事物在特定时位会表现出不同的"象"，但不能反过来说个体存在就是"象的集体（或集合）"。"象"并不是独立自存的，它不是一种元素，不是一种可以随意塑造的质料。"见乃谓之象，形乃谓之器。"（《系辞上》）"象"是呈现，是个体存在的呈现，有个体存在才有象而不是相反。所以，个体事物不模仿"象"而存在。当然人们可以把握、利用它，可以根据无形（"象"）把握有形（"形"），可以"执大象，天下往"（《老子》第三十五章）。"古者包牺氏之王天下也，仰则观象于天，俯则观法于地。"《系辞上》人们知"象"与"法"是为了预测吉凶，是为了把握将来，是为了用"象"。所以"制器者尚其象"，器从象而来，但并不是柏拉图意义上的模仿个体对"相"的分有或模仿，而是"法象"，以象为法[1]。以"象"为法不是模仿其形，

---

[1] 牟宗三认为"在天成象，在地成形"中的"象"与"形"的关系类于柏拉图"相"（他称为理念）与"具体事物"的关系，颇不当。参见牟宗三：《周易哲学演讲录》，华东师范大学出版社，2004年，第40页。

而是以象所呈现的时位变化趋势为根据，法其存在的时位变化之道即存之始、长、成。"制而用之谓之法。"（《系辞上》）法象不是分有、模仿"象"，而是引用"象"，使"象"成形、成器。"服牛乘马，引重致远，以利天下，盖取诸《随》。"法象即取诸"象"，即根据"象"的时位变化之道利用厚生。服牛乘马，引重致远，这些现象与《随》象根本不存在形相上的相似之处，所有的卦象与制而用之的人类诸多活动亦是如此。

个体事物既不是"象"的集体，两者也不存在对立、分离、分有与模仿关系。那么，"象"是不是一种可以规范个体的普遍性范畴呢？如是，"象"是如何产生的呢？"象"不是从多中抽取、分离出来的"一"，而是"取"一、"立"一以成"象"[1]。所取的"一"是可感的具体存在，是在场者："象也者，像此者也。"（《系辞下》）"象"经过人的"取"与"立"之后，当然已不是具体在着的"此"，而是"像"在着的"此"。用我们今天的术语说就是，"象"属于主观（人化意义上的主观）范畴，是与在着的"此""相像"的范畴。但"象"像于"此"的并不是外形的像，而是实质、意义上的像，是像"此"的存在品格，包括它如何与其世界交互作用。经过人"取""立"之后，"象"保留了"此"的存在品格，并转化为"人"的存在品格。"象"之中，显现出来或在场的是"此"，而它所包含的却是诸多隐蔽的意义。这些意义不在场，因此不一定能"看"见，但可以通过"感"而"通"之。因此领略"象"的意义既需要把握"此""人"这两个"类"的意义，更需要把握两类之间的相互关联。王弼在《明象》

---

[1] 来知德精辟地把立象途径归纳为八种：有以卦情而立象者，有以卦画之形立象者，有大象之象，有中爻之象，有错卦之象，有综卦之象，有爻变之象，有占中之象。（参见《周易集注》，第74—76页）所取所立的可能涉及"两"，但这"两"相互错综已形成整体（"一"），或者说，此"两"不是并而不行的独立个体，而毋宁说它们由相互作用已融入"象"，已成为它的有机部分。

中指出:"触类可为其象,合义可为其征。"[1] 把握诸种事物的共同意义(义)使之成为一个类,这个类就成为一个"象"或"征"。把握这些意义要通过"触"。"触",有感的意思,我们现在用"感触"两个字合成表达原来的"感"与"触"单字的意义。触类即合义,触类即触义,感触意义就是以感来把不同事物的意义合成("合")起来,使这些意义相通。这样才可以成就某个"象"。简言之,"象"就是建立在感之上的类范畴、意义范畴。"象"既成,它的外延当然不会仅仅限于已触及的这些事物,它还应含纳其他未知的事物,旁通其他事物。不过,旁通必须也要通过感触某一类的意义才可以实现。所以"触类旁通"即是"感而遂通天下之故"(《系辞上》)。

"象"要像此,但这种"像"不是图画、图像,因为它们首要的不是在形式、外在特征上像此,而是像"此"一样去存在。"拟诸形容,象其物宜,是故谓之象。"(《系辞上》)完整的存在者其存在之时与位都必然会表现出来,"拟诸形容"即是拟诸"此"的生化、时位之形与容,而表现其完整的存在状况(物宜)才是象的首要功能。"象"表征的是具体的存在,所以,象之中包含生命存在的时与位的样态,即存在展开意义上的时间与存在彰显意义上的空间统一体。《系辞上》:"两仪生四象。四象生八卦。"按照虞翻的注,四象即四时。四时之交替会产生各种事物,这些事物体现出四时之在而呈现出时空一体的特征。所以,每一个卦象表现的都是生生不已的、流动的生命存在。《系辞上》说:"圣人设卦观象,系辞焉而明吉凶。刚柔相推而生变化。是故吉凶者,失得之象也。悔吝者,忧虞之象也。变化者,进退之象也。刚柔者,昼夜之象也。……是故君子居则观其象而玩其辞,动则观其变而玩其占,是以自天佑之,吉无不利。"而且卦象之间随着生命存在位序的变化,整个生命存在也不停地运动、变

---

[1] 王弼:《王弼集》,中华书局,1999年,第609页。

化。所以,象虽是一种形式符号,但它不同于西方哲学中的形式因,按照西方哲学形式与质料二分法,象可以表述为形式与质料的统一。西方哲学视觉优先的传统突显了形式因,形(几何)、数学、逻辑是统一的:解析几何实现数与形(几何与代数)的统一;数理逻辑实现数与逻辑的统一[1]。所以,其逻辑、思想都与"看"相一致而显示出客观性,在强化形式因的同时也使它与质料因的统一变得困难。而建立于所感之上的"象",涉及形也涉及形而上(道)与形而下(器)。"见乃谓之象,形乃谓之器。"(《系辞上》)"象"现而未形,形迹未彰。阴爻、阳爻符号在呈现(现),但它们不是一对一的实指,即未形成实物(未形)。时与位的变化规律及其对生命存在的作用(道)就在这现而未形的"象"之中,而制器者依据这些变化之道使"象"得到落实,取得实物形态(器)。如同形之前的"象"一样,形之后的器其意义不再是形。这个器不等于形式性的器,而是器的整体性存在,用西方哲学的术语表达就是,器是质料与形式的统一。

"象"建立在感的基础之上,是为了表达感与意而生成的。"象"取自身与物,但其意义却非限于身物,"其称名也小,其取类也大"(《系辞下》),它指向身物之外的意。身物是为了指引意,而入象的身物本身并不是无意义的,它具有特定的意味,具有可感可亲的人性。天地山川、水火雷电、芳草美玉这些事物之道与人之性相互吸取融合,事物之道中融入人性,人性也融入事物之道中。它们之间的关联使人们可以从事物中被唤起,感受到自己的趣味情怀、理想与追求,睹物思人,缘物起情。反过来,人们会在有感有情意时,特别是在语言表达不畅时,把自己的所感所思交付这些"有情之物",让"有情之物"在其存在展开过程中绵延不绝地呈现作者的感与思。

"象"是意义范畴,在这个意义上,"象"可以尽意。"象"

---

[1] 贡华南:《感思与沉思》,《中国哲学史》2004年第3期。

借助简易的、有意味的符号来表达，"象"的意义又不在符号本身，理解"象"当然要借助于"感"。这些简易的、有意味的符号的作用是指引、兴起感，即以身或近诸身的、平易的事物指引以达到远、大、逝的事物。入"象"的身或物具有以下特征：第一，它是自己之外的他者较为熟悉的东西；第二，入"象"的是这个事物的某一些为人所熟悉的特征；第三，入"象"的东西能典型地表现出一类事物的意义（生命存在的时位变化规律）。人们比较熟悉这些入"象"的事物，熟悉它们对于人的种种意义，所以，人们也能够很方便地引用"象"。入"象"的事物所具有的特征在具有这些特征的同类中最为典型，因此，入"象"的事物不仅能呈现自身，而且还可以引起、指向他者，指向一类事物，这样它就能够成为类范畴而拥有普遍的意义。比如，天（乾）可以成为一个表达圜、君、父、玉、金、寒、冰、大赤、木果等事物的范畴。人们要托"天（乾）"这个象来表达圜、君、父、玉、金、寒、冰、大赤、木果等事物。换言之，入"象"之后的"天（乾）"可以表达其他事物而具有普遍的意义，以"天（乾）"说这些事物人们都可以理解它们的意义。就实物而言，"天（乾）"与圜、君、父、玉、金、寒、冰、大赤、木果等事物是并列的，它不是构成它们的要素、质料，也不是从它们之中抽离出来的共同特征（共相）。从这可以看出，中国哲学中共性的获得并不需要抽离活动，不需要从同质的多中概括出"一"。质言之，中国哲学中占主导地位的不是"抽相"（分解个体为诸相），也不是把"象"从诸种事物中抽离意义上的"抽象"，而是"取象"，即把最熟悉的事物典型化，使之拥有普遍的意义。

　　"象"是否也可以像金岳霖所说能"执一以范多，执型以范实"呢？在金岳霖那里，一与多显然指同类，比如一个火车与多个火车。但在"象"中，"象"与器之间、同一个象所属的不同的实物之间并不属于同一个种属。比如，乾与其所属物之间，

"乾为天,为圜,为君,为父,为玉,为金,为寒,为冰,为大赤,为良马,为老马,为瘠马,为驳马,为木果"(《说卦》)。天、圜、君、父、玉、金、寒、冰、大赤、木果与马这些东西放在一起成为一类在科学观点看来显然无法理解,同为马,而把良马、老马、瘠马与驳马归入一类同样在今天的科学与常识看来是一种荒唐奇怪的做法。在什么意义上它们被归入一类呢?在作者看来,其分类的标准是不同类型的(强弱、明暗以及价值秩序)所感,是人们所感出来的不同意味。一个"象"就是一类感之中最显明、最显著者:"动万物者莫疾乎雷,桡万物者莫疾乎风,燥万物者莫熯乎火,说万物者莫说乎泽,润万物者莫润乎水,终万物始万物者莫盛乎艮。"(《说卦》)尽管"雷"之"象"取自自然界的雷,但作为"象"的"雷"当然不是指自然界的雷,雷之"象"与雷不是一多关系,更不是一一对应关系。

3. 象与幽明之故

西方传统哲学重抽象,通过概括作用与组合作用等具体过程所获得的无疑是在场者的"相同性"(共相),这些范畴(相)具有较强的确定性、清楚明白性。正如我们所说,它们像形状一样确定,都可以被"看"得清楚明白。笛卡尔把"清楚明白"作为概念的标准,无疑是对西方传统哲学观念的高度概括与认同。在抽离出时间、空间及人的存在要素之后,客观性确实可以保障这些范畴对于"所有"时间、空间及"所有"人的适用性,而普遍适用即是西方普遍性观念的最主要的内涵。但过于注重"明性"(清楚明白性)的结果必然是遗漏了世界的很多部分,遮蔽了存在的具体性与世界的整体性。许多现代西方的大哲(比如海德格尔)对此都有透彻的揭示。

中国传统哲学通过"取象""立象"过程所获得的范畴(象)则是在场与不在场的统一。"象"范畴把时间、空间及人的存在特征保留在其中，是质料与形式的统一。由于揭示在场而具有明性，由于揭示不在场而拥有幽性，"象"是"幽明"的统一，它"通幽明之故"。用宋儒张载的话说即是："显且隐，幽明所以存乎象。"[1] 这里的"明"是指存在的敞开、显现、澄明状态。在中国哲学中，与"明"接近的概念有白、阳、昼、刚、显等，它们都可以"看"得出。"幽"不是"无"，而是未出场，是潜在，是夜，是黑，是阴，是隐，是晦。《老子》"知其白，守其黑"之"黑"、"玄之又玄，众妙之门"之"玄"、"婴""孩"等，《易经》"潜龙勿用"之"潜龙"，《孟子》之"四端"，《庄子》之"混沌"等等皆是"幽"的不同表述。"幽"是指存在未展开，是光未及处，是未出场，是潜能，是夜，是黑，是阴，是未待明而未明的存在，是泉之源，是树之根，因而对于视觉不可见。"幽"与"明"之间相因、相互流动转化，由于它与明为一体，通过明而可"感"到"幽"，因此必待"感"才能"通幽明之故"。"幽"不仅不是无，相对于"明"来说，它范围更大，更为根本，张载所谓"见者由明而不见者非无物也，此乃天之至处。彼异学则皆归之空虚，盖徒知乎明而已，不察夫幽，所见一边耳"[2]。"天之至处"即我们今天所讲的"无限"，而已见者则是有限。因此，"象"是有限与无限的统一。在这个意义上，我们不难发现"象"的普遍性特质。

幽明与有无还不同。幽明是一界，即"象界"。如张载说："显其聚也，隐其散也，显且隐，幽明所以存乎象。"[3] "幽明"存于一体之中，幽明之间相互包含，两者是连续更替的。有无是两界。"无"一般被训为与生活世界相对的另一个世界（柏拉图等以相的世界为实在，而无是空虚）；价值上被训为与一般生活价值相对的另一种异质的价值（无意义的地狱等）；相对于人谓

---

[1] 《张载集》，第190页。
[2] 《张载集》，第182页。
[3] 《张载集》，第190页。

不可见、不可感。"有无"往往是"决定""创造"而成性质各异的两个绝境、异质之境。有无之间的转化需要"质"的"决定"或"创造"。

我们这里对"象"（幽明性）与"相"（明性）的比较更多是从中西传统哲学的认知取向方面进行的。西方现代哲学家无疑也注意到了这个特征，迈克尔·波兰尼对"默会知识"的研究与强调[1]、海德格尔对"神秘"（das Geheimnis）的揭示[2]都是对注重"明"性传统的纠偏。不过，从人的整个存在看，问题则复杂得多。基督教观念中的"原罪"是人性中无法根除的东西，即永久的幽暗[3]。人性虽有神性的成分，但人即使通过种种努力，也无法成为和神一样完善的人。所以，"幽"（人性）与"明"（知识）在西方思想中是被割裂的两个部分，而且两者不可能转化成对方。中国哲学中"幽明之故"中的"幽"与"明"则强调、强化了两者的相因性、相互转化性。即使是荀子的"性恶说"，人性之恶（幽）也可以通过"伪"（后天人力）转化为"善"（明德）。作为主流的"性善说"，有的是对"从其小体为小人"的"忧患"，但却坚定地相信任何时候通达善的道路都是敞开的："求则得之。"（《孟子·尽心上》）《大学》则把"明明德"作为"大学之道"的第一项使命。"忧患"的原因或根据就在于"明德"随时可能转化为"幽"德。至于明德之隐在价值上被定为负价值，这当然只是儒家对"幽"特殊的价值规定，但这同样是基于"幽"与"明"之间的可转化性。

通过以上分析，我们不难发现中西传统哲学追寻普遍性道路的不同。西方哲学在生存论上以视觉的"看"为优先，所建立的范畴（"相"）相应于"看"而更注重形式性，注重存在的"明"

---

1 参见迈克尔·波兰尼：《个人知识》，贵州人民出版社，2000年。
2 参见海德格尔：《论真理的本质》，《路标》，商务印书馆，2000年。
3 参见张灏：《幽暗意识与民主传统》，《张灏自选集》，上海教育出版社，2002年。

性（清楚明白性），通达"相"的道路则是以分离为特征的"抽象"。中国哲学在生存论上以整个人的"感"为优先，所建立的范畴（"象"）相应于"感"而更注重形式质料的统一，注重世界"幽"与"明"的统一性，通达"象"的道路是"立象""取象"。两种通达普遍性的道路不同，所达到的"普遍性"的内涵也不尽相同。至于我们今天"应当"追求哪种普遍性，"应当"走哪条道路，决断的根据不可能仅限于"思"或"思"出的什么，而必然要根柢于我们中国人今天"在"的时势与天命。

4. 实证与他证

中西思想皆有"实证"的要求，但对"证"的路向、形态的理解与塑造却呈现出较大的差异。在中国，"证"以身心来承担，以自得为宗，要求证之于"味""感"，以味到、感到为"实"，是证之于自、证之于内的；在西方，"证"索之于外，以事实为承担者，质之于主体间的可观察性，以"眼见为实"，对身外之他者开放。实证道路的差异归根结蒂是对何者为"实"之理解与规定的差异，把握两种实证道路之差异无疑有助于更全面地理解中西文化。

在传统汉语中，"实证"与脱离自身感受的"空谈"相对，指的是有亲身感受。比如"实证二空所显真理，实断二障分别随眠"[1]，"以禅喻诗，莫此清切，是自家实证实悟者，是自家闭门凿破此片田地，即非傍人篱壁、拾人涕唾得来者"[2]。"傍人篱壁、拾人涕唾"是无己见而随人言语的空谈，"实证"指的是自家自得的亲证。但今日，受西方哲学影响，国内学人提及"实证"就联想到拥有仪器设备的实验，联想到主体间之"可观察

---

[1] 玄奘：《成唯识论校释》，中华书局，1998年，第626页。
[2] 严羽：《沧浪诗话·答吴景仙书》，引自《历代诗话》，第706页。

性"。表面上看,"实证"精神为中西所共奉,其目的都是为了使知识获得确实的证据。但深究之则会发现,呈现证据之路向之差异与各自在世态度、知识形态、普遍性追求的差异密切相关。在西方,"实证"以仪器设备为中介,以外于己的客观"事实"为依托,以主体间可观察性为宗旨。中国传统世界则以"味""感"的态度行世,把握真理需要"味—道",实证真理亦需要以德显道,"证"以身心来承担,以自得为宗,要求证之于"味""感",以味到、感到为"实",是证之于自、证之于内的。实证道路的差异显示了中西文化系统的差异。

实证精神是西方文化最重要的特征之一,近代以来的科学以及科学文化将此实证精神发挥得淋漓尽致。与形式性、客观性、普遍性追求相一致,实证的根据与目标即在于客观性、形式性、普遍性、可重复性。实证的最终要求是主体间的"可观察性",即把理论最终质诸主体间都能直接感受到的外部实在,将主体与理论之间变成主体与理论化的"事实"之间的关系,从而确保最大限度的证实。

从形式上看,实证表现为相互依存的两个部分,即理论的逻辑证明与经验证实。与西方占据主导地位的"视觉优先"[1] 文化传统相一致,理论证明与经验证实都表现出显著的视觉特性。维特根斯坦对此有着非常简洁的表述:"'我知道'有着同'我看见'相类似和相关联的最终意义。'我知道他在室内,但他并不在里面'同'我看见他在室内,但他并不在那里'相类似。'我知道'应该表示一种关系,不是我与一个命题意义(如'我相信')之间而是我与一个事实之间的关系。"[2] "知"与视觉之"看"有着一致的结构与要求,即将之引导、规范、还原为主体与"事实"之间的关系,以确保"看""知"的客观性、确定性。

---

[1] 对于古希腊以来所形成的视觉优先传统,20世纪许多哲学家都有自觉,批判者有之(如海德格尔),自觉发挥者有之(如阿恩海姆)。
[2] 维特根斯坦:《论确实性》,广西师范大学出版社,2002年,第16页。

"可观察性"即是这种实证理论的基本要求。

以抽象的逻辑形态表现出来的理论虽超越感官，但理论的逻辑证明最终表现出向视觉对应物的还原。柏拉图强调的以"心眼"把握纯粹形式性、本质性的"相"，亚里士多德将形式因规定为本质因也是建立在视觉优先基础之上的。这个传统在古希腊以后仍得到进一步的发展。笛卡尔所创立的解析几何学用平面上的一点到两条固定直线的距离来确定点的距离，用坐标来描述空间上的点，即由 x 轴、原点、y 轴构成一个斜坐标系，以（x，y）唯一地确定平面上任一点，从而使几何问题可以归结成为代数形式。几何问题可以化成代数问题，代数问题也可转换为几何问题。比如，笛卡尔引入了单位线段，以及线段的加、减、乘、除概念，从而把线段与数量联系起来，通过线段之间的关系来表现代数方程。正是基于解析几何对"数"与"形"的贯通，我们看到，近代以来物理数学化的努力一方面表现为"理"的代数化，另一方面表现为"理"的几何化[1]。笛卡尔所提出的"清楚明白"的目标正是相应于几何"形式"的视觉特征。

证实赋予理论以客观性意义，理论的正确性同样由证实得到保障。就结果来说，理论的正确性表现在理论与事实之间的"符合"。"符合"需要同质性两者之间的对照，相应于此，理论需要转换为可见的事实。维特根斯坦将命题理解、规定为"实在的一种图像"，即使命题成为"可见之物"的一种努力。"图像"是"实在的一个模型"，是"一事实"。图像既是实在与事实，则它就可以与实在直接比照，一致与否成为判定图像"真"或"假"、"正确"或"不正确"的标准[2]。将理论还原为"图像"，将"图

---

[1] 具体地说，牛顿为代表的经典力学是要把物理代数化，爱因斯坦的广义相对论则是要把物理几何化。可参看陈省身：《陈省身文集》，华东师范大学出版社，2002 年，第 271 页。

[2] 以上几处引文分别出自维特根斯坦《逻辑哲学论》4. 01、2. 12、2. 141、2. 21。

像"规定为"事实""实在",这样理论就成为与"事实""实在"同质的客观性存在。所谓"实在的图像",也就是说命题具有图像一般的"可见性"。理论成为图像,由图像而可为视觉所见,由此而可对照。图像作为具有客观性的证据更容易为不同主体所把握,主体间的一致得以可能。

实证精神在逻辑实证主义那里被表述得最清晰、最典型。众所周知,逻辑实证主义的许多哲学家努力把复合命题还原为可以直接与实在相比较的基本命题(原子命题),把经验概念还原为经验与料(data)。原子命题都是可观察命题,即它所反映的事态是可以直接观察到的。按照理论设计而出现预期的事态能与观察到的事态进行直接对照,当两者相一致,我们就可以说理论得到了证实。以证实为根据,理论的意义得到保障,或者说,理论获得了真实的意义。

实证的实质是将预期的事态摆放在主体间,以供主体间观察、检验。"可观察性"是证实活动所追求的一个基本目标与必要条件。"观察"与"经验"是有差别的,"经验带有主体性,观察是去除经验中主体因素的一个途径"[1]。经验,特别是日常经验,往往卷入主体自身体验而难以走向主体间。维也纳学派对此有着足够的警惕:

> 感知和经验提供我们关于事实的知识,但它们只能引发这种知识,却不能确立它的有效性。陈述的真理性或确定性不能由瞬时经验来保证,因为科学陈述本质上都是主体间的经验,从而其有效性不能由主观经验来确立,只能依赖于主体间的基础而确立……确凿无疑的经验和不证自明的感知显然都是十分主观的、心理上的。[2]

---

[1] 陈嘉映:《哲学 科学 常识》,东方出版社,2007年,第119页。
[2] 洪谦:《论逻辑经验主义》,商务印书馆,1999年,第130页。

仅仅一瞥或一种体验是不能交流的。认知的功能是把关于外在世界的客观知识传递给我们。而经验却只能使我们同外在世界或内在世界发生直接关系。经验激发并丰富了我们的内心生活,但是无助于把这种生活的经验内容交流给他人。因而认知在本质上永远都是主体间的,而经验始终是私人的。[1]

观察是广义经验之一种,观察命题、观察语句、观察报告以事实性为根据,而对主体间保持着开放性。观察谓词虽属于经验范畴,但由于观察本身受到客观性的指引与规范,所以,主体间可观察又可以制约着观察的"体验性""约定性"倾向。

观察既包括感官的观察,也可指借助于仪器进行的观察。显然,科学理论非此种意义上的观察所限定,科学理论中存在着大量"不可观察的"东西。那么,如何看待这些"不可观察的"科学理论呢?20世纪美国著名哲学家欧内斯特·内格尔提出一种有意思的解决方案。他将科学定律区分为两种:一种是"实验定律";另一种是"理论定律",简称理论。他认为,"实验定律"是指"如此被表征的一个陈述表达了事物(或事物特性)之间的一个关系……这些事物或特性是可观察的,并且,该定律能够得到对定律中所提及的事物的受控制的证实"[2]。"理论定律"则是"并没有实指性地指称任何可观察的事物,因此,这些假定不能为术语实指地指称的观察或实验证实"[3]。理论定律所陈述的虽然是不可观察的事物,但科学史表明,从实验资料中引出、间接地确定不能观察的事物的特征又是可能的。从理论定律的构成看,它包含三个成分:"(1)一种抽象的演算,它是该系统的逻辑骨骼;(2)一套规则,通过把抽象演算与具体的观察实验材料

---

[1] 《论逻辑经验主义》,第133页。
[2] 欧内斯特·内格尔:《科学的结构》,上海译文出版社,2002年,第95页。
[3] 《科学的结构》,第95页。

联系起来,这套规则实际上便为该抽象演算指定了一个经验内容;(3)对抽象演算的解释或模型,它按照那些或多或少比较熟悉的概念材料或可以形象化的材料使这个骨骼变得有血有肉。"[1] 抽象的演算具有不可观察性,但通过对应规则,它与经验内容是可以建立联系的,而且正是这样的联系才使得它对科学探究具有积极作用。不可观察的理论仍可以与可观察的经验内容建立联系,那么,后者在某种意义上也可为理论提供必要的支持。

实证精神在现代科学之"实验"活动中得到更明确、更完整地体现。"实验比观察更明确地把经验统一体中的主体成分和客体成分加以区分,从而更有效地清洗掉经验中的主体成分,保证了事实的纯粹性。"[2] 在现代科学中,观察是一种出自理论、指向理论的"看"。聚集着这种理论的"看"的活动是"实验",因为实验就是以理论设计为特征的活动。

当下直接给予的是期待着的往往也是"预期的"理论化的存在,即一种特殊的"事实"。反过来,对事实的构造也使理论命题获得直观的、客观的形态,这就为主体间的观察活动奠定了坚实的根基。理论命题成为可直接观察的事实,事实遂使理论得到最大限度的证实。"事实"一旦构造完成,它就拥有独立于主体的自性,成为独立于主体的另一"体"——客体。主体属于"内",客体属于"外",两者之距离也由此得到规定。

当知识、理论可还原为"客体",理论的检验者就不再局限于创建者,我之外的"他者"皆可将理论与事实进行对照、检验,所以,知识、理论的实证也就成为与自证有别的"他证"。"知"既属于"知者"与"事实"这个客体之间的关系,"知者"就是不定的"任何一个"。距离性、客观性正是视觉"看"活动的基本特征,它也是建立在"看"根基上的认知活动追求的目标

---

[1] 《科学的结构》,第97页。
[2] 《哲学 科学 常识》,第123页。

之一。"看"之所"得"在"外",就此说,将"证"最终归诸外在、客观的事实只是"看"的内在要求。

5. 自得与自证

与重"视觉",追求形式性、抽象性的古希腊传统不同,中国传统思想世界更重味觉。"非礼勿视"(儒家)、"以道观之"(道家)表明视觉的追求都被置于人的存在的特定道路,而无意于"客观性""形式性"。自《尚书·洪范》起,"味"一直被理解成物的"性":"五行:一曰水,二曰火,三曰木,四曰金,五曰土。水曰润下,火曰炎上,木曰曲直,金曰从革,土爰稼穑,润下作咸,炎上作苦,曲直作酸,从革作辛,稼穑作甘。"《左传》曰:"天有六气,降生五味。"(《左传》昭公元年)"五味"是"五行"生发出来的,它们就是"五行"的"性"。"水味所以咸何?是其性也。"(《白虎通·五行》)味被规定为事物本身固有的性质。秦汉以来流行的"神农尝味百草"的传说与此对存在的理解紧密呼应。"物"可由"味"而得,"道"亦可"味",此即传统强调较多的"味—道"方法论。

与重"味—道"之"味"的思想传统相关,经验、思想所得之证明、证实皆表现出不同于奠基于客观性精神"看"之上的实证精神。"知道"的意义与"得道"相关联,"知道"是以我进入大道、大道进入我这种交融关系为特征的。不是"我看见"而是"我味到""我感到"。味之所得与己相关,而非独立自存的自在之物。与距离性的"看"相应的"所看"是形式性的"相",与非距离性的"味""感"相应的"所味""所感"则是形式与实质相统一的"象"。非距离性之"味""感"使"象"与个性生命相关联,而表现出流动、变化与不确定性。"味""感"之所得是自身进入、参与而呈现的物与象,所得之道则为内在于己的"德",在己者属于"自",属于"内",因此,"证"亦在"自"在

"内"。

传统德性论讲凝道成德与显性弘道，讲躬身反省，讲德性境界如人饮水，冷暖自知，这些说法无疑都强调了"所得"中自我的参与与承担。大道不为私人所有，但公共之大道可以通过个人的修习而得以"立"，所谓"身修而道立""凝道成德"是也。所得者成于内，具体说就是，理性方面成就"自明"，即自知自身在家国天下中的位置，自知自身行为的各种意义。这样的"知"与"行"相关联，即表现为自身展开于世界中的状态、境界。表现在"思"的层面，就是将普遍的知识理论拉回到自身、落实于自身，以切身的"感"充实其意义，并能以此开展"感思"，时时回到自身。《中庸》"自诚明"与"自明诚"表达了理性意义上的"明"与德性修养意义上的"诚"之间相互促进而结为一体的亲密关系。"诚明"虽有言行等方面的"客观表现"，但其基本规定与基本要求是"足乎己无待于外"的，也就是说"己"才是最终的裁判者，外于己的他人虽有所感，但内在心灵境界的差异往往会使他人对"诚明者""瞻之在前，忽焉在后"。张载所谓的"德性之知"也恰当点出了这种"知"与"德"乃至整个生命存在之间的相依性。所知、所得即其人之"德"，知以"德"的形态呈现。"德"的内容不仅是个人性质的知觉意识，德为道舍，德中也涵蕴着、承载着"道"，所谓"德者，道之舍"是也。

意志方面的"自主"亦将"知""德"引导至于"内"。"自主"首先是自主其"欲"。"己欲立而立人，己欲达而达人。"（《论语·雍也》）以己之"欲"为起点与支点，而由己及人，自我之欲贯穿了所知所得。"可欲"[1] 首先是"可"己之"欲"，然后才到达他人。理解"可欲"（善）需要回到"己"本身，更需要在"己欲"中获得确证。"自主"还体现为自我主宰，勇于决断与承担，最终勇于将可欲贯通于"行动"。荀子对此有精彩论

---

[1]《孟子·尽心下》曰："可欲之谓善。"

述:"心者,形之君也,而神明之主也。出令而无所受令,自禁也,自使也,自夺也,自取也,自行也,自止也。故口可劫而使墨(默)云,形可劫而使诎申,心不可劫而使易意,是之则受,非之则辞。故曰:心容,其择也无禁,必自见,其物也杂博,其情之至也不贰。"(《荀子·解蔽》)一切出于自身之欲,以自身之欲为根据。当然,儒家对这个"欲"有明确的伦理规定,即"欲仁"。"欲仁"要求自身以"仁"的态度在世,以仁的态度接人应物,"心"对"形"的主宰亦是"仁"对形的润泽。

"我欲仁"是起点,"斯仁至"则是"欲"的方向与目标。"仁至"即是"德成""得道",即是"自得"。孟子曰:"君子深造之以道,欲其自得之也。自得之,则居之安;居之安,则资之深;资之深,则取之左右逢其原,故君子欲其自得之也。"(《孟子·离娄下》)朱熹注曰:"言君子务于深造而必以其道者,欲其有所持循,以俟夫默识心通,自然而得之于己也。自得于己,则所以处之者安固而不摇;处之安固,则所藉者深远而无尽;所藉者深,则日用之间取之至近,无所往而不值其所资之本也。"[1] 自得于己,则道取得自我的形态,而己与道通。所知、所欲皆在此得以实现"自""己"的品格。"自其外者学之,而得之于内者,谓之明。自其内者得之,而兼于外者,谓之诚。诚与明一也。"[2] 自"学"而言,目标是将外在于己的知识经验化为内在的东西,以使之与本己的东西相契合,达到"自得";"得于内者"贯通内外,亦是"自得"。不管得自"内"还是"外","我"始终是"得之者",是贯通耳目与万物之"机"。陈献章对此有卓绝体会:"自得者,不累于万物,不累于耳目,不累于造次颠沛,鸢飞鱼跃在我。"[3] "自得者"可安居深资、左右逢源,自足于内而无待于外,外在条件自然不能移易。

---

1 《四书章句集注》,第292页。
2 《二程集》,第317页。
3 《陈献章集》,中华书局,1987年,第825页。

德性显于德行，著于四体，如孟子言："仁义礼智根于心，其生色也，睟然见于面。盎于背，施于四体，四体不言而喻。"（《孟子·尽心上》）自得于心而生色于面背四体。四体之色显于外虽"睟然"可观、可感，但它显然不属于可模式化、客观化、程式化、形式化的外物。不言而喻之四体以真诚的心灵为根据，由真诚的心灵支撑。不言而喻之四体不可证，可证的是心灵之真诚与否，以及心灵境界之高低，但心灵境界显然只可自证而不可他证、外证。一代代大儒对"慎独"的强调正基于此。

重"慎独"是因为"独"最能体现自得之我的"自"与"内"的真实状况。"独"时所表现的德是内外一致的"德"，是"诚于中，形于外"的《中庸》之德。"独知"是"人所不知而己独知"[1]，此独知于他人是未可知的"隐"或"微"，于己是"如见其肺肝然"，是"莫见乎隐，莫显乎微"。独知对着自己开放，将最真诚的自己带到现实世界，故它一直受到儒家的推崇。王阳明不厌其烦地对其弟子强调[2]，梁漱溟则将"慎独"当作儒学的总纲[3]，无疑都基于慎独对本己的敞开性。

不仅儒家将实证归诸自证、内证，道家追求"自知曰明"（《老子》第三十三章），强调"修之于身，其德乃真"（《老子》第五十四章），"有真人而后有真知"（《庄子·大宗师》），他们在将知的方向调向生命存在的同时，也将"实证"的方向转向内在的生命修行。追求"道"的"德"化，以"德"来彰显"知"，

---

1 《四书章句集注》，第355页。
2 如"只是一个工夫。无事时固是独知。有事时亦是独知。人若不知于此独知之地用力，只在人所共知处用功，便是作伪，便是'见君子而后厌然'。此独知处便是诚的萌芽。此处不论善念恶念，更无虚假"（《王文成公全书》，第43页）。"无声无臭独知时，此是乾坤万有基。抛却自家无尽藏，沿门持钵效贫儿。"（《王文成公全书》，第938页）"良知即是独知时，此知之外更无知……自家痛痒自家知。"（《王文成公全书》，第939页）
3 "慎独之'独'，正指向宇宙生命之无对，慎独之'慎'正谓宇宙生命不容有懈。儒家之学只是一个慎独。"（梁漱溟：《人心与人生》，学林出版社，1984年，第145页）

故所知始终以生命存在为其载体，知识形态始终停留在自身之内而没有朝外在化、客观化方向迈进。特别是，当"天下""物""我"这样外在化的形式被内在心灵"悬置"（庄子所谓"外天下、外物、外生"）之后，"知"成为心灵的自由绽放活动，天下万物皆为心灵所"游"的场域。这样的万物并不能当作某种知识的实证根据，它们不过是这这那那而已，心灵没有设计过它们，或者说，心灵只是把它们交给了物自身。这样的外物虽然脱离了本然形态，但却以其自然面貌而对他人呈现出难以捉摸的不确定性。庄子对感官经验及个体知识普遍性的怀疑正基于此。物各有其性，各主其知，"正处""正味""正色"[1] 随性而异，其"性"其"知"即其"正"（合适、恰当、正确）。"正"即其知之"证"，"正"有"各"，则"证"亦有别。"有真人而后有真知"（《庄子·大宗师》），"知"系于"人"与"物"。"人""物"主宰着知的立场、倾向，故庄子有是非同异"恶能正之"之叹。当然，"恶能正之"不是说不能正之，庄子正之之法是"和之以是非而休乎天钧"（《庄子·齐物论》），即将人物是非同异之"正"归还每一个人与物，让各个人物自己确证其"知"。

就人来说，"休乎天钧"的一个重要举措就是拒斥机械而直接面对万物。庄子担心："有机械者，必有机事，有机事者，必有机心。"（《庄子·天地》）于是，他以拒斥机械来保障物我交往的纯真性。但就"知"来说，此举无疑摒弃了他者展开物我交往所凭借的依据，增添了他者来临的难度。对万物的"无为"使他者的实证只能一次次从头开始，一次次从头修养身心、从头展开自身生命（有真人）来使作为德性之"证"的物到来。显然，将"知"托付于特定的生命形态的结果必然使实证不断内在化。

---

1 语见《庄子·齐物论》。

6. "中国科学"与内证

"内证""自证"不仅体现在儒家、道家的形而上追求方面，与形而上领域保持密切一致性的所谓形而下领域同样贯穿着此一要求。特别是在中医药等传统科学活动中，内证构成了它们的核心特征。这里就以中医药为例来看看传统科学的实证特征。

就药学说，在西方被视作"第二性质"的"（气）味"被当作药物的根本特征。"性味"成为对药物"性质"把握与规定的唯一标准。所有药物都按照"四性五味"进行分类，"四性"或曰"四气"，指中药的寒、热、温、凉四种性能特征；"五味"指中药的辛、甘、酸、咸、苦五种味道。不管是"气"还是"味"，它们都是与人的主观体验密切相关的性质。作为自然性质，"气"与"味"并不对人的客观性感官"看"呈现，而是对着主观性感官"鼻""口"[1] 以及整个身体呈现。"气"与"味"由对身体的作用效果而获得规定性，所得的不是外在的事实，而更多表现为对人的"内在作用"。与此相应，中医治疗依据性味理论展开，"寒者热之，热者寒之"，药物之所以能治疗则在于"性味归经"（"五味入五脏"）。"性味"因时、地、气候等要素而不同，同样的物种，或按照现代西方科学的提法，相同的种属、相同的化学结构，在中药可能会显现出相反的性味，相应就具有相反的治疗效果。"味厚者为阴，薄为阴之阳。气厚者为阳，薄为阳之阴。味厚则泄，薄则通。气薄则发泄，厚则发热。"（《素问·阴阳应

---

[1] 鼻、口（舌）与气、味对应。按照传统医学说法，气属阳，属天；味属阴，属地。鼻、口（舌）与气、味交即是与天地阴阳交。《素问·六微旨大论》："言人者求之气交。""气交"反映的是人与天地相交的状况，与天地相交的状况也是生命的方向标。以鼻、口、身"体味"（玩味、品味）天地阴阳即是与天地、与大道相交，这正是生命本身的内在要求。味、感由此获得了存在论的意义。

象大论》）时地的差异会造成阴阳禀受的差异，从而使同一物种也会产生性味的厚薄差异，其治疗效果可能会有天壤之别。比如，大家熟知"橘在淮南为橘，在淮北为枳"。就性味说橘甘、酸、凉，枳则甘、酸、平；橘归肺胃，枳归脾胃。如果说橘枳属于不同种类[1]，那么，浙贝、川贝的性味差异更见时地与性味的紧密关系。出在浙江一带的贝母叫作浙贝，也称大贝，出在四川一带的贝母叫作川贝，浙贝较之川贝更凉。川贝的作用是清热、化痰、止咳、润肺，浙贝则主要是软坚散结。不管是味之厚薄还是性之寒热，中药所关注的这些特性无疑皆系于品味者自身的主观感受。一直被医家奉为医药起源的神农尝百草的神话，其一直被口耳传唱事实上也在将这种识别、判断药物性质的模式神圣化、普遍化。

与中药性味说相一致，中医之望闻问切诊法，尤其最重要的"切"诊法，坚持的是医生零距离的介入、参与[2]，进入患者的世界才能诊断"病的人"之"病"。切诊的基础是经络理论，按照传统医家的说法，通过返观是可以明察人体之经络的。李时珍《奇经八脉考》曰："内景隧道，惟返观者能照察之。""返观"不是外观，而是"内观"。内观何以能察到"内景隧道"呢？很多医家认为，在具备了一定的素养、能力之后就可以内视返观[3]。它所需要的是主体自身的条件而不是外在可见的仪器设备，其所得是自明自主形态的东西，归根结蒂是"自得"。药物的气味、

---

1 《本草拾遗》云："书曰：'江南为橘，江北为枳。'今江南俱有枳橘，江北有枳无橘，此自是种别，非干变易也。"按此说法，橘枳似属不同类，故性味不同。

2 当然，我们也一再在传奇中看到高明的医家因种种而悬丝诊脉，悬丝不是为了拉开距离，而是以丝容脉之沉浮诸象传送过来。显然，切脉尤其需要敏锐的感受力以及相应的修养境界。

3 参见刘力红：《思考中医》，广西师范大学出版社，2006年，第14—16页、第37—39页等。

药物的归经都是以自得为根据的[1]。他人之"证"同样需要亲身参与：亲尝、返观以及相应的境界修养。就切诊说，"脉象"虽由医者零距离的参与所得，但它却是被诊者自身"现"出的"象"，是自身涌现的"象"，而不是医者自身生成的"象"。当然，把握脉象需要医者自身有足够敏锐、足够高超的技能、境界，故"脉象"又好像存在于诊者那里。"事实"可通过外在于己的仪器设备等中介来呈现，"脉象"则以充满个体差异的自我来呈现与承载。仪器设备可以保障事实显于外，因此，对所得之"证"是外证；由主客双方参与而呈现的象状需要以自身呈现，它必然需要"证"之于"己"，"证"之于"内"。

"自证性"在传统的诸"科学"中多有体现，即使在最"抽象的"数学中也不例外。按照传统数学家的说法，数学之"数"在圣人"远取诸物，近取诸身"（《系辞下》）的创作活动中产生，故"数"与人身密切相关。刘徽在《九章算术注》"序"中说："昔在包牺氏始画八卦，以通神明之德，以类万物之情，作九九之术，以合六爻之变。暨于黄帝神而化之，引而伸之，于是建历纪、协律吕，用稽道原，然后两仪四象精微之气可得而效焉。……徽幼习《九章》，长再详览，观阴阳之割裂，总算术之根源。探赜之暇，遂悟其意。是以敢竭顽鲁，采其所见，为之作注。"[2] 在刘徽看来，"算术之根源"就在通神明之德、类万物之情的八卦上。因此，算术与"阴阳"相关，与"两仪四象""六爻""八卦"相通。因此，"数"既通乎物，也通乎人。类似的说法在中国数学家中还有很多，如"夫算者，天地之经纬，群生之元首，五常之本末，阴阳之父母，星辰之建号，三光之表里，五

---

1 神农尝百草的神话将神农设想为具有透明的玻璃肚（另一说是，神农有个玻璃肚之獐狮，神农采来百草，先由獐狮吃下，透过玻璃肚看是否有毒），似乎是为了强化性味归经理论的可证性，但"自得"之"知"终究是自知而不是他人可"视"的"知"。

2 《九章算术注释》，科学出版社，1983年，第1—4页。

行之准平，四时之终始，万物之祖宗，六艺之纲纪；稽群伦之聚散，考二气之降升，推寒暑之迭运，步远近之殊同；观天道精微之兆基，察地理从横之长短；采神祇之所在，极成败之符验；穷道德之理，究性命之情"（《孙子算经》"序"）。算术是"天地之经纬""五常之本末""六艺之纲纪"，能够"穷道德之理，究性命之情"。换言之，天地之常、五伦之序皆合于"算"，皆可作算之"证"。人自身道德性命与数学相关联，因此，不仅在天地之间有其证，在每个人自身道德性命之内亦有其证，证既在外，也在内。人们常常以"实用性"来概括中国古典数学的特征，究其实用性的根源，就在于"身"乃是数的两个来源之一，"身"也是"数"的实质表现。数由身呈现，故也可以"身"为"证"。以"身"呈现"数"，让数回到人自身，这正是数学最实在之"用"。

　　质言之，从"证"的角度看，他证、外证要求主体间的可观察性，要求证之于"目"，以"眼见为实"；自证、内证要求自明、自得，要求证之于"味""感"，以味到、感到为"实"。不难看出，实证道路的差异归根结蒂是对何者为"实"之理解与规定的差异。把握这一点无疑有助于更全面地理解中西文化的思想实质。

七 "味"的失落与重建

受近代科学观念的冲击,传统思想方式、存在方式渐趋动摇,而让位于"科学的""现代的"思想方式与存在方式。存在论方面,传统的"气味"论被降低为"朴素的"(等于低级的、不科学的)宇宙论、本体论,万物皆有"味"的根基被推翻,自然及自然中的万物成为光秃秃的事实性存在而失去了一切意味。相应于此,传统方法论的根基——味道——也失去了合理性、合法性。科学的世界观正日渐成为中国人观看世界、感受世界、对待世界的主导方式,于是,由己之成而成的草木禽兽、山河大地、日月星空沦落为与己不相干的"陌路"。

当然,在汹涌的科学化潮流来临之际,仍不乏对传统基本存在观念及方法进行深刻反思的哲学家。以古今中西之辩为背景,许多哲学家尝试通过各种方式重建自然之"味"、大道之"味",积极探讨与构建通达有味之物及有味之道的方法论。这些思考无疑为中国现代哲学传统的建构做出了重要贡献。

1. 自然之味的失落与重建

天人合一或人与自然合一，一直被认作中国传统哲学的基本特征。随着异质的西方科学文化在中国的传播，中国传统的"自然"观念逐渐被改变、被"现代化"、被"科学化"。人们在观念上将自然视作认识的对象与征服的对象；在情感上不信任自然、疏远自然。原本作为人生意义重要来源的自然仅仅被当作物质能量的提供者，而不是继续为人生提供意义，人生意义因此出现许多问题。出于对科学文化造成人与自然疏离的警惕与担忧，中国现代许多哲学家通过各种方式重建回归自然的道路。他们一方面以强烈的现实关怀积极回应科学文化；另一方面又积极面对传统，努力从传统中生长出新形态，表现出较健全的理论视野。

① 科学时代的自然问题

科学的到来也带来了西方的自然观念。接受科学文化的中国学者对朴素天人合一观念提出质疑，同情传统思想的学者对此充满迷茫。中西古今的碰撞促使哲学家们不断深入地反思不同文化中的自然范畴。方东美曾对西方文化史上的"自然"观念做过清晰、精辟的梳理："1. 自然是指在后期希腊哲学中所谓的一个没有价值意义或否定价值意义的'物质的素材'。2. 希伯来宗教思想认为一个堕落的人受虚荣的欲望、自私的恶念和虚伪的知识等愚妄所迷惑，而一任罪恶所摆布，这就叫自然。3. 自然是指整个宇宙的机械秩序，这种秩序依近代科学来说，即是遵从数学物理定律支配的数量化世界，是纯然中性而无任何真善美或神圣价值的意义。4. 自然是指一切可认识现象的总和，严格遵守先验自我所规定的普遍和必然的法则。这和康德本体是一个显明的对照。5. 大诗人们常把自然当作拟人化的母亲。6. 斯宾诺莎所谓的'活的自然'是指具有无限力量的无限本质。在它之下，都充满了创造的性能。"[1] 第三个自然观念就是我们熟悉的科学文化中的自然,不过在西方文化中,它与第一、第二、第四个观念却是密切相关的。"物质的素材"是外在的自然,"欲望、恶念"属于内在的自然。它们都是理性征服的对象,都需要理性为之立法。自然无价值意义,或具有否定价值,因此,在存在论上它是陌生人、敌人,而不是朋友。这一点在科学知识、科学文化中都有所反映。马克斯·舍勒不无道理地指出,科学知识包含着"对世界的怨恨"[2]。

以科学及其对象为唯一、至高价值的观念在20世纪初期已经开始大行其道。"赛先生"(科学)在新文化运动中被当作一面旗帜东征西伐,"科玄"论战的胜利更确立了科学的统治地位。将此"科学的"态度、眼光贯穿于世界、人生、自然,它们就成为同质的、特殊的存在,即事实:无价值、堕落、机械、需要征服的对象。自然"科学化"的结果就是自然不再是"自然而然"的自然,而是无"法"而需要理性为之立法的自然,是一个无价值意味的自然,是一堆现象或事实。原来一直被当作"物与"(张载语)的自然不再为人熟悉、亲密,不再可爱,相反,人造物——城市逐渐成为一个被追逐的价值目标。自然不复是那个"物与"之自然:自然变得不自然,更重要的是在人们的观念中,自然不再是平等的朋友,人们不信任它,起而欲征服、占有、支配它。

金岳霖曾通过区分"自然"与"纯粹的自然"而揭示人疏离自然的状况。他所说的"自然"指通常意义上的自然与自然神;"纯粹的自然"则指经过科学化、知识化的"主体的领域和客体的领域的自然"。对于前者来说,人类归属于它;对于后者来说,人类与它相离,在它之外。对于前者来说,自然律也是行为律;

---

1 方东美:《生生之德》,黎明文化事业股份有限公司,1989年,第276页。
2 《舍勒选集》,第31页。

对于后者来说，自然律仅仅是存在于物质之间不变的关系，是对相互分离的客体事物变化与运动的描述[1]。金岳霖认为，后者是人类中心论自然观，即使客体自然屈从于内心的纯粹的自然，其极致是"客体自然几乎正在消失"，是失掉"自然的自然性"。由此，他说："客体自然几乎正在消失，而且，知识的力量、工业的力量和社会组织更是令人不寒而栗。"[2] 金岳霖这里谈到自然的自然性的消失不是杞人忧天，而是自然界的"现代"状况。对于中国人来说，科学及科学的产物不是"自然而然的"，它祛除了中国哲学自然观念中的"魅"（有机、活力、创造、情味），使自然不再可爱，使人与自然分离、分裂，人成为独立却又孤立的存在。所有这些都使习惯从自然中获取意义的中国人成为"漂泊的异乡人"[3]。

② 重寻意味及其困境

a. 世界返魅：自然之味与人之味

金岳霖这样问道："为什么自然与人应该合一呢？难道它们还未合一？如果它们能够合一，为什么它们还没有合一呢？如果它们不能够合一，为什么要提倡它们的合一？而且所谓的合一又是什么意思呢？我们必须提出合一这一问题。"[4] 以上一串追问差不多囊括了科学时代自然与人关系的所有问题，而"必须提出合一这一问题"也代表了背负天人合一传统的中国思想家对此问题的态度。人只有回到高明博厚的自然，才能获得安身立命的根本。这里的自然包括外在的自然界，也包括内在的自然（本然的性情）。消化、超越科学，回到自然成为20世纪中国思想家普遍的追求。

---

1 金岳霖：《道、自然与人》，生活·读书·新知三联书店，2005年，第151页。
2 《道、自然与人》，第163—164页。
3 刘述先：《儒家思想与现代化》，中国广播电视大学出版社，1992年，第505页。
4 《道、自然与人》，第151—152页。

方东美在细致分析西方自然诸含义之后，也对中国哲学中的自然范畴给予本体论、宇宙论、价值论的定位："自然，顾名思义是指宇宙的一切。就本体论来说，它是绝对的存有，为一切万象的根本。它是最原始的，是一切存在之所从出。就宇宙论来看，自然是天地相交，万物生成变化的温床。从价值论来看，自然是一切创造历程递嬗之迹，形成了不同的价值层级。"[1] 自然不是西方文化中的无价值的事实、现象、质料，既然它在本体论、宇宙论、价值论上具有如此崇高的地位，那么，人就应该尊重自然："……个人就应以忠恕体物，深觉我之与人，人之与我，一体俱化。我、人、物三者，在思想、情分及行为上都可以成就相似的价值尊严。"[2] 自然有价值意味，因此可以吸引人来体物，善待物，人在情感上也向往自然就合情合理了。

相较于方东美对自然质性的规定，贺麟对自然与人的看法则彰显了两者辩证的历程。在《自然与人生》一文中，贺麟区分了几种人与自然的关系。第一种认为自然是人生的工具或材料；第二种认为自然是人生的反映；第三种认为自然是人生的本源；第四种看法是自然为人生的对象，人生为自然的主体。后两种看法主张回到自然，把自然看作人生本源的看法即是把人生看作自然的一个部分，把自然看作人生的老家与人生最高的境界，与自然合一，精神才能得以安顿，才能理得心安。把自然看作人生本源还有两个重要的意义：一是自然是一个无尽藏，可以提供各种意义；其次，自然代表人生的本然或本性，回到自然就是恢复本性或保全本性。

贺麟本人倾向的是第四种看法。他认为，人生与自然的关系不是静态的，而是一个逻辑发展的过程。在第一个阶段，主客混一。在第二个阶段，主客分离。在第三个阶段，主客合一。主客

---

[1] 《生生之德》，第277页。
[2] 《生生之德》，第279页。

分离在他看来是走向主客合一的必要前提、必要的逻辑历程。换言之，不经过主客分离阶段，主客就达不到最终的统一、和谐。主客分离过程是人主动创造的分离，人创造分离的目的在于征服对象以求得自身的发展。征服同时发展，其结果就造成"自然成为精神化的自然，人生成为自然化的人生。自然建筑在人生上，人生包蕴在自然里。人成为最能了解自然的知己，人成为最能发挥自然义蕴的代言人"[1]。强调自然的精神化就是强调自然的人文化，即"以天合人"，这正是传统儒家天人合一思想的特征。贺麟本人对此亦有高度的自觉，他说他所讲的回到自然是儒家式的，而不同于道家的回到自然。

自然既包括外在自然界，也包括内在自然本性。在儒家思想中，内在自然即天性往往被其"人道原则"所压制，所以，儒家学者大多追求回归外在自然。比如，冯友兰在其著名的"四境界说"中将"自然"等同于"自发"，把它看作最低的价值，处于"自然境界"的人包括"过原始生活的人""婴儿""赤子""愚人"。相较于此，20世纪的新道家则对回归内在自然给予更多关注。在金岳霖看来，素朴性才是人的真正本性，但这样的自然本性往往与社会性的价值相冲突："最近人性的人大都是孤独的人，在个人是悲剧，在社会是多余。所谓'至人'，或'圣人'或'真人'不是我们敬而不敢近的人，就是喜怒哀乐爱恶等等各方面都冲淡因此而淡到毫无意味的人。"[2] 自然本性与社会本性之间存在冲突，按照自然本性生活的人虽不为世人所称道，但其价值却不应贬低。金岳霖划分三种人生观：素朴人生观、英雄人生观与圣人人生观。素朴人生观是"在其中实在的两分化和自我与他人的两分化被降低至最低的程度……一个具有素朴人生观的人是这样的一个人，他具有孩子气的单纯性，这种单纯性并不是蠢

---

1 贺麟：《文化与人生》，商务印书馆，1996年，第126页。
2 《论道》，第220页。

人或笨伯的单纯性。它表现为谦和,虽然具有欲望却不为欲望所控制,有明显的自我意识"。而具有圣人观的人则是向素朴人生的复归:"圣人的人生观在某些方面类似于素朴人生观,所不同的在于它的明显的素朴性得自于高级的沉思和冥想。具有圣人观的人的行为看起来像具有素朴人生观的人一样素朴,但是在这种素朴性背后的训练是以超越人类作用的沉思为其基础的……在他那里,客观自然和主观自然是统一的,这样的统一就是和谐。"[1] 圣人观的素朴是得自于沉思和冥想的素朴。素朴、自然、孩子气、单纯性在他们这里无疑都是一种"好",一种正面价值。"情求尽性,用求得体,而势有所归。"[2] 这个"求"的过程虽然"有顺有逆",会有"情不尽性,用不得体"的情况,但变动最终的趋势则是万物各尽其性。人回归自然就是每个人各尽其赤子之性。

自然包括内在自然(人的自然)与外在自然(大自然),那么,回归自然既应包含回归内在自然,也应该包含回归外在自然。可能是因为金岳霖认为自然已经在科学化进程中"化本然为自然,化自然为事实"[3],自然化为事实故"客体自然几乎正在消失"[4],因而并不大谈回归外在自然。在中国现代哲学中,主张回归内在自然与外在自然的典型代表是金岳霖的弟子冯契。

冯契在理论上自觉把"事实"(实然)充实进去,并把自然原则贯彻于天道、自由领域,在某种意义上承续了道家命脉。冯契对于自然的秩序的看法可以归结为自然=本然+实然+或然+当然。具体来说:"从对象说,是自在之物不断化为为我之物,进入为人所知的领域;从主体说,是精神由自在而自为,使得自然赋予的天性逐渐发展成为自由的德性。在没有能所、主客的对

---

[1] 《道、自然与人》,第 157—162 页。
[2] 《论道》,第 205 页。
[3] 《知识论》,第 493 页。
[4] 《道、自然与人》,第 163—164 页。

立时，自然界是未曾剖析的混沌，'强为之名'，我们称之为自在之物或本然界。人类由无知到知，以得自经验者还治经验，本然界就转化为事实界。事实界是自然界之进入经验、被人理解的领域……可以思议的领域称为可能界……价值界是人化的自然。"[1] 万物有本然之性，本然之性是事实之性、可能之性、价值之性的根据，但通过人的实践与认识，本然之性可以化为事实之性、可能之性、价值之性。

冯契论述道："实体自己运动，以自身为动力因，并非有个造物者来创造天地万物或其他外在的动力来推动世界。统一的物质实体以及分化为各种具体运动形态、各个发展过程、各个个体，凡是'体'，都是以自身为动因，而又都相互作用，这即是自然。自然界的一切都是自然而然的。自然是万物的本性（天性和德性），是自然物之所以为自然物的根据。"[2] 通过对传统哲学的解释，自然范畴更加丰富，也更具有时代性。在冯契看来，西方传入的科学与常识一样，把本然化为事实。事实是自然演化历程的一种形态，但不是其唯一形态或终极形态，在事实基础之上可以生成无数种可能。

自然必然性所提供的现实可能性和人的需要相结合，使自然人化，就创造了价值。价值界是人化的自然，是贯穿着人的目的的自然。冯契认为，人化的自然也是自然界的一部分。价值虽贯穿着人的目的，但就它仍根据自然的必然性来说，它也是"合于"自然的，是合乎万物性分（本然之性）的，人化自然的过程是自然历史的过程。人化自然既有自然的必然性，也有其对人的当然性。换言之，人化自然之当然也是自然的一部分。在此意义上，价值界的实现即是自然界的回归。

自然界演化过程属于外在的自然，人类自身的发展过程则属

---

[1] 冯契：《冯契文集》，第一册，华东师范大学出版社，1996年，第49—50页。
[2] 《冯契文集》，第一册，第308页。

于内在的自然。与自然界演化秩序相一致，人类自身也相应经历一个由自在到自为、由天性到德性的发展过程。在冯契看来，德性在双重意义上与自然相关：它既出于自然，也归于自然。

德性培养过程离不开自然，尤其离不开外在的自然。因为"人是自然的产物，人必须在与自然交互作用的过程中发展自己，只有达到与自然为一（遵循自然规律而活动）才会感到自由"[1]。就过程而言，德性培养要展开于与自然交互作用过程中；就结果来说，达到与自然为一才会有自由。不过，在如何达到与自然为一问题上，冯契认为，单靠个人的自然禀赋是不够的，必须通过社会关系才能实现与自然为一。据此，他批评了庄子忽视社会关系谈自由，也批评向、郭把自由与自然混为一谈的观点[2]。天性是德性的基础与根据，但自然禀赋不能作为自由的界限。撇开社会人伦，仅仅足于天然，追求率性自得意义上的自然最终只能是一种乌托邦。

在冯契看来，人类本质上要求自由，自由的追求是在人与自然、性与天道的交互作用中，发展出自由的德性。自由德性不是个体本然之性之外的东西，而是对自然的复归。冯契说："人的本质就像王安石讲的'始于天而成于人'，是在天性中有根据的，而人本身可以发挥自己的作用来加以培养。人根据自然的可能性来培养自身，来真正形成人的德性。真正形成德性的时候，那一定是习惯成自然，德性一定要归为自然，否则它就是外加的东西，那就不是德性了。所以复性说也不是毫无道理。人是要复归自然的，人类在实践与意识的交互作用中，其天性发展为德性，对自我的认识越来越提高。主体意识不仅意识到自己的意识活动，而且意识到主体自我，人们能够以自己为对象来揭示自己的

---

[1] 冯契：《中国古代哲学的逻辑发展》上册，上海人民出版社，1983年，第202页。
[2] 《中国古代哲学的逻辑发展》中册，第561—562页。

本质力量,来塑造自己,根据天性能够来发展德性。"[1] 天性是主体内在的自然,主体在德性培养过程中的一切所做都应该立足于它,认识它(真),规范它(善、美),改造它,使内在自然能够得到合目的的发展,从而培养出美德。

人的天性表现为自然需要与性情,但天性又是不断变化、不断生长的。整个人性亦是日生日成的。人通过感性实践活动认识把握天道与人道,经过存养而使之凝而成性;同时,人通过实践活动而使其性显现在事物的感性性质(道)上。人之性与道在人化的自然上达到统一,人的德性也发展起来。在这个过程之中,人会产生出自己的需要、性情,这些出自己的需要与初生时的需要欲望可能不同,但它们仍然是自然的。根据自己的需要进行存养,反复不断进行会形成习惯,习惯也可以成为自然。"只有习之既久,习惯成了自然,感到天道和性是统一的,天道仿佛是我的理性所固有的,这才真正成为德性。"[2] 习惯不属于本然或天然之性,但只要它不违反天性,只要不勉强,只要"实有诸己",也可成为自然。这就是我们前面说的化当然为自然,以当然为自然。

由"习"而成性意义上的自然一直为儒家所推崇,"从心所欲不逾矩"被看作自由与自然之境。但儒家对自然的追求显然一直没有上升为"自然原则"。"从心所欲"是出于本己,就这来说,它是自然的。但必须看到,这种自然的参照系是当然之则(矩),心之所欲经历一个修身过程,"不逾矩"只是结果,只是努力把外在于己的当然之则转化为实有诸己的自然之德。冯契并不像新儒家那样把人的道德属性当作人的根本的特性,像传统的道家一样他更强调天性的根基地位。"我这里讲德性,取'德者,道之舍'之义,是从本体论说的。人的德性的培养,包括立德、

---

[1]《冯契文集》,第一册,第390页。
[2]《冯契文集》,第三册,第324—325页。

立功、立言等途径，都是以自然赋予的素材（天性）作根基，以趋向自由为其目标。"[1] 自由人格的培养是一个"凝道而成德"的过程。"道"是天道、色声味等自然之道。主体吸收此自然之道而成"德"，它当然不是伦理道德之"德"。以新儒家所区分的两重进路标准看，这是事实的进路、知识的进路；不是先立乎其大者，而是人在世界之中存在。因此，其所成就不是纯正的道德存在。冯契对"天性"的重视以及"凝自然之道而成德"的思路与传统道家是一致的。

b. 困境与出路

从贺麟、方东美、金岳霖及冯契的思想中我们看到了回到自然的愿望与努力，按照他们的思路似乎可以乐观地说，即使在科学的时代，人们仍可以回到自然，居于自然之中，仍然能够过自然的生活。我们的问题就在这里，身在科学中，安得返自然？在科学及其成果充斥周遭的时代，我们还能回到自然吗？以智慧来吸收、改造科学及其物化形态的努力尽管值得钦佩，但这能够改变科学主体的眼界吗？

从科学在欧洲的历史及它在中国的传播情况看，科学不仅仅是一种纯粹中性的知识经验，它还是一种世界观、人生观。科学对自然、人曾经、现在都在实施"祛魅"，即祛除其中的神性、巫性，祛除自然的价值维度，使自然成为光秃秃的事实。神性、价值乃是自然之"神"、自然之"灵魂"，也是自然对于人最亲切、最能吸引人的核心维度。按照金岳霖的说法科学祛魅即是祛除"自然神"或"自然的自然性"。如果自然之神性或自然之自然性无法确立，自然就不能召唤人，就不可能吸引人去与之合一。自然律及由此造成的事实使自然更加可信，但失去价值的自然却不再可爱，也使人不可能再去信任、信赖、信仰它，更不愿意回归这样的自然。

---

[1]《冯契文集》，第一册，第446—447页。

问题是如何重建对于人与自然的理性的信仰。上文我们说过，冯契在实践基础上把性与天道之交互作用理解为价值的源泉，确立自然的多重向度，将价值界理解为自然界的有机维度，已经确立了自然的"价值性""意味性"。不过，冯契在本体论上重建自然的意味性过程时似乎并没有关注这样的问题：即使自然是有意味的，如果科学不断对之祛魅，不断祛除其中的意味，我们该怎么办[1]？用正的方式提问就是自然是有味的，我们能否把握到自然之味，该如何"（体）味自然"。问题又使我们回到了主体——体味者维度。我们来看看其他哲学家对这个问题的探讨。

牟宗三在《现象与物自身》一书中将"物自身"确立为"具有价值意味的概念"："如说'本来面目'，亦不是所知的对象之'事实上的原样'，而乃是一个高度的价值意味的原样，如禅家之说'本来面目'是。如果'物自身'之概念是一个价值意味的概念，而不是一个事实概念，则现象与物自身之分是超越的，乃始能稳定得住。"[2]"当自由无限心呈现时，我自身即是一目的，我观一切物其自身皆是一目的。一草一木其自身即是一目的，这目的是草木底一个价值意味，因此，草木不是当作有限存在物看的那现实的草木，这亦是通化了的草木。"[3] 牟宗三极力论证"物自身"具有价值意味，不过，他所说的"物自身"并不是客观的自然。"物自身"是形上本心的创造，自然界本身并不存在这样有价值意味的"物自身"。具体说来，"物自身"是"无限心""智的直觉""本心仁体"这些形上心灵的创造，它既由之生，也只能由之呈现。没有"智的直觉"，万物就没有任何价值意味。

---

[1] 冯契认为，哲学是世界观的学问，观点之间的争论有助于达到具体真理，并对如何达到具体真理进行了深入的考察，但他对于如何扭转作为世界观的科学之论述并不多见。

[2] 牟宗三：《现象与物自身》，台湾学生书局，1975年，第7页。

[3]《现象与物自身》，第18页。

比如，现象界就没有价值意味。在牟氏看来，现象是感触直觉所对，是认知心所生成的东西。"自然就是现象之总集。我们所谓自然界，所谓研究自然科学之自然，那个自然界只是一大堆现象……不是天造地设的。"[1] 自然是现象，是识心之执所对的，因此，它属于"价值中立的"范畴。既然只有"智的直觉"才能创造、呈现有价值意味的"物自身"，那么，唯一的选择就是"先立乎其大者"，确立本心仁体。以本心仁体、智的直觉来控制、支配精神，以保障世界不受科学世界观的支配。相反，如果能够以本心仁体控制科学世界观，这个世界的意味就不至于被褫夺——祛魅，牟宗三的"良知坎陷说"就表达了这样的立场。所以，自然界本身是无意味的，意味只存在于形上本心那里，是纯粹主观的东西。牟宗三以思辨的形式突出了意味的主体性质，这种努力无疑对抑制科学世界观有其作用。但否定价值意味的客观性会造成以下结果：人与自然的亲近成为对自身的欣赏，是一种自我陶醉、自我欺骗。这其实以另一种方式褫夺了自然本身的魅——神性。

冯契与牟宗三的理论展示了现代中国情境下回归自然的困境：科学可以创造价值，因而其自身有价值，而且现代情境下自然价值意味的确立又绕不开科学；从方法论方面看，科学方法不能发现也无法证明自然有价值意味，人文精神、人文境界可以呈现价值意味，但不是唯一的创造源。不过，困境同时也昭示了摆脱困境的出路。冯契的"四个世界"理论重新确立了自然本身的价值意味，这可以说奠定了回归自然的本体论基石；牟宗三的"智的直觉"理论、"良知坎陷"理论则为我们展示了回归自然的方法论依据。是否可以把本体与方法统一起来，确立一个在本体论上保证自然（外在自然与内在自然）有意味，在方法论上又使我们能够抑制科学世界观、体味自然的理论；基于此，人们既愿

---

[1] 牟宗三：《中西哲学会通十四讲》，上海古籍出版社，1997年，第174页。

意回归有意味的自然，也能够体味、把握、创造有意味的自然？这恐怕是我们继续努力的方向或出路。

2. 意味的重建及其问题——以金岳霖为例

为应对科学对思想与实在的双重祛魅，以牟宗三为代表的20世纪新儒家以"良知"作为自然之味的源泉，同时也确立为思想意味的泉源。金岳霖则以"道""自然"作为意味的根据、泉源。本节以金岳霖重建意味为例，展示中国现代哲学重建意味的努力及困境。

有意义者有意味吗，有意味者有意义吗？自20世纪初王国维提出"可信"与"可爱"的矛盾以来，中国哲学一再为这个挥之不去的问题焦虑不已。以推崇逻辑精神出名的金岳霖在关注可信的、普遍有效的意义之外，还关注与研究可爱的意味；在追求清楚明白、普遍有效思想的同时，并没有拒斥"意义含混"而"意味深长"的概念、思想。对意义与意味的双重关注使金氏思想逸出逻辑的视域，承认道、自然既有意义又有意味更显示出金氏重建大道之味的精神旨趣。

金岳霖认为，自然既有意义，也有意味。在知识论层面，思、概念与意义关联，想、意象与意味关联，意味被置于经验、想象的特殊序列；在元学层面，道是意义与意味之合，它既是自然律，也是能够在世界之中为我们提供信念与价值的行为律。对于自然律之"意味"的保留与强调在一定程度上打开了自然律向行为律转化的可能性。具体地说，对意味的关注使金岳霖在对知识的研究过程中突破了知识论态度，开启了知识与"箴言""规则""有选择的智慧"之间沟通的可能性。总体上看，对意义与意味的双重关注使金氏的思想超越纯粹逻辑的视域。承认道、自然既有意义又有意味显示出金氏高明博厚的精神气象，也以独特的方式展示了中国现代哲学的新境界。

① 自然与意味

价值与事实现代之裂变的后果之一是，自然一再被科学化为客观的事实，意味则被当作主观性的"应当"。自然有规律，有秩序，因而有意义，但它却不再有意味，不再是价值之源。"思想只有通过具有同一渊源和使命的思想来改变"[1]，当海德格尔再次搬出上帝来为其价值提供保障时，中国的哲学家却不断回到传统，以传统思想——仁爱或自然——来扭转本土思想的命运，即使这种思想命运与欧洲传统密切相关。在金岳霖那里，只有自然能够为我们提供价值的根据，自然是我们价值之源泉，因为，自然既有意义，也有意味。

对于事实（"是"）与价值（"应当"）的分野，金岳霖有着清楚的了解。在《论道》绪论中，金岳霖以"知识论的态度"与"元学的态度"之区分很好地诠释了"是"与"应当"的分裂。金岳霖在对自然的问题上同样体现了其"知识论的态度"与"元学的态度"之间的紧张。他曾区分"自然"与"纯粹的自然"。前者指通常意义上的自然与自然神；后者指经过科学化、知识化的"主体的领域和客体的领域的自然"。对于前者来说，人类归属于它；对于后者来说，人类与它相离，在它之外。对于前者来说，自然律也是行为律；对于后者来说，自然律仅仅是存在于物质之间不变的关系，是对相互分离的客体事物变化与运动的描述。[2] 金岳霖认为，后者是人类中心论自然观，即使客体自然屈从于内心的纯粹的自然，其极致是"客体自然几乎正在消失"，是失掉"自然的自然性"。人们熟悉、热爱且愿意回归于它、与之合一的是前一意义上的自然：通常意义上的自然、自然神。

---

[1] 《海德格尔选集》，第1313页。海德格尔还意味深长地说："只还有一个上帝能救渡我们。留给我们的唯一可能是，在思想与诗歌中为上帝之出现准备或者为在没落中上帝之不出现作准备；我们瞻望着不出现的上帝而没落。"（《海德格尔选集》，第1306页）

[2] 《论道》，第151页。

"通常意义上的自然"是指"在日常生活中，我们把种种等等、形形色色、这这那那，熔于一炉，称它为自然"[1]。人在这样的自然中生活，由接触而熟悉，会感到亲切有味。更重要的是，对于人来说，自然具有神性。这种神性体现在对于有目的性与自觉意识的人类来说，它所展示的自然律"也是行为律……自然律不仅仅包括自然的规律而且也应该包括自然法"[2]。所谓"自然法"就是说自然能够为我们的生活选择提供"箴言与规则"，提供"有选择的智慧"[3]。据此，人根据自然之道进行有选择地生活就是"师法自然"，就是从自然之中获取生活的信念与一切价值。在此意义上，自然神是我们价值的源泉，甚至是唯一的源泉。

按照现代批判性思维，我们必然会问：自然何以能够为我们提供信念与价值，它是如何提供的呢？金岳霖认为，自然能够提供信念与价值的原因在于它不仅有意义、有意味，而且是意义与意味的根据与根源。在《论道》《知识论》等著作中，金氏分别以"知识论的方式"与"元学的方式"考察了自然的内涵。

在《知识论》中，金岳霖则对"物""自然"做了极其精细的理智辨析。为了避免唯物、唯心的争论，他撇开了"物"的概念，而使用"所与""呈现""东西""事体"这些概念。金岳霖说："呈现、所与、东西事体都是'物'方面的。"[4] 正觉的呈现是"所与"，"呈现"虽是官觉内容，但在金岳霖看来，在正觉中，官觉内容与对象是合一的，所以，客观的呈现（"所与"）即是对象，或者说，"所与"就是"具有对象性的外物或外物底一部分"[5]。金著中对作为知识材料的"所与"的论述在存在论上可以看作对外物的表述，而不能仅仅看作对纯粹主观性的感觉

---

1 《知识论》，第491页。
2 《论道》，第151页。
3 《论道》，第151页。
4 《知识论》，第17页。
5 《知识论》，第130页。

材料的论述。

金岳霖认为,所与是特殊的,世界"对于"官觉者是有"味"或"有意味"的,即人的官觉可以呈现出"味"或"意味"。他说:"就所指说,意念有意味,这意味是由呈现或所与而来的,所与不同,意味也不同。假如人、牛、猴对于红的东西有不同的反感,这当然也表示呈现或所与对于他们有不同的意味。"[1] 所与、呈现之有意味,是因为它们是特殊的、具体的。特殊的、具体的"东西"作用于官觉者,官觉者对此作用产生反应与感受,这就是"味"或"意味"。对于"所与",金岳霖说:"所与有两方面的位置,它是内容,同时也是对象;就内容说,它是呈现;就对象说,它是具有对象性的外物或外物底一部分。"[2] 从官觉者角度看,"意味"表现为官觉者的情感反应、感受,表现为一类官觉者之官觉所呈现的内容,就此说,它与人这个特定的官觉类相对,或者说具有主体性;但作为一种"所与",意味又非纯粹主观自生的东西,它亦是"具有对象性的外物或外物底一部分",是万物本身的性质。常人正觉所感受的"意味"不仅"本于"万物本身的性质,准确地说,常人所感受的、经验性质的"意味"恰恰正是万物本身意味的呈现,正是万物本身的性质。

在金岳霖看来,自然界有普遍有特殊,"普遍"是各类官觉者之所共,"特别"是各类官觉者之所特有。对于人类来说,它也有普遍与特别之分,"普遍"是大家共同拥有的世界,"特别"则是不同种族之所特有的世界。再细分的话,特别的世界对于每个官觉者又有特殊的呈现,也就是说,每一官觉者有其特殊的世界。其特殊是因为一方面是由于官觉者有特殊的官能,另一方面也是由于官觉者有特别的态度。有特殊的官能与特殊的态度,其

---

[1] 《知识论》,第491页。
[2] 《知识论》,第130页。

呈现也因此特殊。此特殊即对官觉者呈现，为官觉者所经验，所以，他会感到亲切有味。"在经验我们总与特殊的接触。能接触的就容易得到亲切味。"[1] 正如于江上清风、山中明月，目得之而为色，耳得之而为声，在经验中人与特殊的（江上清风、山中明月）相接触而会得之为"味"。有味源于官觉与外物的接触，有接触才会有反应与感受，才会有味。"呈现中的特殊我们叫作形形色色……这彼此底分别我们叫作这这那那。"[2] "各官觉者底特殊世界就是各官觉者所经验的形形色色、这这那那。这当然就是他所最感亲切的世界。"[3] "呈现""所与""万物"之"有味"是指它们不是与人分隔、与人分裂、与人无关的存在，它总是不断地作用于人，人总不断地迎接它们，对它们产生种种情感反应。从官觉者之反应入手，金岳霖以物的作用与官觉者的反应、反感来规定"意味"，这表明，意味不是现成的实体而是不断生成的东西。意味的到来不是从"……后"到"……前"，而是物与人的相遇、接触与相互接受、给予。在此意义上，"意味"概念拒绝了危险的、使人误入歧途的、实体式的追问。意味在理性无穷追问中止之后到来，因为它源自迎接-赠予。

各官觉者所经验的、最感亲切的特殊世界——形形色色、这这那那——就是自然、自然界。这样的"自然"是知识经验化"本然"而得，即由知识经验组织化了的本然世界。这样的自然不是庄子所推崇的、与人无涉甚至与"人"对立的"天然""本然"，而是"人"化意义上的自然。金说："不把人方面的事体自别于自然范围之外……不但牛马四足是自然，而且络马首穿牛鼻也是自然。"[4] "络马首穿牛鼻"属于我们所说的"为我之物"，它是人的目的性活动的结果。如后文所述，金岳霖并没有将意味

---

[1] 《知识论》，第500页。
[2] 《知识论》，第520页。
[3] 《知识论》，第488—489页。
[4] 《知识论》，第736页。

限制在"天之天",而是将意味的泉源由"天之天"扩展到"人之天",尽管他本人对人很悲观。

② "意义"与"意味"

所与、呈现,东西、事体属于"物"的方面,想象、思议、意念、概念则属于我们通常所说"心"或"精神"方面。物有意味,精神亦有意味。金岳霖对精神意味的考察亦以"意义"与"意味"的区分为前提。金首先对"意义"做了严格的界定与区分:

> 意义两字底用法太多……能有意义或不能有意义,一方面是逻辑问题,就这一方面说,凡逻辑上可能的意念都可以有意义。另一方面,能有意义是意义底条件,不是意义本身。……最通用的意义是字底意义……字底意义,实在只是字所代表的意念……意念的意义又有两种,一种是逻辑意义,一种是非逻辑意义……一意念底逻辑意义就是该意念本身。……利用纯逻辑的推论方式所得的,只是逻辑的意义,不是非逻辑的意义。意念底非逻辑意义,总要利用试验、观察、考证,及日常生活中的经验,才能得到,知识也是。[1]

在此,金区分了以下几个层次:第一,"能有意义"与"不能有意义"。"不能有意义"就是在形式逻辑上有矛盾的,凡在逻辑上没有矛盾的都"能有意义"。第二,"能有意义"与"意义本身"。"能有意义"只是意义的条件,"意义本身"就是"意念":"字底意义,实在只是字所代表的意念……一意念的逻辑意义就是该意念本身。"[2] 第三,"逻辑意义"与"非逻辑意义"。"非逻辑意义"很多,如物理方面的意义、算学方面的意义、日常生活

---

[1] 《知识论》,第344—347页。
[2] 《知识论》,第345—346页。

中的各种意义等,其特征是不能以逻辑方式从某个意念中推导出来:意念底非逻辑意义,总是利用试验、观察、考证,及日常生活中的经验,才能得到。有时他也区分了第四种,"意念意义"与"意像意义",如"意念底意义可以分以下两大种,一是意像的意义,一是意念的意义"[1]。两者共同构成了"意义":"意念底图案底脉络就是以上所论的意义,意像的意义与意念的意义都在内。"[2] 意义是意念图案的脉络,是结构的脉络,也就是内在关联的、普遍的"理"。"意像的意义"是指意像中所体现的内在关联的普遍的理。在金岳霖的视域中,意义主要包括以形式逻辑与数学对象为代表的"必然的式"、以物理化学方面规律为中坚的"固然的理"、以体现在动物植物方面的规律为主的"当然的数"。将语言、思想的意义界定在"理"而不是"物"或"世界"显然不同于"意义的指称论",而倒接近于"意义的观念论"(确切地说是客观观念论)。

不过,"意义"并非意念的全部内涵,对于人来说,它还有"意味"。承认意念"有意味"表明金岳霖的视域远非客观观念论所能限定。字、意念、概念、命题的内容或所谓就是普遍性的"意义"。内容不是对象,"所谓"不是"所指"。字、意念、概念、命题之内容或所谓在其自身,与人无涉;其对象或所指则一直对人发生作用,人也对之不断产生反应。从对象与人之间的作用-反应来说,语言、意念皆"有意味"。意义——理——是普遍的,或者说是独立于知者的;意味则是这些精神形态之物对人的赠予。当然,这种赠予并不是现成的,而是有待人去迎接与成就的东西。金岳霖说所指或对象"有意味",显然还是将精神的意味之根基建立在可感可亲的自然之上。

对于字、意念、思想这些精神形态的东西来说,它们之有

---

[1] 《知识论》,第345页。
[2] 《知识论》,第347页。

"味"在可感可亲的自然之中有其根据,即它们的对象、所与能够作用于人,而且人对它们的情感反应可以凝结并寄托于字、意念、思想等精神形态,遂使它们"有味"。金岳霖频繁使用"寄托"一词清楚地表明了这一点。在论及翻译之味时,金说:"译味麻烦得多。味包括种种不同的趣味与情感,而这些又非习于一语言文字底结构而又同时习于引用此语言文字底历史环境风俗习惯的人根本得不到。"[1]"历史环境风俗习惯"是指作用于人的具体的条件、方式。语言文字之所指、对象在特定条件、特定方式下作用于人,使人形成对它的种种不同的情感反应。在此过程之中,"趣味""情感"与语言文字本身凝结在一起,将"趣味""情感"寄托于其上,因此,语言文字才有味。所以,金岳霖一直强调意味形成过程中社会历史环境风俗习惯的决定性作用,在社会历史环境风俗习惯的基础之上,趣味、情感的"寄托"才有其可能。

就"字"来说,可以寄托人的情感的既有"字的样型",也有"字底意义"[2]。"样型既然可以引起情感,当然有意味。"[3] 中文是象形文字,有些字的样型本身就很美,用它、看它都会给人以快感、美感,这样的样型就有情感的寄托。这里"字底意义"不是指字中的意念图案、意念意义,而是指与形式性的样型相对的字的实质、字的所指。如"长江""长城""黄山""黄河",见字就会念及实实在在的山水,就会让人的情感涌现出来。当然,字及字的使用者都处于一定的时间、地点之中,对它的使用还有历史、环境、风俗、习惯问题。不同时间、地点,不同的历史、环境、风俗、习惯,所产生的意味也不同:"时间地点所给的意味不同。……时间与地点底不同,对于字可以产生一介乎样型与情感之间的意味上的不同。从时间说,所谓父子兄弟夫妇底意念

---

[1]《知识论》,第812页。
[2]《知识论》,第794页。
[3]《知识论》,第795页。

上的意义和从前一样,可是它们底意味和从前大不一样。……不但时代不同,字底意味可以不同,地点不同,字底意味也可以不同。"[1] 金岳霖将字中各种情感的寄托区分为哲意的情感、诗意的情感、普通的情感。他认为,哲意的情感包含宗教、哲学、精神的,它们对于熟悉它们的人来说是一种原动力、推动力。"中国人对于道德仁义礼义廉耻,大都有各自相应的情感……这些字因为宗教,因为历史,因为先圣遗说深中于人心,人们对于它们总有景仰之心。这种情感隐微地或强烈地动于中,其结果或者是怡然自得,或者是推己及人以世道人心为己任。"[2] 怡然自得、推己及人、以世道人心为己任属于"德""行",德与行的动力在儒者看来主要是"明理",但在金岳霖看来,不仅是这些字中的意义("理")在起作用,更实质的是,其中的意味推动思想转化为行为。充满哲意情感的字可以充当"行为律",即可以使接受者动于中而形于外,使思想转化为行为而影响人们的生活。在这里,金岳霖间接解释了他在《论道》中"旧瓶装新酒"做法的理由,对于中国传统文化中的"道""理""无极""太极""几""数""情""性""体""用""刚""柔""阴""阳"以及上文所说的"道德仁义礼义廉耻"等字,金岳霖在其著作中自称弄不大懂其意义,或称它们"意义含混",但称它们有大堆的"意味""味道"。意味使这些成为崇高的概念与境界,也使这些自然律能够成为行为律。

③ 意味与意像

金岳霖将思想区分并限定在"思"(思议)与"想"(想像)。在金看来,思想活动是综合的活动,思与想彼此不离。但思与想又有显著的差异:思议的内容是意念或概念,想像的内容是"像",或称意像;思议的对象是普遍的抽象的东西,想像的对象

---

[1] 《知识论》,第795页。
[2] 《知识论》,第796页。

是具体的特殊的东西。严格说来，意像有意味而意念或概念无意味。"意像是类似特殊的，类似具体的。意像是有情感的；有可喜可怒、可哀可乐……的意像。意像不但是有情感的，而且情感对于意像不是不相干的。"[1] 意像与意味之相干最突出地表现在，意味在某种意义上可以说是一意像之成为该意像的根据，意像的划分乃是以意味为尺度与标准的。"意味和意像不是不相干的；意味不同的意像可以说是不同的意像。"[2] 意味显然被当成了意像最本质的成分。

  意像何以有意味呢？从官觉者角度看，是因为意像是类似具体，类似特殊的，因而可以直接作用于官觉者。从意像角度看，其有意味乃在于人们的情感寄托。金岳霖在讨论字的情感寄托时说："字底情感上的寄托，总有历史、环境、习惯、风俗成分，而这些不是长期引用是得不到的。……我们总得要引用多时之后方能体会到字句底意味。……字句底情感或意味与想像情感或意味，关系非常之密切。"[3] 情感源于相互接触、相互作用，想像的意味源于在使用字句等凭借过程中与之相互接触、熟悉，相互作用。不过，情感意味之获得与想像者之意向及其价值趋向是联系在一起的，唯有习惯且安于某种生活的人才能获得某种意像之意味。他以工厂意像为例，指出："意像底意味……不习于工厂生活的，当然可以有对于工厂生活的意像，这意像也许只有人声嘈杂的味道，也许是使他厌恶的，假如他是主张工业化的人，这意像也许使他喜欢；可是，他不容易得到习惯于工厂生活的人所有的对于工厂生活的意像底意味。能从工厂生活底意像得到诗意或画意的人，恐怕总是习惯于工厂生活的人。意像与字句底意味似乎是综合的生活所供给的。这意味也似乎只能在综合的生活中

---

[1] 《知识论》，第821页。
[2] 《知识论》，第825页。
[3] 《知识论》，第822页。

去求。"[1] "综合的生活"属于前文所说的意味之源泉的"自然"。意像之意味源于个人综合的生活状况,进一步说,意像之意味也相对于个人综合的生活状况,相对于某种生活形式,因此,意像之意味并没有超越时空的普遍性质。

意像之意味既来自于综合的生活,则生活形式决定意味之不同。生活既有个人之生活,也有社会公共生活,相应于此,从生活所得之意像意味也有私与共两种。从传达角度看,私的意味与私人经验一体而无须语言文字等公共媒介;共的意味与大家的经验相联系而需要语言文字才能保留、交流。"至于意像者从他底意像中所得的意味可以分两方面说:一方面是一个意像者之所私,另一方面是一社会意像者之所共。前一方面是他所独有的,他所独有的意像底意味总是从他自己亲自经验中所得到的。后一方面的意味也许是他亲自经验得到的,也许是和别人的意念者交换而来的。前一方面的意味,显而易见不必靠语言文字。意像中的组织部分都是经验所供给的,虽然整个的意像图案不必是经验所供给的。意像总免不了带着原来经验中所有的意味。这意味也许因别的经验成分底保留而保留,它底保留也许靠文字,然而不必靠文字。可是一社会的意像者所有的公共的意味,则必须语言文字底帮助,才能感觉到。"[2] 语言文字在传达公共经验过程中,由于历史、风俗等要素影响而使情感经验寄托于其中,这样语言文字渗入意味,或者说,语言文字成为有意味的语言文字。

在金岳霖看来,尽管思及思的内容,即意念图案与意味不相干,但思议过程中所凭借的意像或语言文字等媒介都浸透了意味,因此,思议的历程也难免充满意味。"思议底内容是意念、概念、意思与命题。……在思想底历程中,思议底内容也许要有所寄托。这也许是思议者底缺点。也许没有这种寄托,大多数的

---

1 《知识论》,第 822—823 页。
2 《知识论》,第 823 页。

思议无法进行。思议底内容或者寄托于意像,或者寄托于文字或符号。……寄托于意像的意念也许连带地渗入意像底意味于意念中……寄托于文字与符号的意念也许连带地渗入文字与符号底意味于意像中……因此,在思议底历程中,我们很可以连带地经验到意像与文字底意味。"[1] 从思议的历程看,意味与意念相干,但从意念图案或意念结构看,意味与意念不相干。因为意念的图案或结构即是意念之意义,也即其自身,它是抽象的、普遍的,而与思议之历程不相干。"所谓四方这一概念或意念,只是它本身而已,对于它,也许我们已经习惯于把意味撇开。其他的意念都是应该把意味撇开的。"[2] 金氏将历程与结构分开考察的实质是强调意念自身有其逻辑结构,确切地说,是强调客观事物自身之理本身有其独立的逻辑结构。如前文所述,这样普遍有效的理主要指"必然的式""固然的理""当然的数"等。

情感意味之于思议内容不相干,将情感意味寄托于意念、概念、命题只表明思想者思的不足,用金的说法,这是我们的"短处"。金岳霖举了几个例子说明意味与意念之不相干,其中举的最多的是小孩念"二加二等于四"的例子。他说,有时小孩念时充满情感,比如"得到真理"的情感。金氏认为,这并不表明这个命题与这个小孩相干,而只表明"命题的断定"与这种成就感相干。他还多次以"兰花"为例说明意味与意念之不相干。"所谓兰花,也许因寄托而对于不同社会的人有不同的意味,也许我们不习惯把此意味撇开,然而从图案或结构着想,它是应该撇开的。学植物学的人就把这意味撇开。"[3] 金岳霖所揭示的情况似乎有道理。植物学是现代科学之一种,它与物理学、化学一样对自然"祛魅",即悬置主体的日常态度、艺术态度以及对象的价值属性,而仅以某种科学理论将对象看作"事实"。"撇开意味"

---

1 《知识论》,第 824—825 页。
2 《知识论》,第 826 页。
3 《知识论》,第 826 页。

即是以科学态度对兰花的"祛魅"。所以，意念、概念、命题、思议都是以"祛魅"的科学为其摹本的，意味与意念的不相干实质上是事实与价值的分离。"情感上的寄托，无论从字说或从句子说，都不是意念上的意义。"[1] 情感上的寄托不仅不是意义，其多少反倒影响意义之清楚与否："意义愈清楚，情感的寄托愈贫乏；情感上的寄托愈丰富，意义愈不清楚。"[2] 当金岳霖说学植物学的人"应该"把意味撇开时，当金岳霖要保卫科学而为归纳法的正确性做伟大的论证时，乃至当他在元学中为逻辑、数学、物理、化学、生物学的规律进行元学的奠基时，他一直自觉地为思、为意义的清楚明白而祛除了意味。前面我们说，金岳霖疾痛于自然之自然性的沦丧，然而吊诡的是，金岳霖将"意义"与"意味"在理论上的剥离如果没有直接导致这种自然的"祛魅"，至少在思想上助长了对自然的"祛魅"。

意像既是特殊的，对意像意味的把握当然也需要用类似特殊的想象。金以解诗为例说明解味的特殊性："诗中的意境大都是'特殊'的。……即以'千山鸟飞绝'那首诗而论，每一字都有普遍的意义，如果我们根据普遍的意义去'思议'，对于这首诗所能有的意味就会跟着鸟而飞绝了。诗既有此特殊的意境，它底意味大都是不容易以言传的。"[3] "言传"之困难是因为"言"都有普遍的意义，人们如果以"言"的普遍意义来解释、理解具有特殊性的意境，诗境就会随之消失。习于想象、善于想象的人则能够将这些言的特殊意境及其意味呈现出来，因而言传尽管困难却又是可能的。

将意味与意像联系起来而与意义、概念、普遍对立的结果就是味的地位实质性滑落，意味成为意像、情感的等价物，而使其与意义、概念、命题对立，从而使意味、味道跌入感性经验等低

---

1 《知识论》，第 801 页。
2 《知识论》，第 797 页。
3 《知识论》，第 816 页。

层次思想谱系。前文提及,金岳霖也承认,许多哲学概念,像道、天、性、命、体、用、诚、仁、义、礼这些核心概念都意味深长[1]。意味是元学概念的本质,它使这些概念成为元学的概念,成为担当行为动力的行为律。如果为了使这些概念的意义更加清楚明白而撇开这些概念的意味,仅仅关注它们的意义,那么,它们还能成为自身吗?或者说,撇开了意味,还会剩下些什么呢?尽管撇开意味的说法属于所谓"知识论的态度",但显然也减损着意味在形而上领域的正当性。

④ 大道之味

意味依附着意像,由于意像与特殊、具体的东西相关,而远离抽象、普遍的思,因而意味也就被限制在了特殊、具体等非本质的领域。金岳霖以诗为例,说意味都是依附着"特殊"的,因而缺乏"普遍",与普遍对立。金氏进一步就人的机能说,经验与普遍乃属于两个不相干的"世界",经验只能接触到特殊:"呈现的确是在经验中的。在官能我们与个体接触,在官觉我们与呈现或所与接触。在经验我们总与特殊的接触。能接触的就容易得到亲切味。……经验不能与普遍的相接触,好像它能与特殊的相接触一样。经验只能牵扯到普遍,或涉及普遍,或与普遍的交叉。"[2] 经验之所以能与特殊的相接触,是因为具体的、特殊的有"体"作用于人,有"体"与人的官能相接触,故有味。经验为什么不能与普遍的相接触呢?是因为人没有相应的机能,还是因为普遍的无"体"而不能作用于人?金岳霖没有正面回答这些问题。

循此思路,我们必然会问:大道是特殊的,还是普遍的?它为什么会有味呢?是否仅因为人将情感寄托于其上才会有味吗?

表面上看,金岳霖的表述类似康德,即把经验看作联结外界

---

[1] 《知识论》,第817页。
[2] 《知识论》,第500页。

的桥梁,或我们没有接受普遍性的机能。在此视域下,有意味的不能成为普遍者,有意义之普遍者却无意味,这似乎又回到了王国维的"可爱者不可信,可信者不可爱"。但金岳霖既没有回到康德,也没有回到王国维。如上述,作为"式"与"能"统一的道既有意义,又有意味,是可爱与可信的统一。在金岳霖看来,道不仅有意义,而且是"有"的根据与源泉。《论道》开篇曰:"道是式-能。""式"是"析取地无所不包的可能"(《论道》一·五),它包举了所有的可能,是逻辑的泉源,是逻辑意义的泉源,也是"能有意义"之前提与根据,及意义本身的源泉。"式"非"道",但却是道有秩序展开的保证,是可能之现实、现实历程展现为有意义的程序(《论道》八·二一)的保证,是道有意义的保证。关于"能",金岳霖说"能"是"潜能",是"实质",是"活动"[1]。"能"是"最初的因",能即出即入成就了"这样那样的世界",成就了"这个世界",这也是"何以有现在这个世界"的唯一答案[2]。"能"虽超名相,但却具有"可感性"。"能虽说不得而我们仍感觉到它。"[3] "我们可以在宽义的经验中抓住它。"[4] 金岳霖介绍了两种感觉"能"、抓住"能"的方法:"共相方面无量的抽象法"与"殊相方面无量的变更法"。前者是对个体进行无量的抽象,最终至于抽不尽者,此抽不尽者不是抽象的,而是其"能"。此"能"又非其他任何的殊相,个体无量历史延续,其殊相不断变更,而仍有非殊相者在,此非殊相者即是"能"。此"能"非思议所能思,也非想象所能觉。但通过这些方法却可以"感"它,可以"经验"它。不难看出,这种方法已经逸出知识论意义上的思想(思议与想象),而触及了把握大道的

---

1 金岳霖:《金岳霖文集》,第二册,甘肃人民出版社,1995年,第414—415页。
2 《金岳霖文集》,第二册,第418页。
3 《金岳霖文集》,第二册,第408页。
4 《论道》,第19页。

深层思想方式。从官能上说,这种方式既需要思议(共相方面无量的抽象)与想象(殊相方面无量的变更),更需要在此基础上直接的感觉、经验。这种感觉、经验显然不同于康德的感性直观,而更近于康德所否认的可以经验物自体的理智直观。

金岳霖确信:"在经验中抓住了它,在所谓'形而上学'底范围之内,它也就逃不出去。"[1] 经验是"得"的办法或方式,对此"得"的"达"不能是名言方式,而只能是非名言方式。就命题说,"达"能的命题不能是逻辑命题,也不能是普通的经验命题或科学命题,而只能是"本然陈述"。"本然陈述是积极的总经验之成的话。……本然陈述之所表示……是治哲学者最后所要得到的话,也是哲学思想结构中最初所要承认的话。"[2] 对"能"的经验既是哲学思想之起点,也是治哲学者最终的目的与归宿。我们注意到,这种对"能"的经验既非单纯的"思"(思议),也非单纯的"想"(想象),而是在"思"(抽象法与变更法)基础之上的感觉或经验。换言之,经验虽然不能与普遍的("式""意念""共相"等)相接触,但却能与"能"这个实质者相接触。"能有出入。"(《论道》一·一六)"能"之出入是万事万物乃至宇宙运动的推动力。如果说有本质的话,"能"这个万事万物的推动者才是本质,而不是形式性的"式"。在这个意义上,经验虽不能与普遍的"式"相接触,但却可以与本质性的"能"相接触,而由对"能"的接触产生亲切味。

"能"可以与人的经验相接触固然使之易生味,它之有味的更重要的原因是它可以使人得以"由"。"由"是依靠,是根据,也是随顺。就作为个体的个人来说,他有"体"有"个","能"就是他的"体",是"这个人"之所以为"这个人"的根据。"能"既是人之"体",有体之人返身即可触及、经验"能"。

---

1 《论道》,第21页。
2 《金岳霖文集》,第二册,第413页。

"能"不仅是身体的依靠与根据,也是精神的依靠与根据。"个体底变动均居式由能。"(《论道》六·二八)"一个体与该个体底能是分不开的,一个体底最后的主宰就是该个体底能。一个体底能之即出即入,自其他个体观之也许是该个体底活动或行为,自该个体本身底观点而言之,就是该个体底意志。"[1] 个人作为个体,其生老病死,寿夭祸福皆由"能"决定、主宰,换言之,个人存在之展开只不过是"能之出入",身体、精神活动(如意志)都是如此。常人所推崇为人之异于他物的"意志"亦不过是"能"之出入,将意志还原为"能"之出入的目的是为了放弃人的意志,专注于终极的"能","由"能。所以,人返回自我精神也随时能够触及"能",这返回自我的运动也是"能"的出入,也可经验到"能"。身体由能,精神由能,则可以随顺能之出入,任由能推动个体自身进入"无极而太极"之宇宙洪流中去。

道非能,而是式与能之合。能之出入皆在式中,因此,能之出入皆为道:"能出为道,入为道。"(《论道》一·二五)能之出入皆不出于式,或说,能之出入皆"居"于式中。"居式由能莫不为道。"(《论道》一·二六)共相的关联是"居式由能",殊相生灭是"居式由能",无极而太极亦是"居式由能"。金岳霖认为,这样的道同样可以给人以"居"给人以"由",可以使人"由是而之焉"[2],"万事万物之所不得不由,不得不依,不得不归"[3]。从情感方面说,"居式由能是让我们自在的话"(《论道》八·一八)。这样的道既可以满足人的情感,也可以让人安身立命。这样的道需要"修",需要"行",才能"得"。行、修、得的方法是"暂时忘记我是人",乃至彻底忘记我是人。如此,可以达到"天地与我并生,万物与我为一"的境界,可以达到"万物一气,孰短孰长,超形脱相,无人无我,生有自来,死而不

---

1 《论道》,第187页。
2 《论道》,第19页。
3 《论道》,第16页。

已"。超脱形相、无人无我的最终目的是要将一切，包括自我，还原为"能"[1]。不管在现实世界中是挑水砍柴，还是高居庙堂，依据"能"、随顺"能"，都可以实现精神的逍遥游。所以，作为最高理想、境界与精神动力的道不仅有味，而且还意味深长。金岳霖说，"式刚而能柔，式阳而能阴，式显而能晦"（《论道》一一八）。刚柔、阴阳、显晦这些表示意味类型（不是意义类型）的词语不能引用到道身上去，道本身是式与能之合，它的意味则是"刚柔相合、阴阳相合、显晦相合"的味道，是"不见得很直，不见得很窄，它有浩浩荡荡的意味"[2]。道有此深味，故它能"动我底心，怡我底情，养我底性"。

在金岳霖看来，道既是思想的内容，又是思想的对象，即存在着的宇宙。就其为思想的对象说，宇宙是道，天地日月山水土木莫不是道，形形色色、这这那那的自然也是道。道有意义与意味，自然也有意义与意味。必然的式、固然的理、当然的数就是自然的秩序与意义；适然的几或生动的意像、活泼泼的这这那那表现的则是自然的无穷意味。自然有秩序，有理，有意义，它也有意味，正是在此意义上，自然才能得以成为价值的根据与源泉。自然有"式"可居，有"能"可由，去居去由即可得此意味，或者说，只要返回自然、亲近自然，它就会源源不断地将意味给予人。自然有意味，人们才愿意去师法自然，自然律才可能成为行为律。

通过以上论述，我们不难发现金岳霖对"意味"态度之两重性。在知识论中，意味依附着意像，由于意像与特殊、具体的东西相关，而远离抽象、普遍的思，甚至与之对立，意味因而也就被限制在了形而下的领域。但在元学中，形而上之域又被理解为充满意味的领域，大道之思所使用的概念、范畴充满意味，抽

---

[1] 以上引文均出自金岳霖：《金岳霖文集》，第四册，第228页。
[2] 《论道》，第41页。

象、普遍的思,大道之思也充满意味。基于"意义"与"意味"的分梳,金岳霖一边说"中国哲学底纯理成分少",一边又由衷地指出:"万事万物之所不得不由、不得不依、不得不归的道才是中国思想中最崇高的概念、最基本的原动力。"[1] 道之有意味并没有减损道之普遍性品格,相反,恰恰是其有意味使之成为中国文化区的中坚思想。正是如此,道才能成为动力因与目的因。但随着意味在知识论领域与意义剥离,意味在思想中的地位被贬低,这又反过来减损了意味在元学领域的正当性。由此看,金岳霖以划界方式对待"意味"不仅没有解决问题,而且使矛盾更加尖锐。

从其元学的理路看,对于自然律之"意味"的保留与突出强调保留了向行为律转化的可能性,或者说,对意味的关注又使金岳霖在对知识的研究过程中突破了知识论态度,开启了知识与"箴言""规则""有选择的智慧"之间沟通的可能性。但是,知识论的态度自觉悬置了整个的人,其所面对的只是"事实性的自然",其所得出的是普遍的、有意义而没有意味的自然律。金岳霖没有道出"知识论意义上的自然律"与"元学意义上的自然律"是否是一回事,因此,知识论意义上的自然律难免在事实上又阻断了知识通向智慧的可能性。而且,金氏的"自然律就是行为律"仅是原则性表述,由于种种原因,以下诸多问题仍然付之阙如[2]:自然律在何种意义上"是"行为律;自然律能否成为或者能否转化为行为律,以及如何转化为行为律;自然律向行为律转化的机制是什么。

---

1 《论道》,第16页。
2 继承这一道路的是其弟子冯契,冯氏"转识成智"理论始终关怀并围绕这个问题展开了深刻的考察。不过,冯契并没有将自然律等同于行为律,而是努力将前者"转"为后者,将知识转化为智慧。"转识成智"之"转"不是试图从事实中"推导""推论"出价值,而是要扭转知识中所包含的对世界的态度。

3. 象、像、相之辩——中西之间

大道之重建虽无法回避西方哲学的影响，但其确立又注定深植于传统之中。中西力量之角逐在各个层面展开，如何确立中西思想的位置一直是现代中国哲学的核心课题。金岳霖的象、像、相之辩正是此问题的集中体现。

金岳霖以《易》之"象"为基础，并按照西方现代知识论的方式将之裂变为等级有别的两个序列："象"与"相"。在降低了象（像）的本质性的同时，金岳霖试图以"相"来填补"象"之堕落所带来的普遍性的缺失。不过，在金氏哲学中，"相"与"象"一样是具有实质的存在。金氏所赋予"相"的崭新含义实际上已经使其"象化"了。在此意义上，金岳霖既回应了西方哲学的挑战，也因之使《易》"象"获得了新的境界形态。

金岳霖的逻辑式表述悬置了概念的历史维度，这无疑为我们理解金氏的思想增加了难度，特别使我们理解其与《易》的精神勾连变得困难重重。但理解、把握金岳霖的哲学又无法忽视《易》对金岳霖的影响以及金岳霖对《易》的情感。金岳霖在《论道》绪论中写道："我深知道我这本书有旧瓶装新酒底毛病，尤其是所谓无极、太极、几、数、理、势、情、性、体、用。其所以明知而故犯之者就是因为我要把一部分对于这些名词的情感转移到这本书中一部分的概念上去。我自己有此要求，读者也许也有此要求。"[1] 对金岳霖产生影响、其对之充满情感的不限于《易》，但以上概念与《易》的亲缘关系也是一目了然的。对于这些概念的情感产生有他人影响的因素，如冯友兰所说，他对金岳霖的影响，可能在于"发思故之幽情"[2]。自身之精神准备也是

---

1 《论道》，第 17 页。
2 可参见冯友兰：《三松堂自序》，人民出版社，1998 年，第 240 页。

接受他人影响的必要前提,事实上,对这些形而上概念的情感更可能来自幼年的《易经》教育。金岳霖曾云:

> 我受过一段时期的老式教育(经典教育)。先生教我背诵四本书:《礼记》《易经》《诗经》等。我不得不毫无理解地背诵那些东西。我读它们,然后再背它们。到年末的时候,我还必须接受差不多十卷书的考察……我背《易经》时是相当调皮的,我干了不诚实的事,还为此重重地挨了罚。要不,我想我是会顺顺利利地通过的![1]

在对金岳霖产生影响的传统经典中,《易》居于何种地位颇难遽断。但显然在这几本书中,形而上味最浓的是《易经》。由于幼时"相当调皮",接受《易》的考察时出现了挫折。此次挫折使金岳霖对《易》终生难忘,几十年后回过头看,金岳霖仍自信《易》的考试可以"顺顺利利地通过",足见金氏至于成人对《易经》也不能释怀。将对《易》不能释怀的情感转移至形而上创建中去也是最自然不过的做法。我们这里感兴趣的是,对《易》的情感如何"转移"而成就了金岳霖这些形而上概念,或者金岳霖的这些形而上概念如何展示《易》的意味。对金岳霖来说,作为一位现代逻辑学家、新实在论者,《易》在其思想中占据何种地位?对《易》来说,它能否经受住现代逻辑、现代西方哲学的洗礼?本节对金岳霖哲学中"象"与"相"范畴的解析试图展示其徘徊于两者之间的犹疑心态,也试图昭示《易》与西方哲学遭遇、冲突的时代命运:《易》象能否承受现代认识论哲学的洗礼?它又如何接受现代认识论哲学的洗礼?广而言之,现代认识论哲学如何衡定象的认识论与本体论地位?如何安置《易》?金岳霖哲学所开创的道路或许能给我们一些启示。

---

[1]《道、自然与人》,第392页。

① 意味与意象

对于意象与意味的具体关联本章第二节已述，此处不赘，这里要补充的是金岳霖对"象"的使用与界定。

金岳霖早期使用"现象""抽象""印象""意象"等概念，而没有进一步追究所使用的"象"是何种意义上的"象"。在《休谟知识论的批评》一文中，他界定了"现象"的含义，并对"意象"概念的含义进行了精细的解析。"所谓现象者，是五官所能发现的事物。"[1] 现象与五官之"发现"有关，但它首先是外在客观的"事物"而不仅仅是五官中"现"出来的东西；就其为事物说，它是与五官相关的、有"观"的外物而不是无"观"的外物。以"现象"为参照，金岳霖分析了"意象"一词之所指："1. 不在现象中的假设；2. 不在现象内的推论；3. 不在现象内的概念；4. 在现象内的概念；5. 印象的意象；6. 印象意象；7. 经验中的意象；8. 所有其他意象。"[2] 这里所列举囊括了"意象"中的种种意思，它大体相当于我们通常所谓"精神现象"或"心象"。金岳霖特别指出，"现象内的概念"就是通常所指的"名相"，名相是根于现象的[3]。金岳霖批评休谟，认为他只承认意象是模糊的印象而不承认它是抽象的意念。意象是具体的，因而在理论上休谟缺少通达抽象与普遍的路径。也许是受休谟知识论的影响，金岳霖在创作《论道》时，就把"象"与"意象"一起在知识论意义上限制在与"抽象"相对的"具体"层次上，并且开始以"像"字置换"象"[4] 字，以想像与意像对应。他说："我记得我曾把他底'idea'译成意像，而不把它译成意念或意

---

[1] 《金岳霖文集》，第一册，第334页。
[2] 《金岳霖文集》，第一册，第334—335页。
[3] 《金岳霖文集》，第一册，第335页。
[4] "象"字与"像"字在金岳霖著作中基本上是通用的，比如，在谈休谟idea时，《论道》绪论用的是"意像"，而在《知识论》中仍使用的是"意象"一词，参见《知识论》，第44页。

思,他底'idea'是比较模糊的印象,可是无论它如何模糊,它总逃不出像。上面已经表示过想像与思议不同,所想像的是意像,所思议的是意念或意思。"[1] 不过,正如上述,金岳霖自觉意识到"意象"的种种丰富内涵,他所使用的"象"显然没有与休谟知识论意义上的"意象"画等号,最显明的差异在于金所使用的"象"与"意味"之间的关联:它源于意味,依照意味的类型而划分。经由"意味",金岳霖之"意象"与休谟之"意象"的差异显现出来,而与《易》之"象"的亲缘关系也由隐之显地浮现出来。

《系辞上》:"子曰'书不尽言,言不尽意。'然则圣人之意,其不可见乎?子曰:'圣人立象以尽意,设卦以尽情伪,系辞焉以尽其言。'圣人有以见天下之赜,而拟诸形容,象其物宜,是故谓之象。"作《易》者以仰观俯察所获得的"象"来表达"圣人之意"。就"意"的经验基础看,它生于强调经验者参与性质的"感"或"味"。"作《易》者,其有忧患乎?"(《系辞下》)"感"既接受又馈赠,"感者"参与、融入对方,把对方当作伙伴,当作存在着的存在者,而不是像个旁观者单纯地反映对方。建立在"感"之上的范畴不同于建立在"看"之上的范畴(即"相"),其中最不同的一点是"相"通过"抽象"而成,强调在范畴中抽离出时间、空间及人的存在要素;而以"感"为基础的范畴通过"立象""取象"而成,它自觉赋予范畴以时间、空间特征及人的存在要素的介入。此"意"与"象"不仅要反映事物,呈现出事物本身的存在特征,而且要把人的目的性表现在事物的存在特征中。因此,它们不仅有意义(合规律、合理),而且充满意味(合目的、合情)。因此,意味不仅是"象"生成的生存论基础,而且也使"象"较之西方哲学的"相"具有更丰裕的生命特征。以意味来界定"象"恰恰也是金岳霖哲学的显著特

---

[1]《论道》,第4页。

征之一。

② 象之普遍性的出让

金岳霖对中国哲学逻辑、认识论的欠发达状况有着高度的自觉[1]。在西方知识论哲学影响下，金岳霖将"像"字的意义限定在具体性的"意像"层面，即将之划归不具有普遍性的、感性的非本质序列，而将《易》"象"的普遍性、本质性维度让于"相"来承担。"想像底内容是像，即前此所说的意像；思议底内容是意念或概念。想像底对象是具体的个体的特殊的东西，思议底对象是普遍的抽象的对象。"[2] 通常意义上，"像"指与视觉活动联系在一起的形色图象，金岳霖对此有高度的自觉，并对其内涵做了必要的拓展："想像的像字，也许使人想到想像底原料，完全来自视觉……如果想像底原料限制到视觉，想像中的意像，当然也限制到形、色。其实不然，我们可以想像黄油是味，可以想像到盖叫天底声音……想像底原料决不限制到视觉……'像'字也许不若'相'字，但是我们既把相字用到共相上去，似乎还是保留像字为宜，本条表示它不限于视觉底像而已。"[3] "想像""意像"之"像"的内涵都不止于"视觉"，它包含视觉、味觉、听觉的"像"。这些"像"共同的特征是与"共相"相区别的"特殊""具体"："我们把像字限制到特殊的，性质与关系都在内，特殊的性质我们叫像，特殊的关系我们也叫像。……其实类似特殊，类似具体，类似个体，一方面表示意像类似日常生活所谓实物而不是实物，另一方面表示意像不是普遍的、抽象的。"[4] "像"是想像的内容，类似特殊、类似具体的特性表明它与中国传统的"象"范畴具有亲缘性：它指示着物，保持着对万物的亲

---

[1] 参见其《中国哲学》一文，原文是英文，译文收入《道、自然与人》，第52页。
[2] 《知识论》，第298页。
[3] 《知识论》，第313页。
[4] 《知识论》，第314页。

近，没有如柏拉图的"相"一样腾越于万物之上，并保持着对万物本质的决定性。因为它类似特殊、类似具体，故它能够打动人，给人以意味。

不过，类似具体、类似特殊的"意象"有"体"吗？这关系到对《易》的真正态度。尽管金岳霖没有如熊十力那样直接将"象"表述为有"体"的存在，但在他的行文中，我们还是不难发现这一点。比如他在《论道》中多次提及"万象"一词："理是绝对的，势是相对的；理一以贯之，势则万象杂呈。"[1] 大全的宇宙是"包罗万象"[2]的。这里的"万象"就是有"能"或"体"的万物，也就是说，"象"就是有体之"物"。当然，在金岳霖这里，在理论上保证"意象"对事物通达的是命题："所与是客观的呈现。"金岳霖认为，人类"正觉"（正常的感觉）所呈现既是内容，也是对象。他说："所与有两方面的位置，它是内容，同时也是对象。就内容说，它是呈现；就对象说，它是具有对象性的外物或外物底一部分。"[3] 具体到"意象"，从官觉者角度看，"意象"表现为官觉者的想象物，表现为一类官觉者之官觉所呈现的内容，就此说，它与人这个特定的官觉类相对，或者说具有主体性；但作为一种"所与"，意象又非纯粹主观自生的东西，它亦是"具有对象性的外物或外物底一部分"，是万物本身的性质。在正觉中，意象既是人的呈现内容，也是外物或外物的一部分。常人正觉所呈现的"意味"不仅"本于"万物本身的性质，准确地说，常人所呈现的"意象"恰恰正是万物的性质，正是万物本身。在此意义上，意象即象，即是有"体"的宇宙万象。通过精致的理论辨析，"象"的本体论意义由此得到了知识论的确定与保障。就此而言，金岳霖在20世纪易学研究中理应有一席之地。

---

1 《论道》，第208页。
2 《论道》，第148、162、218页。
3 《知识论》，第130页。

但在金岳霖看来，特殊总是与普遍相对立，故像（"象"）类似特殊而不具有超越时空的普遍性，用他的话说就是没有"普遍的像"："我们要特别注意意念不是像。我们要表示意念既是抽象的，它就不是像。从前的人以为抽象是从特殊的之中抽出一'普遍的像'来，照我们底说法，是普遍的就不是像，是像就不是普遍的，所以根本没有'普遍的像'。我们也不能找出一特殊的像而又能普遍地引用的……意念既能普遍地引用，当然不是像。"[1] 将"像"规定为"想像""意像"之"像"，再按照西方感性、知性、理性的秩序等级，从而使"像"落入感性之非普遍、非本质者序列，而断绝了"像"之普遍性品格。如上所述，金岳霖将"象"的普遍性品格出让给了"相"。

意像不能被普遍地引用，但在对意像具体表述过程中，金岳霖似乎还有些游移。意像既然不能超出自身，它当然不能去摹状与形成规律，但他在举例说明教小孩利用抽象时却涉及了另一种情形。他说，当我们指着一个具体的桌子告诉小孩"这是桌子"时，虽然指着一个具体的桌子，但所要传达给小孩子的不是那张桌子，而是"那样的东西"叫作桌子。"大人实在是以所指的桌子为符号，他所指的虽是具体的，而所要传达的是抽象的。"[2] 具体的东西之"像"可以作为"那样的"类型，从而超出自身并具有普遍的意义。随后，他更清楚明白地指出："我们能以意像去摹状非当前的呈现。意像虽是类似特殊的，而摹状仍是普遍的，因为我们所利用的，不仅是意像，而且是意像中那'样'的颜色。"所谓"样"即上文"那样的"，它以显现在个体中的"类"的特征而彰显一类事物，因此，"样"虽具体而并不指向特殊、限于特殊，它是指示一"类型"的符号[3]。"所执的一是具

---

1 《知识论》，第334页。
2 《知识论》，第234页。
3 让我们不解的是，金岳霖为了说明共相与像的不同有时又把"样式"理解为"特殊的"，参见《知识论》，第338页。

体的,所范的多也是具体的。……符号虽具体而不特殊,或者说它有具体的表现,而无特殊的表现。"[1] 按照金岳霖的看法,具体之为具体乃在于它有谓词不能穷尽的"体",特殊之为特殊乃在于其独有性、独一无二性。金岳霖区分"具体的表现"与"特殊的表现"无非是说,符号是官觉经验可以接触的,但其意义又非自身,而指向的是自身之外的他者。摹状与规律是统一的,意像既可摹状,当然也可以有规律,因此也具有普遍性。在此,金岳霖似乎又不自觉地回归了《易》"象"的道路[2]。

由于断定意像与普遍对立,中断了意像通往普遍性的道路,遂又使思议垄断了对事物的表达,包括以上所说不可能完成的表达。金岳霖认为,即使是类似特殊、类似具体的意像,意念、概念等思议的工具也可以表达、传达。这无疑是说,抽象的"言"(意念、概念、命题)可以"尽意":"可以想像的都可以思议。……它底意思实在是说:如果我们用思议底工具去表示想像底内容,凡可以想像的,我们在思议上,都可以得到类似想像内容那样的思议内容。请注意这不是说思议可以得到想像内容底照片。在思议所得的不是意像,是类似意像的思议内容,或者说,所得的是足以形容此意像的意念。照此说法,任何可以想像的意像,都可以用思议方式去得到相应的意念。"[3] "言"可"尽意",乃至可以尽意像之"意",从表达方式来说,抽象的"共相"以及"共相的关联"能够表达一切,因而"意像"就成了多余的东西。思的语言可以表达普遍、抽象,也可以表达具体、特殊;反过来说,不必用其他表达方式,如负的方式、直觉方式表达。但抽象的"(共)相"能够做到这一点吗?

---

[1] 《知识论》,第229页。
[2] 金氏对此亦游移不定,如在《知识论》第365页说:"抽象的摹状才是摹状,抽象的规律才是规律。"又把抽象限制在意念、概念,而回到"象""相"二分的理路。
[3] 《知识论》,第299页。

③ 象与相之间的张力

大家知道，陈康曾以"相"来翻译古希腊语 eidos。他认为，eidos 的意义是"看"。由它所产生出的名词即指所看的。所看的是形状，但这只是外形，由此复转指内部的性质。中文里的字可译这外表形状的是"形"或"相"。但"形"太偏于几何形状，"相"即无此弊病；又"形"的意义太板，不易流动，"相"又无这毛病[1]。金岳霖并没有交代过"相"范畴的来源，不过，从他对"共相"的使用与界定看，其意义与陈康所翻译柏拉图的概念"相"有一致之处，即"相"有实在性，不是通过人们抽象活动建立起来的主观概念，而是事物自身固有的性质与共相。他说："对于共相，我们不应该积极地说它是抽象的，至多只能消极地说它不是具体的。它不牵扯到抽象工作，它就是那样而已。它是在'外'的或者说独立于知识类的。它不随一知识类底生灭而生灭。"[2] 不过，金所使用的"共相"范畴与柏拉图的"相"还是有很大不同的。在《论道》中，金岳霖说："普通所谓共相是各个体所表现的、共同的、普遍的'相'；或从文字方面着想，相对于个体，共相是谓词所能传达的情形；或举例来说，'红'是红的个体底共相，'四方'是四方的个体底共相……所'共'的就是一部分个体之所共有。"[3] 对于共相的特征，金岳霖说了两点："一方面它是超时空与它本身底个体的，另一方面它既实在，所以它是不能脱离时空与它本身底个体的。"[4] 在《势至原则》一文中，他则说："共相是实质的。个体化的共相是实质的存在的。所有是实质的东西的最后的条件就是'能'。"[5] 由超时空，可以说共相是普遍的；由共相之有能，可以说它是实质的，具有

---

1 参见柏拉图著，陈康译：《巴曼尼得斯篇》，商务印书馆，1997年，第41页。
2 《知识论》，第338页。
3 金岳霖：《论道》，第73页。
4 《论道》，第74页。
5 《金岳霖文集》，第二册，第415页。

实在性。由于它不能脱离时空与它本身的个体，因而它不是也无法拥有柏拉图的相范畴所具有的决定个体的、纯粹形式的本质力量。我们还需注意的是，他对于西方哲学传统中形式因即动力因、本质因的思想并不认同[1]。

"相"是思议的对象，是谓词之所传达。相能否传达特殊的、具体的、个体的东西呢？在这个问题上，金岳霖一直有些游移：一方面努力以"相"论个体，即以殊相来表达特殊、指称个体。他说："殊相是个体化的可能底个体。……个体之所以为个体，不仅因为它大都有一套特别的性质与共相，也因为它有它底殊相。而它底殊相不是任何其他个体所有的。殊相底殊就是特殊底殊，它是一个体之所独有。"[2] "相"是现实化的可能，且"相"有能，有实质，故它是形式与实质之统一体。以此统一体来表达个体、特殊当然是可能的（存在着符合与否的问题）。金岳霖虽然说"殊相"之"相"仍是"共相"之"相"[3]，但他强调"殊相"之"殊"是特殊的"殊"，是一个体之所独有。因此，以"相"表述特殊个体、特殊乃是可能的，据此，金氏坚信抽象的意念可以表达特殊的意像。不过，另一方面，他也意识到了以相表达个体的困难。他认为，"相"不能尽"个体"的"特殊"："普通所谓具体有两成分：（一）它是可以用多数谓词去摹他底状的，（二）无论用多少谓词去摹他底状，它总有那谓词所不能尽的情形……具体的东西既有后面这一成分，它不仅是一大堆的共相，或一大堆的性质，或一大堆的关系质。它有那非经验所不能接触的情形，而这情形就是普通所谓'质'或'体'或'本质'

---

[1] 金岳霖批评康德的感觉形式时指出："如果形式是必然的或先天的，它一定没有任何积极性；因为它没有积极性，它一定为任何原料所接受；可是任何原料接受了它之后，不能给我们以任何消息。……如果它是有积极性的，则它一定不是必然的或先天的。"（《知识论》，第46页）

[2] 《论道》，第135—136页。

[3] 《论道》，第14页。

或'本体'。"[1] 个体有同类个体共同具有的"相"即"共相"，它还有与经验对应的"体"（即"能"）。这个"体"是特殊事物中非相的成分，因此，把共相堆起来无论如何也堆不出一个特殊的事物，殊相堆起来也不行[2]。因为殊相之为殊相只在于其相之"殊"，其根仍无"体"。"殊相不同于特殊的或个体的对象和事件，因为前者只是一个方面，而后者则是具体性的全体，前者可以被指示出来，可以被命名或被谈论到，而严格说起来，后者是不可表达的，因为后者包含着不可表达的 x。……一殊相不同于一共相仅仅是因为它是一殊相，它只是一个方面。就它自身而言，它正如共相一样是'无体的'。"[3] 当金岳霖把相理解为有能的、实质的东西时，相（包括共相与殊相）不复是纯粹的形式；但当他说特殊中有非相所能表达的能时，似乎又把能说成是脱离相而独立自存的东西，相应地，相就成为可以有而不必有"能"的空架子了，成为一个纯粹的逻辑概念而不是一个有能有实质的东西。问题出在，正如对于"象"的游移一样，金岳霖对于"相"也游移于以上两种态度之间。

事实上，在金岳霖整个思想世界中，《易》象具有更内在、更普遍的意义。金岳霖对"象"的两重态度直接渗透于其对形而上大道的观念中。"道是式-能。"（《论道》一·一）"式刚而能柔，式阳而能阴，式显而能晦。"（《论道》一·一八）道是"式""能"的统一，是阴阳、刚柔、显晦的统一，是意义与意味的统一。经过西方现代知识论洗礼的"象"不仅没有消失，而且与之融合、会通。尽管有徘徊与游移，但不可否认，金岳霖的努力至少在知识论、形而上学层面使"象"实现了裂变、再生，获得了崭新的生命。功莫大焉！

---

1 《论道》，第 69—70 页。
2 《金岳霖文集》，第二册，第 408 页。
3 《道、自然与人》，第 123 页。

由此我们不难发现金岳霖对"象"态度之复杂性。在知识论中，意像依意味而确立，意像与特殊、具体的东西相关，而远离抽象、普遍的思，甚至与之对立。因而，意象也就被限制在了形而下的领域。对于普遍性的"相"，金岳霖一方面借用西方哲学思想传统将之普遍化；另一方面，他又将内容与对象统一起来，确立"相"与外物的亲缘关系，改造"相"，使之"象"化。在元学中，将"象"贯彻于大道，在形而上层面确立起大道，使其既富有意义，也富有意味，从而使其在与西方哲学的遭遇中得以再生。

在降低了象（像）的本质性，或者说，在将象感性化、非本质化同时，金岳霖试图以"相"来填补"象"之堕落所带来的普遍性的缺失。但显然，此"相"如"象"一样，既涉及呈现（内容），也关联外物（对象），也就是说，"相"不再是柏拉图以来的西方思想传统中与现象、质料相隔绝的纯粹本质或无人情味的、纯粹的客观意义。不难看出，金岳霖所赋予"相"的崭新含义实际上已经使其"象化"了，即在普遍性层面上使形式与实质走向了统一。从金岳霖整个思路看，他以《易》之"象"为基础，并按照西方现代知识论的方式将之裂变为等级有别的两个序列："象"与"相"。在此意义上，既回应了西方现代知识论哲学的挑战，也因之使《易》"象"获得了新的境界形态。

4. "相"到"象"之辩——儒、释之间

重建有味之道的前提是甄别大道的方向与途径，儒释之辩在此视域下再次成为中国现代哲学的重心之一。熊十力的相与象之辩以及从相到象的思想历程构成了中国现代哲学的重要一环。

这里用"相"与"象"两概念来展示熊十力哲学的运思趋向，是基于以下考虑：一方面，唯识宗又称"相宗"，"相"是"相宗"的核心范畴；另一方面，"易者象也"，"象"是《易》的核心范畴。从"相"到"象"展示了熊十力整个哲学的发展踪迹，即从唯识学（以《唯识学概论》为代表）、新唯识学（以《新唯识论》为代表，具体又可分融《易》入佛之文言文本以及融会贯通《易》和佛之语体文本）到《易》（以《原儒》《乾坤衍》为代表）。虽然从熊氏思想发展过程看，先"相"后"象"有其内在一贯性，但就思想实质看，两者又表现为水火不容的异质性。后期熊十力欲尽毁《新唯识论》语体文本等早期著作，其故在斯。本节从熊文中"相"与"象"两概念的辨析入手，揭示熊氏哲学从"相"到"象"的运思趋向。

① 相、现相、缘生、空

在《佛家名相通释》中，熊十力对"相"做了相对完整的解析。"相字有二义：一、体相。如说诸法实相，即实体之异语，亦云真如。二、相状。如法相之相，对法性而得名。此相字即相状之相，乃斥指色心诸行而名之也。故法相一词，略当通途所云现象。"[1] "体相""实相"是无相状的，有"相"的是法相。"通途所云"当然不是熊氏自己的用法。按照熊氏精密辨析的习惯，此处所现的只是"相"，而不是"象"，后文时称"现相"，良有以也。

熊氏早期精研唯识学，其所使用、论证的"相"概念即依据唯识学理论展开。首先，他依照唯识学理论论证境相、识皆空。境依识而有，故于识可见境无。比如常人说"瓶"，视之得白，触之得坚，意识综合坚、白等相，将之命名为瓶。在熊氏看来，此瓶离开坚白等识相即不复有。因此，此瓶纯由意识虚妄构成。坚白等相亦不属于物，因为坚白等相皆因人而异，而皆无定相，坚白等相全都随识而现。准此而知，一切境相皆是识所现之相。

境由识现，内识亦虚幻不实，所谓"识相乃是众缘互待而诈

---

[1] 熊十力：《熊十力全集》，第二卷，湖北教育出版社，2001年，第374—375页。

现者，故说幻在"[1]。识相即众缘相，因其有待于众缘，故知识相亦无自性。具体说来，诸缘有因缘、等无间缘、所缘缘、增上缘。识由诸缘互相藉待而幻现识相，故识无自体，识相亦虚幻。对于"缘生"理论，熊十力强调指出，缘生不是表示众缘和合而生出识，而是从否定方面说识由众缘而起，因为，由表诠言缘生，会得出识有自体的结论；而由遮诠言缘生，则知识相乃有待而无自体。以遮诠说缘生，将境相识相分解下去，这样境相、识相空，缘相空，缘相之缘相亦空，如此层层肢解，任何"相"都成了无实体的空架子，借助于遮诠意义上的缘生法，"相"被解构。大至世界，小至万物、人、我，在被还原为无自体的众缘之后，都成为忽聚忽散、无定质、无定相、无自体的乌合之物。

熊十力虽说于《新唯识论》（语体文本）融会贯通《大易》、《阿含经》等佛经[2]，但《新唯识论》（语体文本）同样从本体论立场将"相""现象"理解为"虚妄的"，而非如《易》将现象（"象"）理解为有自体的、不可还原的存在："心上所现相，名为影像。此影像有托现境而起者，如眼等五识上所现相是也。有纯从心上所现者，如意识独起思构时……凡相，托现境而起者，即此相与境相，非一非异。此相是心上所现影像，不即是境的本相，故非一。虽从心现，要必有现境为所托故，故与境的本相亦非异。……凡相，纯从心现者，大抵是抽象的……据最后的真实的观点来说，凡所有相，又都是虚妄的，因为心的现相，常常把他自身殉没于境里面，即执着这境是实在的东西。这样，便不能与真理相应，所以堕入虚妄。"[3] 熊十力深受佛学本体论影响，将本体的确立建立在消解现象的实存前提上，所谓"实相无相"是也。按照佛学这个理路，熊氏在语体文本中更明白地指出：

---

[1]《熊十力全集》，第二卷，第27页。
[2]《熊十力全集》，第三卷，第136页。
[3]《熊十力全集》，第三卷，第29—30页。

"在本体论上说,是要扫荡一切相的。……就本体上说,是要空现象而后可见体……如果缘生一词,含有构造的意义,那便是承认现象为实有,从何见得呢?因为以构造的意义来说缘生,就是以为——的缘,互相联系,而构成某种现象。这样,并不是否定现象,只是拿缘生说来说明现象而已。如此,则承认现象为实有的,便不能空现象了。不能空现象,即只认定他是现象,而不能知道他就是真实的呈现。换句话说,即不能于现象而透识其本体……在本体论的观点上,是不能承认现象是实有的,所以,缘生一词,是万不可含有构造的意义的。"[1] 将万事万物解为空而不实,这显然距离儒家现世论立场十万八千里。为此,熊氏又依照佛教的"俗谛"与"真谛"说,在"俗谛"层次上"许之为有",承认人世万象的相对真实性。不过,"俗谛"只是施设的方便之说,"真谛"才绝对真实:"依真谛义,于俗所计为一切有的相,都说为空,唯一真实夐然绝待故。准此而谈,所谓众缘相,既是遂情假设,就真理言,便不许有。应说一一缘相,如实皆空。"[2] 在《原儒》《乾坤衍》等后期著作中,熊十力将这种空现象而显体的理论称作"摄用归体",由于立场是空现象,因此,遂承认缘聚而诈现意义,而反对"缘生"之构造意义。后期他欲毁《新唯识论》语体文本,原因在于,即使语体文欲融会贯通《易》与佛,但对于现象、万物、世界仍认为是虚幻不实的,这其实仍是佛学的立场,而不是《易》的立场。当他立足《易》的立场而执着现象真实,必然要毁《新唯识论》语体文。

"相"是因"缘生"而空,还是"相论"与"缘生说"有某种内在关联呢?"相状"是"相"之通解。细究的话,"相"的意思还有"相犹现象也"[3];"相犹形式也"[4];"此中相字,意义甚

---

1 《熊十力全集》,第三卷,第74—75页。
2 《熊十力全集》,第三卷,第75—76页。
3 《熊十力全集》,第七卷,第794页。
4 《熊十力全集》,第七卷,第766页。

广。世欲见为有草和鸟，以及桌子、几子等等的东西，固然是相，即不为有形的东西，而在心上凡所计度以为有的，亦名为相"[1]。"相"是相状，是形式，是东西，是心识，由此，相状、形式、现象、万物、心识在此可归为一类。我们感兴趣的是，它们何以能够等观齐量，在何种意义上可以等观齐量，我们似乎可以从"相"之"形式"义找出某种答案。当"相"被理解为形式，它就有被定格为纯粹形式的危险，即被理解为没有实质内容的纯粹形式或没有实质的空架子。将此义贯彻下去，物质、精神现象也就只能是无实质内容的空架子。既是空架子，其进一步的还原或退一步的集聚也就是不同层次空架子之间的还原或集聚，也就是不涉及实质内容的还原或集聚。缘生说对事物分解、还原的前提就是将部分理解为与整体无关的空架子，遂使整体层层剥落、消解。所以，"相"的"形式"意义既应和着缘生说，反过来，缘生说也强化着"相"的"纯粹形式"意义。

物或心如何都成为无实质的"相"，即纯粹形式了呢？这与人的经验方式、思想方式有关系吗？佛教对于感官秩序的排列是眼耳鼻舌身。眼被放在第一位，视觉经验相应拥有优先性：在俗谛层次上，视觉给予人的知识经验最多，也最能给人以真实感；在真谛层次上，破除视觉经验的真实性最为重要，而就"立"的方面来说，"肉眼"不如"天眼"，"天眼"不如"慧眼"，"慧眼"不如"法眼"，"法眼"不如"佛眼"[2]。从感觉经验的结构看，视觉经验似乎也具有特别的地位，唯识学"四分说"之见分、相分首先是依视觉立论的。"见分是能缘，即为能了别相分者；相分是所缘，即对于见分而为其所了别者，亦云境界。……五识皆有二分，如眼识相分即青黄等色是，而了别青黄等色者即眼识见分。乃至身识相分即所触境是，而了别所触者即身识见分。综上

---

1 《熊十力全集》，第三卷，第73页。
2 五眼之说参见《金刚般若波罗蜜经·一体同观分第十八》。

所述，八识各各由二分合成。"[1] "见分"虽指能缘，但显然以视觉为原型；"相分"指所缘，也以视觉之所摄的"相"，即与视觉之"见"对应的形色为原型。

大家知道，视觉是一种距离化、客观化的感觉：将所视推出去，成为客观独立的存在。同时它也是一种形式化感觉：所对应的是对象之形与色。单就视觉立论或以视觉经验为原型，对象就往往成为纯粹形式，或者说，成为没有内容的空架子。在此视野中的"物"就不是具有无限生机、拥有自体的存在，而是众缘（唯识宗谓识）意向构成的空架子。"相"是没有生命的纯形式、空架子，所以，解散空架子似乎对自体没有影响。熊十力接受佛学说法，常以剥蕉为例说明缘生说的道理，剥下的蕉叶都被看成与芭蕉生命没有关系的叶子。剥离生命，失去生命的空架子之灭是灭灭不断的环节。事物如此，拥有生命的人亦不例外。熊十力后来概括缘生说视野中的人的模样时说："云何人非实有？盖以所谓人者，只是心的许多作用，以及身的五官百体等等现象，互相积聚一团，便叫作人。其实这一团东西全不实在，比芭蕉还要虚伪得多。人的这一名字，元是安立于一团虚伪的东西之上。若把这一团东西分析来看，试问还有实在的人在何处？"[2] 所谓"虚伪"即是说，人皆是由身心各种空架子集聚而成的存在，身心既空，身心集聚成的人这个整体即不复是有机统一体，也就不成为完整独立的存在。熊氏后期将"缘生说"称作"解剖术"，将缘生法之还原、分解称为对生命的剖割，可谓精当。他说：

> 释迦氏……首以解剖术造五蕴论，直将宇宙人生破作五蕴，而宇宙失其完整独立。欲不谓之空与幻，不可能也。人生亦失其完整独立，不知向何处寻求自我。欲不谓之空与

---

1 《熊十力全集》，第六卷，第219—220页。
2 《熊十力全集》，第七卷，第578页。

> 幻，更不可能也。譬如芭蕉，人皆见为是一完整独立的物体。忽然有人将他破作一片一片的若干叶子，始知芭蕉无自体，本来空，无所有。……五蕴论是用解剖术，将宇宙人生解剖到光光净净无所有。余在前文提及缘生论，而谓其本于集聚之术……实则还有解剖术之妙用。[1]
>
> 释迦氏之缘生论亦善于运用解剖术，与五蕴相通。所以者何？五蕴论将宇宙人生剖割为五蕴，使万物皆失其完整与独立，都无自体。宇宙空矣！人生空矣！缘生之论则以万物皆从众缘而生。如其说，即每一物的现象，实是众缘集聚之相。相犹现象也。……释迦氏每用解剖术，直将心和物诸现象集聚而成之完整体解散之、剖割之，俾其各别成聚。[2]

经过剖割之后的部分成为与生命无关联的东西，将这些部分集聚起来而组成的人不再是"完整的人"，而只能是无人命、无人之性的空洞的人之"相"、人之空架子。"相"为无实在生命的空架子，物、人为相之缘起，为诈现，为幻化，故物无自体，人无自体。

"相"是形式，是空架子，故而它无法表述生生不已的人与物，无法表述真实的现象、真实的世界。由于注重"缘"、注重"灭"，佛教之"相"又与执"相"为真实不虚、不生不灭的柏拉图"相"论传统不同。柏拉图的"相"是具体物的原型，个体物是"相的集合"，故个体物不如"相"真实。"相"拥有"立"而非"破"的价值。"相"真实，"相"不灭，始能成为物之本质，人始能将之奉为模仿、追求之目标。佛学之"相"与柏拉图之"相"的深层辨析留待他文，此处不赘。

---

[1] 《熊十力全集》，第七卷，第790—791页。
[2] 《熊十力全集》，第七卷，第794—795页。

② 象、现象、现象真实

"相"既为空架子，所现的既为"相"，世界、人自然都虚幻不实，这个论断对于以生命关怀为第一义的《易》来说无疑是相对立的。为了解决这个问题，熊十力不断回到《易》，通过对《易》的层层发掘，逐渐舍弃虚幻义之"相""现相"，而趋向《易》之"象"以及建立在"象"义基础上的"现象"。

尽管熊十力说他的《新唯识论》根柢大《易》（确切地说，文言文本是融儒入佛，语体文本是融会贯通佛与《易》），但他对《易》之"象"的认识显然经历了一个曲折的历程。在写于1932—1935年间的《答刘生》一信中，熊氏谈到他对"象"的感悟："'易者象也。'象义云何？吾尝因此，别有会心。以为认识论中，当建立象义。如吾意中观想天上一颗星时，即现星相，而此星相，明明非天上之星，只是彼星之一种征符，应即名之以象。但此象者，实交绾意与物而为之名，并不可分别为在意之象，或在物之象。又且不可分别执定有实心意与实外物。……所以说到象，自然有能所相。无所相，能不独构其象；无能相，所亦不自显其象。故象是依能所之交而成。……故当能所诈现时，其所的方面，自有势用引发能，而能的方面，即缘所的方面底接触，而起一种势用，现似所的相状，即此名为象。故知象者，是能所融一相。所以说象是交绾意与物而为之名。"[1] 这是从认识论谈"象"，而没有涉及"象"的本体论含义。就认识论来说，"象"既非世界中之物，也非纯是观者之意，所现之"象"是意与物或能相与所相之交绾一体。不过，由于此时（1935年前后）熊氏仍受唯识学主导，他对于"象"的理解仍没有逸出"相"的范围，仍然将"象"理解为一种"相"，将"现象""现实世界"理解为执着的"心相"。因此，从本体论上说，"象"或"现象"同样是虚幻不实的。

---

[1] 《熊十力全集》，第二卷，第233—234页。

确实，在写作《新唯识论》文言文本时，熊十力只重《易》之义理，而对"象数"相当厌烦。这决定了他虽然对"象"有感悟，但还难以从存在与方法两个层面回归"象"。对"象"看法真正转变的契机是读了尚秉和的《焦氏易诂》之后。他自述："吾于《易》一向厌谈象数，今得尚君书喜其说象远有依据，因知扬子云、邵康节、朱汉上、来矣鲜、胡煦诸家之书，推明象数与图，多不可忽。廿四年九月一日病翁记。"[1] "尚君"指尚秉和。熊十力在读了尚氏《焦氏易诂》之后，深契于尚氏所谈"对象"义。他说："尚君对象之说，则不须于每卦另增六位为十二位。而每卦本象，与其对象，乃相对待而实相融合……按尚君云：对象者，阳与阴相对，阴与阳相对，阴阳既相对，即常往来流通，合而为一，不能分析。……吾则取对象为根本义。何则？对象者，明阴阳之相反相成，尚君所谓阴阳常往来流通者是也。此义立，而后有覆象，有半象，有互体。故谓对象为根本义也。"[2] 尚秉和以"互体"为"象"之根本，熊十力则从自己的立场出发，修正尚氏这个看法，认为"对象"才是"象"的根本义，并贯穿于"半象""覆象"与"互体"。"象"是"对象"之"象"，即阴阳、隐显、幽明相互往来、相互交通、相反相成之"象"，这与熊十力一贯坚持的"翕辟成变"思想不谋而合。由此，熊氏开始从本体论层面关注"象""现象"。

从本体论层面看"象"或"现象"面临的第一个问题是"象"是空还是实。如果它是空，那么，正如上文所述，它实质上与"相"是一类。如果它不空，那么，它是如何获得实在性的？由于"相"之空义，它聚与散都无法生成有自体的东西，"象"可以分解、还原而保持同质性吗？或者说，缘生说适用于它吗？如果不适用，"象"是如何生化的？《新唯识论》文言文本

---

[1] 《熊十力全集》，第二卷，第326页。

[2] 《熊十力全集》，第二卷，第314页。

虽倡言"纯粹的人生主义"[1]，但却将心物万象认作无实在性的东西，两说法显然并不一致。从《原儒》（1956年）开始，熊十力为贯彻其"纯粹的人生主义"，彻底批判自己以往空现象的做法，而极力主张现象的真实性。

《新唯识论》以"体用不二"立论，但为了立本体，熊氏却将现象解为虚幻的东西。在论证现象为空时，熊氏多引用唯识学方法，将境相归结为诸识，又以缘生说破除诸识，从而得出现象为空的结论。但有本体支持的现象怎会为空呢？现象空，本体又怎会实呢？缘生说的结论将体与用割裂为无法交通的两界，缘生说与"体用不二"竟是互相矛盾的两种方法！熊氏自我反省道：

> 实体不是离开现象而独在，当然要肯定现象真实。易言之，即是肯定万物真实。肯定现象真实，即是以现象为主，实体元是现象的自体，所以现象真实不虚。反之，如偏向实体上说真实，偏向现象上说变异，则不独有体用剖作二界之大过，而且以实体为主更有佛家摄用归体、摄相归性、摄俗归真之巨迷。……我说实体变动成了现象，即此现象是实体的功用，亦可说实体的变动即名之为功用，即此功用叫作现象。……余玩孔子之《易》，是肯定现象为真实，即以现象为主。可以说是摄体归用。[2]

摄体归用，则现象真实，万物真实，人生真实，世界真实。人生一切皆得自创自造。孔子倡导裁成天地、辅相万物诸弘论，实从其摄体归用之根本原理而出也。……万物与现象二名，其实则一，现象即是万物之通称故。……万物或现象只是克就实体变动的功用，而给予以万物或现象的名字……余以为实体变动，就叫作功用。即此功用，又叫作万

---

1 《熊十力全集》，第二卷，第274页。
2 《熊十力全集》，第七卷，第547页。

物或现象。如此说来，实体确是将他的自身全变成了万物或现象，万物以外没有独存的实体。[1]

在熊氏看来，摄用归体、摄相归性、摄俗归真在佛家导向的是寂灭，在老氏导向的是虚无，趋向健进人生的《易》用的是"摄体归用"。"摄体归用"，故现象真实，万物真实，人生真实，世界真实。"现象"不仅是能相、所相之交绾，更是真实本体之真实的功用，是本体真实的呈现，因此，现象不是空幻的"相"，而是实在的万物自身。因为有体，故现象不能以"缘生"方式进行分解或还原。现象虽然灭灭不断，但又生生不已。灭是生的环节，舍故是不断趋新的必要环节。《易》之象不是无生命的空架子，而是富于变化、富有生命（由感赋予）的形式，或者说是生命之象。有生命而有自体，借用剥蕉之喻，芭蕉的生命就由一片片蕉叶组成，每片蕉叶都是完整生命的一部分。当蕉叶被剥离，它的生命确实不复存在，但蕉叶未生时或已剥离之后都属于另一种存在，而芭蕉之生即由每片蕉叶层层守护、展开。蕉叶既生而未被剥离，这就是芭蕉之生命，有自体的芭蕉生命。蕉叶剥去，芭蕉的生命结束，就芭蕉来说是"灭"，但它又可化为其他生命，这样旧生命结束，而新生命不断开始。宇宙就这样灭灭不断，而又生生不已，宇宙自体就展开于此大化流行之中。

现象之生生不已源于本体不断发为大用，具体说来，每一心物之象皆是"对象"，即皆有一对相互对立、相反相成的势用舞动不已。以阴阳等对立元素之相反相成来理解、规定现象是熊十力思想一贯的特征，但细究之则会发现，从《新唯识论》的"翕辟成变"到《乾坤衍》的"乾坤成象"之间还存在着深刻的差异。"翕辟成变"旨在揭示本体的两种势用，翕和辟是对立的，但两者之间并不互相包含：翕不包含辟，辟也不包含翕。本体主

---

[1]《熊十力全集》，第七卷，第549页。

要体现在辟而非翕上,因此,人、万物之真实性成了问题。"乾坤成象"反乎是,乾与坤互相包含,乾中有坤,坤中有乾,或一说到乾即有坤,一说到坤即有乾。乾元即本体,坤元不是与乾元并列的另一本体,而是乾元的附属。万物秉得乾坤而成形成性,乾坤实在,秉得乾坤的万物亦真实。因此,可说万物即乾坤,乾坤即万物。他说:"乾坤,即万物也。万物各各秉乾以成性命,各各秉坤以成形体。离乾坤,即无万物;离万物,亦无乾坤。"[1] 现象,不管物质现象还是精神现象,都是乾坤之造作,或者说,物质或精神所现之"象"都是充满真实性的存在。熊氏特别指出,即使是物质,其中亦有健进不已的"乾元":"现象之名,从物的方面说来,是直指物质而名之也。物质,是实体变成现象之一方面,所谓坤是也。另一方面,则是健而又健,翰运乎物质中之精,所谓乾是也。"[2] 物质现象因乾坤而得实有,而得生化。它即是它自身,而不可还原为其他。对它的剖割不是还原,而是破坏。

"乾坤成象"与"缘生"不同不仅在于后者是解构,前者是生成,更在于缘生之"缘"都是"相",即纯粹的形式或空架子。这些空架子之间无对立、无贯穿、互不含入、互不流通,其分解、还原或集聚都不改其空性。而乾坤二元相反相成、互相贯穿、互相含入、互相流通,其所成之物或人因乾坤而得实在性与完整性。乾坤不是物与人的组成要素,而是贯穿于物与人之中,使物与人得以存在的根据。在这个意义上说,乾坤即万物自身,万物即乾坤自身。万物同为乾坤所造,万物之间由此同一根源而结为一体。"万物共有之一元,即是万物各有的内在根源。万物本来是互相联系、互相贯穿、互相含入、互相流通、不可分割、不可隔绝之全体。故就全体来说,万物是共有一根源。就每一物来说,每一物是各有内在根源。其实,根源一而已矣。"[3] 根源

---

[1] 《熊十力全集》,第七卷,第 563 页。
[2] 《熊十力全集》,第七卷,第 554—555 页。
[3] 《熊十力全集》,第七卷,第 566 页。

一并不意味着万物都一样。乾使万物成性，而坤使万物成形，秉得此性此形的万象皆有生命，此生命乃其一身之独有、各有。否定万象之独有生命，便会"一则生命将成为莽荡无依据；二、便陷于虚无主义"[1]。万象根源一与生命各有之关系又被熊氏说成"共相"与"自相"的关系："夫《易》言生生不是从万物之自相上着眼，而是从万物之共相上着眼。此云万物之自相，即指其成为个别的物而言。此云万物之共相，即克就万物所共由之以生者而言也。"[2] 这里使用的"自相"与"共相"两概念显然与熊氏早期所使用的"相"概念具有不同旨趣。它们不是指事物的相状或我说的纯粹形式、空架子[3]，而是与"象"一样指具有完整性、独立性、实在性的存在体，这不妨称为"相"的"象"化。

从能所关系角度看"象"可以说是认识论路向，而从乾坤说万象则是存在论路向。熊十力对"象"的关注有从认识论到存在论的发展趋向：象不仅是个体认识者能与所的交绾，而且是乾坤两种对立元素之间相反相成之产物。如前文所示，此"象"或现象都是"对象"。"对象"之"对"是成双成对之"对"，它是用来形容"象"的。由一物之中两种元素或两物构成的象，其中两者皆成"对"，即每一个"象"都不是孤单的元素或孤单的个体，而是阴阳、隐显、幽明等两种对立元素或个体之相互往来、相反

---

[1] 《熊十力全集》，第七卷，第658页。
[2] 《熊十力全集》，第六卷，第730页。
[3] 熊氏早期对于"自相"与"共相"的说法亦多，如"凡言自共，当分三种，义各有据……一于量中，凡由分别心，于境安立分齐相貌者，此为共相，比量境及非量境皆是也。自相，则有二义：一曰世俗，凡有体显现、得有力用、引生能缘者，是谓自相。二曰胜义，凡离假智及诠、恒如其性，谓之自相。恒如其性者，谓一一法，法尔本然，不由想立，不由诠显。自相虽有二义，而皆现量境也。二于名言中，凡概称者为共相，特举者为自相。如于色中，而特举其青，则青为自，而色为共。于青中，而特举衣青华青，则衣青华青为自，而青为共。三于因明法中，立一类义，通在多法。如以因法贯通宗喻，若缕贯华，此为共相，特举一法，匪用通他，是为自相"（《熊十力全集》，第一卷，第292页）。此三种意义上的共相与自相共同特点是皆无自体。

相成而形成的充满生机与活气的存在。所以，由《易》而来之象皆是舞动不休的生命之象，如山、水、林、泉等自然物之象亦是如此。我们平时用"宇宙万象""万象更新"来表述充满生机的自然万物，以"气象"来描述气候阴晴之变化不已，以"对象"来称谓充满真情的男女之间的关系以及有此关系的一方。如果两个元素不相往来，或者缺少往来的愿望，从人来说，就是没有交往的欲望、感觉，那么，两者也就成不了对象，缺少"感"的对象因而只能成为"相对"意义上的"象"。中国近现代哲学以"对象"来翻译西方认识论哲学中的 object 一词，其所用的意义就是与认识者相对之义。仅仅相对而无感情，男女对象会散掉，认识的对象就成为无生机、无生命的"客体"，即使所对的是有生命的存在。此种意义上的"对象"恰恰是我们今天最熟悉也用得最多的意义，这是否说明我们今天最缺少对一草一木一生命的深厚感情呢？

不过，熊十力对于《易》之"象"的理解也时有游移。如前文所述，熊氏推崇《易》之义理，而对《易》之象数颇有隔阂。尽管他受到尚秉和的启发对"象"的看法有所改变，但他始终无法正视"象数"之"数"这一环节。拆除"数"这一环节，就失去了连接"象"与"理"的桥梁。熊十力跳过"数"，直接建立乾坤本体与"象"的联系，遂使"象"通达"理"障碍重重。他在《乾坤衍》等著作中把"象"规定为"譬喻"，如同王弼扫"象"一样使"象"成为多余的东西。他说："夫象，自孔子言之，犹譬喻也。本无须说明象与象之联系，而坤卦之地与牝马二象，则象传特明其联系，岂无故与？余研索多年，而后悟圣人之意，盖主张质和能只是两方面，不可破析为各自独立的两物。所与，说牝马、地类，盖以地为物质之譬；牝马健于行，为能力之譬。"[1] 八卦、六十四卦等"象"其实也是一种通达普遍性的道

---

[1]《熊十力全集》，第七卷，第 646 页。

路，或者说也是一种概念体系而不是与普遍、"抽象"对立的思想方法、方式。将八卦理解为"譬喻"无疑低估了"象"的达意、达理功能以及"象"概念与普遍真理之间的内在关联[1]。我们知道，古希腊哲学追求相、数、理统一的理想模式，笛卡尔创立的解析几何打通了相（形式）与数，数理逻辑打通了数与理，而实现相、数、理的自觉统一。中国古代哲学追求象、数、理统一的理想模式，亦尽力在形而上层面打通象与数、数与理，但可惜未曾在形而下层面建立彼此相通的环节，打通它们。熊十力反对以"数"解"象"，以"理"解"象"，并将"象"理解为"譬喻"。如此，"象"与"理"与"数"遂隔绝，故熊氏之本体难以成为可逻辑获致的存在。在《易》的格局中谈认识论尤其需要在逻辑层面打通"象"与"数""理"，以使象、数、理达到具体的而非抽象的统一。熊氏《量论》未能作出，恐怕至少与其割裂象、数、理的联系有关！

通过上文辨析，我们不难发现佛与《易》在存在论上的差异。相较而言，"相"是纯粹形式，是无实质的空架子，"缘生说"将物我剖割为这些空架子，因而，物我之"现相"空、生命空、世界空。"象"是有生命意味、有实质的形式，其生命意味源于物我本身固有的对立统一元素之间的相反相成。"象"有自体，因而它不可还原为其他存在，物我所现之"象"真实不虚。熊十力由援"象"入"相"到将"相""象化"，展示了他由根柢大《易》依托佛学到最终彻底皈依大《易》的思想历程。

---

[1] 就名言说，"象"所传达的既是具体的（不是特殊的），也是普遍的，可拟之为"具体真理"。模糊、忽视其普遍性维度可能使"象"沦为远离本质的歧途。我们在20世纪另一位哲学家金岳霖那里看到过这种结论。金氏注重"象"的特殊、具体、有意味等意义，于是把"象"与普遍对立，将"象"理解为"表象""意象""想象"等"想"的活动与结果，而不是通达普遍性的"思"的内容或对象。

结语

20世纪中国哲学家们在中国思想重建中，在自我寻求中，从本体论、认识论、方法论等不同层面，各以不同的方式触及了味、感、象等关键词。不难发现，"味"及其所生发的"感""象"脉络既有深厚悠久的传统，也是20世纪构建中国哲学的新思路。本书从追寻中国哲学方法论开始，在中国思想史上展现出味觉的源初性地位，这是对20世纪诸位贤哲事业的自觉承继。然而，将味、味觉作为运思的中心词，尝试从味觉出发阐释世界，这却是本书基于时代困境所做的应时之思。

看到"味"，人们首先想到食物。诚然，世界各国都有美食，对美食之"味"也都充满好奇与欣喜。但是，在世界诸文明中，"味"一直被当作欲望的对象，而无涉思想。只有在中国文化中，"味"才被上升为思想的对象与思想方法，才得以主题化。"味"不仅具有形而下的意义——满足口腹之欲，它同时被拔高到形而上高度——味中有道，具有超越性价值，尽管在传统伦理思想系统中，"味"通常还只处在思想系统的边缘。在当代语境下，由边缘而中心，把"味"当作思想主题，这一方面是对西方思想，特别是视觉中心思想刺激之回应；另一方面也是中国传统思想在当代继续生长的内在要求。

如我们所知,中国传统思想中具有强大的"气"论传统。有的思想家把它当作构成万物的始基,有的思想家把它当作精神世界的本体。然而,传统思想对"气"的理解与规定往往基于思辨的想象,幽微难测。较之于"气","味"是常人皆能感受到的现象,更加平易、具体。由普遍可感的"味"构成的世界包含着召唤人,让人亲近、留恋的特性。世界在不断召唤人,让人留恋不已,这样的世界人才愿意与之亲近,愿意与之为一体。以"味"这一日常可感的现象作为新的本体,构建富有情味、意味深长的生活世界,一则可以纾解近代以来科学祛魅带来的世界同质化困境,另则指向随西风凋敝的东方家园之重建。

本体与方法一体,把"味"确立为新的本体,这内在要求着将味觉及味觉思想凸显出来。味觉对应的是万物的滋味,关注万物对于人的种种"意味"。因此,味觉不仅是口腹之欲的展开,更是通达有味世界的思想方法。味觉活动的特征是与对象无距离的授受,味觉思想方法则自觉消除人与对象之间的距离,而努力与物同体。与此思想方法对应的态度则是关注万物之体对人的意味,尊重万物自身的生长节拍,愿意在自然时空中"等待"事物自身生长、成熟;自身细细品味,慢慢悠闲地玩味。这样的精神态度对于缓解当代人忙碌的生存状态,进而克服现代性所带来的焦虑、恐惧、怕、烦等情绪,不失为对症之清凉剂。

近代科学也曾把"味"纳入其视野,比如,分别物理学、化学、营养科学等角度研究"味"的性质、不同"味"的构成要素、"味"的分子构成等等。作为"对象"的"味"被透视,并依据透视结果制造人所喜爱的"味",比如味精等食品添加剂。与对待"味"的态度、方法一致,科学也研究"味觉",比如,味蕾如何分布,味觉神经如何传递信息,等等。这些研究无疑提高了我们对"味"的认识。但是,本书所关注、推崇的首先是作为思想范式的"味"。作为思想范式的"味"乃理解、规定天地万物的基本架构，作为思想对象的"味"则是被透视之物。

以味觉阐释世界，首先要警惕与规避同样作为阐释世界范式的视觉。在后者，"味"往往被归结为"力"或分子、原子。约言之，"味"不再是其自身，而是自身之外的他物。在前者，"味"是物之基本特征，它不可还原，也不必还原。事物之"本味"唯有在"味"的范式下才能得以保全，它尤其离不开品味主体：愿意品味世界，在品味万物的同时，不断提升自身的品味能力。当然，不同于视觉－逻辑对世界的疏离，尊重、欣赏世界乃品味主体首先要确立的在世态度。

一言以蔽之，"味"的思想重建，既是思想世界、思想方法之重建，同时也是在世态度的重建，更是新时代人的重建。

参考文献

一

毗耶娑：《摩诃婆罗多》（毗湿摩篇），译林出版社，1999年。
柏拉图：《巴曼尼得斯篇》，商务印书馆，1997年。
柏拉图：《蒂迈欧篇》，上海人民出版社，2003年。
柏拉图：《斐多》，辽宁人民出版社，2000年。
柏拉图：《理想国》，商务印书馆，1995年。
亚里士多德：《亚里士多德全集》，中国人民大学出版社，1992年。
亚里士多德：《尼各马可伦理学》，中国社会科学出版社，1999年。
亚里士多德：《形而上学》，中国人民大学出版社，2003年。
培　根：《新工具》，商务印书馆，1997年。
乔治·贝克莱：《人类知识原理》，商务印书馆，1973年。
洛　克：《人类理解论》，商务印书馆，1997年。
康　德：《实用人类学》，重庆出版社，1987年。
康　德：《未来形而上学导论》，商务印书馆，1982年。
黑格尔：《小逻辑》，商务印书馆，1995年。
马克斯·舍勒：《价值的颠覆》，生活·读书·新知三联书店，1997年。
马克斯·舍勒：《舍勒选集》，上海三联书店，1999年。
维特根斯坦：《逻辑哲学论》，商务印书馆，2005年。
维特根斯坦：《论确实性》，广西师范大学出版社，2002年。
海德格尔：《存在与时间》，生活·读书·新知三联书店，1999年。
海德格尔：《路标》，商务印书馆，2000年。

海德格尔：《海德格尔选集》，上海三联书店，1996年。
萨特：《存在与虚无》，安徽文艺出版社，1998年。
怀特海：《过程与实在》，中国城市出版社2003年。
迈克尔·波兰尼：《个人知识》，贵州人民出版社，2000年。
罗兰·巴特：《显义与晦义》，百花文艺出版社，2005年。
弗雷泽：《金枝》，新世纪出版社，2006年。
鲁道夫·阿恩海姆：《视觉思维》，光明日报出版社，1986年。
W·沃林格：《抽象与移情》，辽宁人民出版社，1987年。
卡罗琳·考斯梅尔：《味觉》，中国友谊出版公司，2001年。
欧内斯特·内格尔：《科学的结构》，上海译文出版社，2002年。

二

焦　循：《孟子正义》，中华书局，1991年。
焦　循：《易学三书》，九州出版社，2003年。
孔颖达：《毛诗正义》，北京大学出版社，2000年。
来知德：《周易集注》，九州出版社，2004年。
陈梦雷：《周易浅述》，九州出版社，2004年。
王　弼：《王弼集》，中华书局，1999年。
嵇　康：《嵇康集》，人民文学出版社，1962年。
孔颖达：《周易正义》，九州出版社，2004年。
张　载：《张载集》，中华书局，2006年。
程颢、程颐：《二程集》，中华书局，2004年。
林希逸：《庄子鬳斋口义校注》，中华书局，1997年。
胡　宏：《胡宏集》，中华书局，1987年。
朱　熹：《朱子语类》，中华书局，1999年。
朱　熹：《四书章句集注》，中华书局，1995年。
刘完素：《素问病机气宜保命集》，人民卫生出版社，2006年。
缪希雍：《神农本草经疏》，中医古籍出版社，2002年。
王阳明：《王文成公全书》，中华书局，2015年。
王　畿：《王畿集》，凤凰出版社，2007年。
罗洪先：《罗洪先集》，凤凰出版社，2007年。
吴　昆：《黄帝内经素问吴注》，学苑出版社，2001年。
王夫之：《船山全书》，岳麓书社，1998年。
戴　震：《戴震全集》，清华大学出版社，1991年。
戴　震：《戴震全书》，黄山书社，1995年版。
张隐庵：《黄帝内经素问集注》，学苑出版社，2004年。
孙诒让：《周礼正义》，中华书局，2000年。

段玉裁:《说文解字注》,中州古籍出版社,2006年。
李道平:《周易集解纂疏》,中华书局,2006年。
章学诚:《文史通义》,中华书局,2000年。
罗振玉:《殷墟书契考释三种》,中华书局,2006年。
王国维:《观堂集林》,中华书局,1999年。
冯友兰:《三松堂全集》,河南人民出版社,2001年。
熊十力:《熊十力全集》,湖北教育出版社,2001年。
金岳霖:《论道》,商务印书馆,1987年。
金岳霖:《道、自然与人》,生活·读书·新知三联书店,2005年。
金岳霖:《知识论》,商务印书馆,1996年。
金岳霖:《金岳霖文集》,甘肃人民出版社,1995年。
梁漱溟:《梁漱溟全集》,山东人民出版社,1989年。
张君劢、丁文江等:《科学与人生观》,山东人民出版社,1997年。
张东荪:《知识与文化》,商务印书馆,1946年。
钱锺书:《管锥编》,中华书局,1999年。
洪　谦:《论逻辑经验主义》,商务印书馆,1999年。
贺　麟:《文化与人生》,商务印书馆,1996年。
朱谦之:《一个唯情主义者的宇宙观及人生观》,泰东书局,1928年。
牟宗三:《智的直觉与中国哲学》,台湾商务印书馆,1971年。
牟宗三:《中国哲学的特质》,上海古籍出版社,1997年。
牟宗三:《周易哲学演讲录》,华东师范大学出版社,2004年。
牟宗三:《现象与物自身》,台湾学生书局,1975年。
牟宗三:《中西哲学会通十四讲》,上海古籍出版社,1997年。
唐君毅:《生命存在与心灵境界》,中国社会科学出版社,2006年版。
唐君毅:《中国哲学原论》,中国社会科学出版社,2006年版。
方东美:《生生之德》,黎明文化事业股份有限公司,1989年。
冯　契:《冯契文集》(1—10卷),华东师范大学出版社,1996年。
刘述先:《儒家思想与现代化》,中国广播电视大学出版社,1992年。
宗白华:《宗白华全集》,安徽教育出版社,1994年。
朱光潜:《西方美学史》,人民文学出版社,1964年。
金景芳:《周易讲座》,广西师范大学出版社,2005年。
陈鼓应:《老子注译及评介》,中华书局,2001年。
李泽厚、刘纲纪主编:《中国美学史》,中国社会科学出版社,1984年。
张　灏:《张灏自选集》,上海教育出版社,2002年。
陈省身:《陈省身文集》,华东师范大学出版社,2002年。
杭辛斋:《学易笔谈·读易杂识》,辽宁教育出版社,1997年。
郭沫若:《郭沫若全集》第二卷,科学出版社,1983年。

顾　城：《顾城诗全编》，上海三联书店，1995 年。
叶秀山：《叶秀山文集》，重庆出版社，2000 年。
胡伟希：《金岳霖与中国实证主义认识论》，上海人民出版社，1988 年。
余敦康：《易学今昔》，广西师范大学出版社，2005 年。
汪裕雄：《意象探源》，安徽教育出版社，1996 年。
任乃强：《说盐》，载《盐业史研究》1988 年第 1 期。
邓乔彬：《董仲舒天人感应论对文学的积极影响》，载《文艺理论研究》2004 年第 2 期。
黄剑华：《金沙遗址出土象牙的由来》，载《成都理工大学学报》（社会科学版）2004 年第 3 期。
王树人：《回归原创之思："象思维"视野下的中国智慧》，江苏人民出版社，2005 年。
陈家琪：《经验之为经验》，社会科学文献出版社，2000 年。
刘力红：《思考中医》，广西师范大学出版社，2006 年。
陈嘉映：《哲学　科学　常识》，东方出版社，2007 年。

修订版后记

《味与味道》2008年出版时，我曾将味、感、象的研究做了规划。对"味"的考察形成了《味觉思想》，该书于2018年出版。近年来，我对汉语思想中的感觉所生成的概念（"象"）的研究主要以"形名""声名""味名"为题，仍然坚持以"味觉"为中心。这表明，十多年前的《味与味道》既充当着出发点，也可谓根基。此次修订，对初版某些冗杂表述做了删改，基本思想、基本结构大体保持原貌。马俊、徐昇、程能的博士曾细致校对了本书初稿，责任编辑杨柳青为此书出版付出种种辛劳，在此谨致谢忱。本书的研究，同时列入华东师范大学"幸福之花"先导基金重大研究专项"历史跨度全球视野中的老子学说——老子思想的源头、内涵、未来和域外影响的考证与解析"研究项目。